公立幼稚園教諭・保育士採用試験対策シリーズ

2026年度 専門試験

公立 **幼稚園教諭・保育士（認定こども園）**

静岡市・磐田市・御殿場市・熱海市・裾野市・袋井市

協同教育研究会 編

本書には，公立幼稚園教諭・保育士採用試験を徹底的に分析したうえで，ポイント，演習問題，解説を掲載しています。また，演習問題には，以下のように5段階で難易度を示しています。問題に取り組む際の参考にしてください。

難 易 度

■□□□□　非常にやさしい

■■□□□　やさしい

■■■□□　普通

■■■■□　難しい

■■■■■　非常に難しい

本書に掲載されている資料や法令文の標記・基準は，2025年2月現在の情報を掲載しています。

まえがき

　本書は，静岡市・磐田市・御殿場市・熱海市・裾野市・袋井市の公立幼稚園教諭・保育士(認定こども園)採用試験を受験する人のために編集されたものである。

　保育士は小学校入学前の乳幼児に対して，幼稚園教諭は3歳から小学校に入学する学齢までの未就学児に対して，それぞれ年齢に応じた指導を行うことをその職務とする。具体的には，幼児の健康状態のチェック，遊び，絵画，音楽や運動など，幼児の心身の発達を伸ばす教育を行うものである。その他には，教室の掃除，カリキュラムの作成，園児の行動記録など，仕事の範囲は多岐に渡る。

　幼稚園教諭・保育士試験は，その職務を全うできる有為な人材を，幅広い範囲から登用するために，公務員試験の原則に則り，公開平等の原則によって実施される。すなわち，一定の基準点に達すれば合格する資格試験とは根本的に違い，有資格者であれば，誰にでも門戸が開かれた選抜競争試験である。そのため毎年，多数の人が受験している人気職種である。

　このような幼稚園教諭・保育士という職務の重要性を鑑み，激烈な関門を突破するためには，まず自分の適性・素養を確かめると同時に，試験内容を十分に研究して対策を講じておく必要があろう。

　本書はその必要性に応え，公立幼稚園教諭・保育士採用試験で出題される「専門試験」，「論作文試験」，「面接試験」について，最近の出題傾向を徹底分析した上で，問題と解答・解説，ポイントなどを加えたものである。これによって短期日で学習効果が現れ，自信をもって試験に臨むことができよう。

　公立幼稚園教諭・保育士をめざす方々が本書を十分活用され，難関を突破して目標を達成されることを心からお祈りする。

協同教育研究会

＊目次＊

第1章　静岡市・磐田市・御殿場市・熱海市・裾野市・袋井市の公立幼稚園教諭・保育士（認定こども園）　試験概要 ………………… 3

第2章　専門試験　幼稚園教諭分野 ……………… 93

幼稚園教育要領 …………………………… 94

教育法規 ……………………………… 116

学校保健・安全 …………………………… 144

教育史・教育心理 ………………………… 162

発達と実践 ………………………………… 179

第3章　専門試験　保育士分野 ……………… 197

社会福祉 ……………………………… 198

子ども家庭福祉 …………………………… 215

保育の心理学 ……………………………… 233

子どもの保健 ……………………………… 250

保育原理 ……………………………… 268

社会的養護 ………………………………… 286

保育内容 ……………………………… 300

保育の現状 ………………………………… 315

第1章

静岡市・磐田市・御殿場市・熱海市・裾野市・袋井市の公立幼稚園教諭・保育士（認定こども園）

試験概要

▶ 静岡市・磐田市・御殿場市・熱海市・裾野市・袋井市の公立幼稚園教諭・保育士（認定こども園）

令和6年5月1日
静岡市人事委員会

令和6年度
静岡市職員採用試験案内
夏日程 ≪大学卒程度≫ ≪短大卒程度≫ ≪免許資格職≫

受付期間	令和6年5月1日(水)～5月17日(金)午後5時までの受信分有効 ※申込みは、電子申請（インターネットによる申込み）を御利用ください。
第1次試験（筆記試験）実施日	令和6年6月16日(日)

【本年度の主な変更点等】
○新たに「事務（デジタル）」「技術（農業）」「技術（林業）」を実施します。
○「事務（創造力枠）」は、**秋日程**で実施します。
○「事務（学芸員）」の受験資格（その他の資格要件）の一部を変更します。

1 試験区分、採用予定人員及び職務概要 ※太字の職種は新たに採用試験を実施する職種です。

試験の種類	試験区分		採用予定人員	職務概要
大学卒程度	事務	A	100人程度	市民生活、税務、保健福祉、産業、環境、文化、まちづくり等行政事務全般
		B		
		学芸員	若干名	文化財等の歴史資源に関する業務、市民生活、保健福祉、産業、環境、まちづくり等行政事務全般
		デジタル	3人程度	デジタル関連施策の企画立案・実施、情報システム及びネットワークの構築・運用等行政事務全般
	福祉（行政）		5人程度	各種福祉業務における相談・援助、福祉施策の推進等
	心理		3人程度	児童や障がい者の心理学的・職能的判定、指導等
	技術	土木	15人程度	土木工事の設計・監理、施設の維持管理等
		建築	3人程度	公共施設の建築工事の設計・監理、建築確認申請の審査・検査等
		電気	3人程度	公共施設の電気設備工事の設計・監理、施設の維持管理等
		機械	3人程度	公共施設の機械設備工事の設計・監理、施設の維持管理等
		化学	若干名	環境衛生監視、試験検査、環境保健に関する研究等
		農業	若干名	農業振興施策の企画立案・実施、農業振興施策に係る農家への広報・普及啓発、生産者育成及び作物に関する農家への情報提供等
		林業	若干名	林業振興施策の企画立案・実施、山地災害への対応、森林開発の審査及び木材利用の拡大に関する業務等
	小中学校事務		5人程度	市立小・中学校の学校予算の執行、諸届の受理、児童・生徒の就学等事務、教職員の給与・服務・福利厚生事務等
短大卒程度	福祉（行政）		3人程度	各種福祉業務における相談・援助、福祉施策の推進等
免許資格職	獣医師		若干名	動物の保護・管理、食品衛生監視、環境衛生監視等
	薬剤師（行政）		若干名	薬事監視、食品衛生監視、環境衛生監視、試験検査、環境保健に関する研究等
	保健師		10人程度	保健福祉に関する相談・指導、母子の健康診査・指導等
	栄養士		若干名	各区役所健康支援課・保健所・病院・給食センター等における栄養指導、給食栄養管理等
	精神		3人程度	精神障がい者の社会復帰に関する相談援助、精神保健医療福祉施策の推進等
	保育教諭		50人程度	市立こども園における子どもの教育・保育業務等

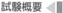

※採用予定人員は、今後の事業計画等により変更になる場合があります。
※申込みできる職種は1つに限ります。申込後の試験区分の変更は認めません。
※ 夏日程 《大学卒程度（消防士）》 及び 秋日程 《大学卒程度 事務（創造力枠）》 と併願することはできません。
※試験結果によっては、合格者数が採用予定人員を下回ることがあります。
※事務（A・B・学芸員・デジタル）は、原則、広く一般行政事務に従事し、試験区分による職務の違いはありません。
※「消防士」の採用については、 夏日程 ≪大学卒程度（消防士）≫ の試験案内を御覧ください。

2　受験資格

次の（1）から（4）までの要件を満たす人
（1）次のいずれかに該当する人（令和7年3月末までに取得見込みの人を含む。）
　ア　日本国籍を有する人
　イ　出入国管理及び難民認定法に定められている永住者
　ウ　日本国との平和条約に基づき日本の国籍を離脱した者等の出入国管理に関する特例法に定められている特別永住者
（2）次のいずれにも該当しない人（地方公務員法第16条）
　ア　禁錮以上の刑に処せられ、その執行を終わるまで又はその執行を受けることがなくなるまでの者
　イ　静岡市職員として懲戒免職の処分を受け、その処分の日から2年を経過しない者
　ウ　日本国憲法施行の日以後において、日本国憲法又はその下に成立した政府を暴力で破壊することを主張する政党その他の団体を結成し、又はこれに加入した者
（3）保育教諭受験者は上記（2）に加え、次のいずれにも該当しない人（学校教育法第9条）
　ア　禁錮以上の刑に処せられた者
　イ　教育職員免許法第10条第1項第2号又は第3号に該当することにより免許状がその効力を失い、当該失効の日から3年を経過しない者
　ウ　教育職員免許法第11条第1項から第3項までの規定により免許状取上げの処分を受け、3年を経過しない者
（4）各試験区分の受験資格に該当する人

試験区分			受験資格	
試験の種類	職種		年齢等	その他の資格要件
大学卒程度	事務	A・B	次のいずれかに該当する人 ①平成6年4月2日から平成15年4月1日までに生まれた人 【採用時年齢22～30歳】 ②平成15年4月2日以降に生まれた人で、学校教育法による大学（短期大学を除く。）を卒業した人若しくは令和7年3月までに卒業見込みの人又は人事委員会がこれらと同等と認める人	―
		学芸員		学芸員資格を有する人又は令和7年3月までに取得見込みの人のうち、日本考古学を専攻した人
		デジタル		令和6年4月30日までに別記（P3を参照）の試験のいずれかに合格している人
	福祉（行政）			社会福祉主事の任用資格（注1）を有する人又は令和7年3月までに取得見込みの人
	心理			大学等で心理学を専攻する学科を卒業した人又は令和7年3月までに卒業見込みの人
	技術	土木・建築 電気・機械 化学・農業 林業		―
	小中学校事務			―
短大卒程度	福祉（行政）			平成15年4月2日から平成17年4月1日までに生まれた人 【採用時年齢20～21歳】	社会福祉主事の任用資格（注1）を有する人又は令和7年3月までに取得見込みの人
免許資格職	獣医師			平成4年4月2日以降に生まれた人 【採用時年齢32歳以下】	獣医師の免許を有する人又は令和6年度に行われる国家試験で取得見込みの人
	薬剤師（行政）				薬剤師の免許を有する人又は令和6年度に行われる国家試験で取得見込みの人
	保健師			平成6年4月2日以降に生まれた人 【採用時年齢30歳以下】	保健師の免許を有する人又は令和6年度に行われる国家試験で取得見込みの人
	栄養士				管理栄養士の免許を有する人又は令和6年度に行われる国家試験で取得見込みの人
	精神				精神保健福祉士の資格を有する人又は令和6年度に行われる国家試験で取得見込みの人
	保育教諭				保育士の資格（注2）及び幼稚園教諭の免許を有する人又は令和7年3月までに取得見込みの人

▶ 静岡市・磐田市・御殿場市・熱海市・裾野市・袋井市の公立幼稚園教諭・保育士（認定こども園）

※事務（デジタル）の受験者は、受験申込時に受験資格のその他の資格要件に掲げる内容が確認できる書類を提出していただきます（P6の5を参照）。事務（学芸員）、福祉（行政）、心理、獣医師、薬剤師（行政）、保健師、栄養士、精神、保育教諭の受験者は、第2次試験個別面接試験時に受験資格のその他の資格要件に掲げる内容が確認できる書類を提出していただきます（P4～5の3（2）を参照）。

別記　事務（デジタル）受験資格のその他の資格要件に掲げる試験

独立行政法人情報処理推進機構が実施する次の試験

ア　基本情報技術者試験（第二種情報処理技術者試験を含む。）
イ　応用情報技術者試験（ソフトウェア開発技術者試験、第一種情報処理技術者試験、プロダクションエンジニア試験を含む。）
ウ　ITストラテジスト試験（システムアナリスト試験、上級システムアドミニストレータ試験）
エ　システムアーキテクト試験（アプリケーションエンジニア試験、特種情報処理技術者試験）
オ　プロジェクトマネージャ試験
カ　ネットワークスペシャリスト試験（テクニカルエンジニア（ネットワーク）試験、オンライン情報処理技術者試験を含む。）
キ　データベーススペシャリスト試験（テクニカルエンジニア（データベース）試験を含む。）
ク　エンベデッドシステムスペシャリスト試験（テクニカルエンジニア（エンベデッドシステム）試験、マイコン応用システムエンジニア試験を含む。）
ケ　ITサービスマネージャ試験（テクニカルエンジニア（システム管理）試験、システム運用管理エンジニア試験を含む。）
コ　システム監査技術者試験（情報処理システム監査技術者試験を含む。）
サ　情報処理安全確保支援士試験（情報セキュリティスペシャリスト試験、テクニカルエンジニア（情報セキュリティ）試験、情報セキュリティアドミニストレータ試験を含む。）

（注1）社会福祉主事とは、社会福祉法第19条に基づく資格で、以下のいずれかの要件を満たす必要があります。

ア　大学等において、厚生労働大臣の指定する社会福祉主事任用資格選択必須科目のうち、いずれか3科目以上の単位を取得して卒業した者
イ　都道府県知事の指定する養成機関又は講習会の課程を修了した者
ウ　社会福祉士
エ　厚生労働大臣の指定する社会福祉事業従事者試験に合格した者
オ　ア～エに掲げる者と同等以上の能力を有する者として厚生労働省令で定める者（精神保健福祉士等）

（注2）保育士資格を有する人又は取得見込みの人は、令和7年3月までに保育士の登録を行う必要があります。

3　試験の日程

※詳細は、職員採用ウェブサイト（P8の問合せ先を参照）に掲載します。郵送による通知はしませんので、必ず当該サイトで確認してください。

（1）第1次試験

職　種	日　時	会　場	合格発表
事務 （A・学芸員 デジタル） 小中学校事務	【筆記試験】（教養試験）（注3） 6月16日（日） 　集合（説明開始）時刻　午前9時05分 　解散時刻　　　　　　　正午　頃 【面接試験】（グループワーク試験又は個別面接試験）（注4） 7月1日（月）～7月12日（金）のうち1日 ≪提出書類≫　面接シート（注5）	ツインメッセ静岡 （駿河区曲金三丁目1番10号） 静岡市上下水道局庁舎　他 （葵区七間町15番1号）	7月23日（火） 職員採用ウェブサイトに合格者の受験番号を掲載します。 ※電話での問合せにはお答えしません。
事務B	【筆記試験】（専門試験）（注3） 6月16日（日） 　集合（説明開始）時刻　午後1時25分 　解散時刻　　　　　　　午後4時20分　頃 【面接試験】（グループワーク試験）（注4） 7月1日（月）～7月12日（金）のうち1日 ≪提出書類≫　面接シート（注5）		

6

試験概要

職　種	日　時	会　場	合格発表
福祉（行政） 心　理 技　術 免許資格職 （保育教諭以外）	【筆記試験】（専門試験）（注3） 6月16日（日） 集合（説明開始）時刻　午後1時25分 解散時刻　　　　　　午後3時50分　頃 【面接試験】（グループワーク試験又は個別面接試験）（注4） 7月1日（月）〜7月12日（金）のうち1日 ≪提出書類≫　面接シート（注5）	ツインメッセ静岡 （駿河区曲金三丁目1番10号） 静岡市上下水道局庁舎　他 （葵区七間町15番1号）	7月23日（火） 職員採用ウェブサイトに合格者の受験番号を掲載します。 ※電話での問合せにはお答えしません。
保育教諭	【筆記試験】（専門試験）（注3） 6月16日（日） 集合（説明開始）時刻　午後1時40分 解散時刻　　　　　　午後3時35分　頃 【面接試験】（グループワーク試験）（注4） 7月6日（土）又は7日（日）のいずれか1日 ≪提出書類≫　面接シート（注5）		

(注3) 筆記試験の集合時刻、解散時刻は変更する場合がありますので、必ず受験票で確認してください。
(注4) 面接試験の受験対象者は、筆記試験の成績により決定します。面接試験の受験対象者・日時・会場等は、6月26日（水）に職員採用ウェブサイトに掲載します。
(注5) 面接シートは、皆さんの思いや経験を記入するもので、第2次試験個別面接試験で使用します。詳細は、6月26日（水）に職員採用ウェブサイトに掲載します。面接シート自体は採点しませんが、提出しない場合は、以降の試験を受験することができません。なお、提出された面接シートの返却、写しの交付等はしません。

（2）第2次試験

職　種	日　時	会　場	合格発表
事　務 福祉（行政） 心　理 小中学校事務 精　神	【事務処理能力試験】 7月1日（月）〜7月12日（金）のうち1日 ※第1次試験面接試験と同日に実施	第1次試験面接試験の受験対象者の発表と併せて職員採用ウェブサイトに掲載します。	技術職 8月中旬 技術職以外 8月下旬 合否にかかわらず、第2次試験受験者全員に郵送で通知します。また、職員採用ウェブサイトに合格者の受験番号を掲載します。 ※電話での問合せにはお答えしません。
	【適性検査】（注6） 7月23日（火）〜7月26日（金）までの間	ウェブ方式（各自受検）	
	【個別面接試験】（注7） 8月5日（月）〜8月24日（土）のうち1日 ≪提出書類≫（注8） 【事務（学芸員）】 ○学芸員資格取得（見込み）証明書及び大学等で日本考古学を専攻していることを確認できる成績証明書等 【福祉（行政）】 ○社会福祉主事任用資格取得（見込み）証明書 　大学等で発行ができない場合は次のいずれか 　・大学（学部）又は短大等での履修科目が確認できる成績証明書等 　・養成機関の修了（見込み）証明書 　・社会福祉士又は精神保健福祉士の方は登録証の写し 【心理】 ○大学等での履修科目が確認できる成績証明書等 【精神】 ○資格証明書の写し（既取得者のみ）	静岡市役所静岡庁舎　他 （葵区追手町5番1号）	
技　術	【個別面接試験】（注7） 8月1日（木）〜8月4日（日）のうち1日		

7

▶ 静岡市・磐田市・御殿場市・熱海市・裾野市・袋井市の公立幼稚園教諭・保育士（認定こども園）

職　種	日　時	会　場	合格発表
獣医師 薬剤師（行政） 栄養士	【個別面接試験】（注7） 8月5日（月）～8月24日（土）のうち1日 ≪提出書類≫（注8） ○資格証明書の写し（既取得者のみ）	静岡市役所静岡庁舎　他 （葵区追手町5番1号）	保育教諭以外 **8月下旬** 保育教諭 **9月上旬** 合否にかかわらず、第2次試験受験者全員に郵送で通知します。また、職員採用ウェブサイトに合格者の受験番号を掲載します。 ※電話での問合せにはお答えしません。
保健師 保育教諭	【適性検査】（注6） 7月23日（火）～7月26日（金）までの間	ウェブ方式（各自受検）	
	【個別面接試験】（注7） 【保健師】 8月5日（月）～8月24日（土）のうち1日 【保育教諭】 8月25日（日）～8月29日（木）のうち1日 ≪提出書類≫（注8） ○資格証明書の写し（既取得者のみ）	静岡市役所静岡庁舎　他 （葵区追手町5番1号）	

（注6）適性検査の受検方法等の詳細は、受検対象者に対してメールで通知します。適性検査を受検しない場合は、個別面接試験を受験することができません。
（注7）第2次試験個別面接試験の受験対象者・日時・会場等は、**第1次試験合格発表と併せて職員採用ウェブサイト**に掲載します。
（注8）写しを提出するものは、A4版の用紙にコピーして提出してください。必要書類が提出されない場合や、受験資格を満たしていないことが判明した場合は、個別面接試験を受験することができません。

4　試験の方法

（1）試験の方法・配点・内容

試験の方法		事務 （A・B）	事務 （学芸員・ デジタル）	福祉（行政） 心理・保健師 精神・保育教諭	技術・獣医師 薬剤師（行政） 栄養士	小中学校 事務	内容
第1次試験	教養試験 （筆記試験）	100 事務A	100	—	—	100	大学卒業程度の一般的知識（社会科学・人文科学・自然科学・現代社会）及び知能（文章理解・判断推理・数的推理・資料解釈）についての択一式筆記試験〔55問・150分〕
	専門試験 （筆記試験）	100 事務B	—	100	100	—	大学卒業程度の専門的知識についての択一式筆記試験〔事務Bは55問・150分、保育教諭は30問・90分、事務B・保育教諭以外の職種は40問・120分〕 ※（2）専門試験の出題分野を参照
	グループワーク試験 （面接試験）	105	—	105	—	105	職務適性、対人関係能力等についてのグループワーク試験
	個別面接試験 （面接試験）	—	105	—	105	—	職務適性、対人関係能力等についての個別面接試験
第2次試験	事務処理能力試験	70	70	70 福祉（行政） 心理 精神	—	70	言語能力と数的理解能力を短時間で問う択一式筆記試験 ※事務処理能力試験は、第1次試験面接試験と同日に実施しますが、第1次試験合格者のみを対象に、第2次試験で採点を行います。なお、事務処理能力試験を受験しなかった場合、第1次試験は不合格となります。 ※事務処理能力（正確性など）も評価の対象となります。
	適性検査	○	○	○	○	○	社会性、職業生活への適応性等についての検査〔10分〕 ※適性検査の結果については、第2次試験個別面接試験の参考資料とします。
	個別面接試験	600	600	600	400	400	主として人物、識見等についての個別面接試験 ※配点600点の職種は、1日に2回実施します。

※適性検査を除くそれぞれの試験科目において一定の基準に達しない場合は、総合成績にかかわらず不合格とします。
※最終合格者は、第2次試験の結果のみで決定します（第1次試験の結果は反映しません。）。

8

試験概要

（2）専門試験の出題分野

職　種		出　題　分　野
事務B		政治学、行政学、憲法、行政法、民法、経済学、経営学、財政学、社会政策、国際関係
福祉（行政）		社会福祉概論（社会保障を含む。）、社会学概論、心理学概論（社会心理学を含む。）、社会調査
心　理		一般心理学（心理学史、発達心理学、社会心理学を含む。）、応用心理学（教育心理学・産業心理学・臨床心理学）、調査・研究法、統計学
技術	土　木	数学・物理・情報、応用力学、水理学、土質工学、測量、都市計画、土木計画、材料・施工
	建　築	数学・物理・情報、構造力学、材料学、環境原論、建築史、建築構造、建築計画、都市計画、建築設備、建築施工
	電　気	数学・物理、電磁気学・電気回路、電気計測・制御、電気機器・電力工学、電子工学、情報・通信工学
	機　械	数学・物理・情報、材料力学、流体力学、熱工学、電気工学、機械力学・制御、機械設計、機械材料、機械工作
	化　学	数学・物理・情報、物理化学、分析化学、無機化学・無機工業化学、有機化学・有機工業化学、化学工学
	農　業	栽培学汎論、作物学、園芸学、育種遺伝学、植物病理学、昆虫学、土壌肥料学、植物生理学、畜産一般、農業経済一般
	林　業	森林政策・森林経営学、造林学（森林生態学、森林保護学を含む。）、林業工学、林産一般、砂防工学
獣医師		基礎獣医学、病態獣医学、応用獣医学、臨床獣医学
薬剤師（行政）		物理・化学・生物、衛生、薬理、薬剤、病態・薬物治療、法規・制度、実務
保健師		公衆衛生看護学、疫学、保健統計学、保健医療福祉行政論
栄養士		社会・環境と健康、人体の構造と機能及び疾病の成り立ち、食べ物と健康、基礎栄養学、応用栄養学、栄養教育論、臨床栄養学、公衆栄養学、給食経営管理論
精　神		社会福祉概論（社会保障を含む。）、社会学概論、心理学概論（社会心理学を含む。）、一般心理学、応用心理学、保健統計学、保健医療福祉行政論
保育教諭		社会福祉、子ども家庭福祉（社会的養護を含む。）、保育の心理学、教育学・教育法規、保育原理、保育内容、子どもの保健、障害児保育

5　受験手続（申込方法）　※申込みは、電子申請（インターネットによる申込み）で行ってください。

受付期間	令和6年5月1日（水）～5月17日（金）午後5時（受信分有効） ※申込締切日はアクセスが集中し、サイトに繋がらない、又は表示に時間がかかる等の現象が起こることがあります。また、システムの管理のため一時的に利用できない場合があります。通信回線上の障害等によるトラブルについては一切責任を負いかねますので、期限に余裕をもって申し込んでください。
申込手順	（1）職員採用ウェブサイトに掲出する電子申請のリンクから電子申請ページにアクセスし、氏名とメールアドレスを登録してください。 （2）登録したメールアドレス宛てに確認メールが届きますので、メール本文に記載されたURLをクリックし、メール認証を行ってください。 （3）認証後、登録したメールアドレス宛てに申込みに必要なマイページアドレスと仮パスワードが届きますので、メール本文に記載されたURLをクリックし、ログインしてください。 （4）ログイン後、パスワードの変更を行ってください。 　※マイページアドレスと変更後のパスワードは、申込状況の確認や受験票発行時に必要になりますので、必ずメモして控えてください。 （5）受験申込欄から申込フォームに進み、申込内容を入力してください。 （6）入力後、入力内容の確認画面に進み、誤りがないか確認した後、申込完了ボタンを押してください。 （7）申込内容が到達すると、登録したメールアドレス宛てに申込完了のメールが届きます。 （8）人事委員会事務局側で申込内容に不備等がないか確認でき次第、登録したメールアドレス宛てに受付完了のメールが届きます（申込み（事務（デジタル）申請者は、提出書類の到着後）から概ね1週間以内）。この受付完了メールを受信して、申込手続完了となります。

※試験の実施に際して本市が取得した個人情報は、採用試験以外の目的には一切使用しません。ただし、最終合格者については、採用事務に必要となる書類・情報等を任命権者（市長等）に提供します。
※提出された書類は、一切返却しません。
※車椅子の使用など、受験の際に配慮が必要な人は、必ず受験申込時に人事委員会事務局まで電話で連絡してください。
※**受験申込内容は必ず本人が入力してください。**また、不備等があった場合は受理しませんので注意してください。
※電子申請を利用できない場合は、5月10日（金）までに人事委員会事務局まで電話で連絡してください。

▶ 静岡市・磐田市・御殿場市・熱海市・裾野市・袋井市の公立幼稚園教諭・保育士（認定こども園）

6 合格から採用まで

（1）最終合格者は、人事委員会が試験区分ごとに作成する採用候補者名簿に、成績順に採用候補者として
登載されます。なお、名簿の有効期間は、原則として名簿登録の日から1年間です。
（2）採用者は、採用候補者名簿に登載された人の中から任命権者（市長等）により選択されます。
（3）任命権者は、採用候補者に対して就職意向調査、採用前健康診断等を行い、欠員の状況等に応じて
順次採用します。
　※採用日は、原則として令和7年4月1日ですが、場合により（既卒者等）、それ以前に採用されることがあります。
（4）採用候補者名簿に登載されても採用時期が遅れたり、採用されないことがあります。
　※傷病等により職務に支障があると認められる場合には、採用候補者名簿の有効期間において、採用予定日が延
期されることがあります。
（5）受験資格がない場合や、申込内容等に虚偽又は不正があることが判明した場合は、採用されません。
免許等の資格を取得見込みの人が免許を取得できなかった場合は、採用されません。
（6）採用は全て条件付きで、原則として採用から6か月間を良好な成績で勤務したときに初めて正式採用
となります（地方公務員法第22条第1項）。

7 日本国籍を有しない人の職員としての任用について

「公権力の行使」又は「公の意思の形成への参画」に携わる公務員となるためには日本国籍を必要とする
という公務員に関する基本原則に基づき、日本国籍を有しない人は、公権力の行使を伴わず、かつ公の意
思形成に参画しない職に任用されます。
（1）「公権力の行使」とは
　　住民の権利義務を直接変動させ、又はその範囲を確定する効果を法律上認められている行為など、
　　住民の権利義務に直接具体的な効果を及ぼす行為
　　（例：税の賦課や滞納処分、生活保護の決定、食品衛生監視、道路占用許可など）
（2）「公の意思の形成への参画」とは
　　地方公共団体の活動について、その企画、立案、決定等に関与すること。
　　（主として決裁権を有する課長級以上の職員が行うものが該当）

8 給与・勤務条件等

（1）給与

令和6年5月1日現在の初任給（地域手当含む。）

職　種		初任給	職　種		初任給
事　務	大学新卒者の場合	209,350円	獣医師	大学（6年制）新卒者の場合	234,154円
福祉（行政）			薬剤師（行政）		
	短大新卒者の場合	189,952円	保健師	大学新卒者の場合	234,048円
心　理	大学新卒者の場合	209,350円	栄養士		208,608円
技　術			精　神		209,350円
小中学校事務		213,855円	保育教諭		213,060円
				短大新卒者の場合	197,160円

※初任給は、学歴、職歴や勤務先に応じて上記と異なる場合があります。
※このほかに、諸手当（通勤、住居、扶養、期末・勤勉手当等）をそれぞれの支給要件に応じて支給します。
　採用されるまでに給与関係の条例等の改正が行われた場合は、その定めるところによります。

（2）勤務時間

原則として、月曜日～金曜日　午前8時30分～午後5時15分
※配属先によっては、勤務時間、休日が異なる場合があります。深夜の時間を含む交替制勤務の職場もあります。
※保育教諭は、こども園等の開園時間である月曜日～土曜日　午前7時00分～午後7時00分の間でシフト制に
よる勤務となります。

（3）休日等

土曜日、日曜日及び国民の祝日に関する法律に規定する休日並びに12月29日から翌年1月3日までの日

（4）休暇等

年間（4月1日から3月31日までの間）20日の年次有給休暇、疾病等の場合に与えられる病気休暇、
結婚・出産・忌引・看護・両立支援・夏季等の特別休暇、日常生活に支障がある者の介護をする場合
に与えられる介護休暇、育児休業等があります。

試験概要

静岡市の自治体情報

▶ 静岡市・磐田市・御殿場市・熱海市・裾野市・袋井市の公立幼稚園教諭・保育士（認定こども園）

第1章　静岡市子ども・子育て・若者プランについて

策定の背景と目的

　静岡市では、「静岡市子ども・子育て支援プラン」と「第2次静岡市子ども・若者育成プラン」の2つの計画を策定し、子ども・子育て並びに若者支援施策を推進してきました。このたび、子ども・子育て・若者に関する支援施策を切れ目なく提供し、効率的かつ効果的な施策展開を実現するために、2つの計画を一体的に策定することとしました。

　本計画は、すべての子育て家庭が安心して子育てができ、すべての子どもが健やかに成長し、すすんで社会に参画していく若者となることを目的としています。

計画の位置づけ

　本市では、本計画を子ども・子育て支援法に基づく「市町村子ども・子育て支援事業計画」、次世代育成支援対策推進法に基づく「市町村行動計画」及び子ども・若者育成支援推進法に基づく「市町村子ども・若者計画」として位置づけます。また、子ども・若者に関わる様々な支援施策をより総合的かつ効果的に推進するために、本計画の一部を母子及び父子並びに寡婦福祉法に基づく「ひとり親家庭等自立促進計画」、子どもの貧困対策の推進に関する法律の趣旨を踏まえた「子どもの貧困対策推進計画」として位置づけます。

計画の期間

　令和2年度（2020年度）から令和8年度（2026年度）の7年間を計画期間とします。ただし、市町村子ども・子育て支援事業計画は、令和2年度（2020年度）から令和6年度（2024年度）の5年間を計画期間とします。

計画の対象

　本計画は、市内のすべての子ども・若者（0歳から30歳未満（施策によっては40歳未満））とその家族、地域・市民、事業主などを対象とします。

第2章 静岡市の子ども・子育て・若者を取り巻く現状と課題

現状・前プランの検証

◆本市の子ども・若者の数は減少。
 ※ 0〜14歳人口：(H2) 133,197人→ (H27) 85,299人
 ※15〜39歳人口：(H2) 257,560人→ (H27) 178,105人
◆25〜44歳の女性就業率は増加。
 ※ (H2) 63.0%→ (H27) 74.4%
◆ひきこもりの出現率は減少、推計数は増加。
 ※出現率：(H27) 1.57%→ (H30) 1.45%
 ※推計数：(H27) 54.1万人→ (H30) 61.3万人
◆認定こども園の利用希望は約60%、放課後児童クラブの利用希望は約40%
◆半数以上の人が知らない事業は約30%
◆相談相手のいない若者は約15%
◆ひとり親家庭における生活費や教育費の悩みは約80%
◆子どもにとってあるとよいと思う支援は経済的補助や職場体験等の機会の提供
◆ワーク・ライフ・バランスの認知度について「言葉と意味の両方を知っている」は40%
◆静岡市の子育て支援の現状は「制度は充実しているが、知らないものや今一歩ニーズに合わないものが多い」、理想的な子育て環境は「子育て家族と地域のみんなでつくる、笑顔あふれる仲良し家族の時間」（子育て当事者によるワークショップでの意見）。
◆前プランの検証（静岡市子ども・子育て支援プラン）
 ・事業評価：(H30) 計画目標に対して8割以上を達成している事業は82.3%
 ・成果指標：目標を達成している項目は51.7%
◆前プランの検証（静岡市子ども・若者育成プラン）
 ・事業評価：(H30) 計画目標に対して8割以上を達成している事業は92.0%
 ・成果指標：目標を達成している項目は45.5%

課題

　少子高齢化の進展や働き方改革など子ども・子育て・若者をめぐる環境は日々変化しています。また、近年では、いじめや不登校の増加、ひきこもりの社会問題化、子ども・若者を巻き込んだ凶悪事件の発生など子ども・若者を取り巻く環境はより厳しい状態となってきています。
　このような全国的な情勢及び静岡市の現状や調査結果からみる静岡市の子ども・若者をめぐる課題は、次のようになります。
　　1　支援から育成への結びつきの強化
　　2　情報発信の強化
　　3　認定こども園等や放課後児童クラブのニーズへの対応
　　4　支援機関との連携による困難を抱えた子ども・若者への対応の強化
　　5　子ども・子育て・若者の地域活動への参加や地域で支える環境づくりの充実

静岡市・磐田市・御殿場市・熱海市・裾野市・袋井市の公立幼稚園教諭・保育士(認定こども園)

第3章　計画の基本的な考え方

基本理念

> 子どもの育ちを市民が一体となって支え、
> 人とのつながりの中で、
> すすんで社会に参画する若者をはぐくみます

- すべての子ども・若者の成長を支援するまちの実現
  【子ども・若者支援】
- 子育てに喜びや生きがいを感じることができるまちの実現
  【子育て支援】
- 地域全体で子ども・子育て・若者を支援するまちの実現
  【地域による支援】

　子どもの権利条約の下、すべての子どもの権利を尊重、確保しながら、また、SDGsの理念に基づき、「誰一人取り残さない」社会の実現を目指して、静岡市民と一体となって本計画を推進していきます。

静岡市民の役割

　それぞれの主体の役割を明確にすることにより、相互に連携し、子ども、若者、子育て家庭を支えていきます。

試験概要

施策の体系

基本理念	基本目標	施策目標・基本施策
子どもの育ちを市民が一体となって支え、人とのつながりの中で、すすんで社会に参画する若者をはぐくみます	1 すべての子ども・若者の成長を支援するまちの実現【子ども・若者支援】 1 WB 4 WB 8 WB 16 WB	【施策目標1】 子どもの心身の健やかな育ちを支える環境づくり 【基本施策】 （1）子どもの健やかな心身をはぐくむための支援 （2）子どもの健全育成促進と自立への支援
		【施策目標2】 知・徳・体のバランスのとれた子ども・若者をはぐくむ教育環境づくり 【基本施策】 （1）幼児期の質の高い教育・保育の充実 （2）学校における教育環境の充実 （3）家庭や地域における教育環境の充実
		【施策目標3】 困難を抱えた子ども・若者を支える環境づくり 【基本施策】 （1）虐待を受けている児童など配慮を必要とする子ども・若者とその家庭への支援 （2）発達の遅れや障がいのある子ども・若者とその家庭への支援 （3）いじめや不登校といった困難を抱える子ども・若者とその家庭への支援 （4）若年無業者やひきこもりの子ども・若者とその家庭への支援 （5）子ども・若者の非行防止と立ち直り支援の推進 （6）厳しい環境に置かれた子ども・若者とその家庭への支援 　　（静岡市子どもの貧困対策推進計画）
		【施策目標4】 地域に愛着を持ち、すすんで行動する若者を創出する環境づくり 【基本施策】 （1）地域に根付いた子ども・若者の育成 （2）社会性をはぐくむための、多様な体験・交流活動の推進 （3）自発的なまちづくり活動の促進 （4）社会の一員として、自立した若者をはぐくむ取組の推進
	2 子育てに喜びや生きがいを感じることができるまちの実現【子育て支援】 3 WB 5 WB	【施策目標1】 喜びと安心感をもって生み育てることができる環境づくり 【基本施策】 （1）結婚、妊娠・出産、子育てに至る切れ目のない支援や医療保健体制の充実 （2）子育て家庭を笑顔にする支援サービスの充実 （3）ひとり親家庭への支援 　　（静岡市ひとり親家庭等自立促進計画）
		【施策目標2】 子育てと仕事の両立を支援する環境づくり 【基本施策】 （1）多様なワークスタイルに対応するための支援 （2）ワーク・ライフ・バランスの実現に向けた取組の推進 （3）男性の子育てへの参加促進
	3 地域全体で子ども・子育て・若者を支援するまちの実現【地域による支援】 17 WB	【施策目標1】 地域全体で子ども・子育て・若者を支える環境づくり 【基本施策】 （1）地域における子育て応援隊の活動促進 （2）地域における子ども・若者の健全育成活動の促進 （3）子ども・子育て家庭・若者の安全・安心な暮らしやすい地域の確保 （4）子ども・若者の生活の場におけるネットワークづくりの推進

15

▶ 静岡市・磐田市・御殿場市・熱海市・裾野市・袋井市の公立幼稚園教諭・保育士（認定こども園）

第7章　プランの推進

1　推進体制

　プランの推進にあたっては、審議会や委員会等の専門的な組織を構成及び設置し、計画を推進していきます。
（1）静岡市健康福祉審議会児童福祉専門分科会（静岡市子ども・子育て会議）
（2）静岡市次世代育成支援対策推進会議

2　計画の点検・評価

　プランの推進にあたっては、PDCAサイクル（計画・実行・評価・改善）の考え方に沿って、1の推進体制により、毎年度、計画の実施状況や事業効果などについて客観的に点検・評価を行い、必要な改善を実施していきます。また、その結果については、ホームページ等の情報媒体を用いて市民にわかりやすい形で公表します。

3　計画、制度等の周知

　本計画や子ども・子育てに関する支援施策、青少年育成に関する支援施策については、市広報、市ホームページ、静岡市子育て応援総合サイト「ちゃむ　しずおか」、パンフレット等の配布物など、様々な手段・媒体を通じて積極的に周知を図っていきます。

静岡市子ども・子育て・若者プラン
〜切れ目のない子ども・子育て支援と子ども・若者育成のために〜

発行年月：令和2年3月
発　　行：静岡市
編　　集：〒424-8701　静岡市清水区旭町6番8号
　　　　　静岡市　子ども未来局　子ども未来課
　　　　　TEL：054-354-2603　FAX：054-352-7731
　　　　　静岡市　子ども未来局　青少年育成課
　　　　　TEL：054-354-2614　FAX：054-352-7732
　　　　　HP：静岡市子ども・子育て・若者プラン　検索

「静岡市子ども・子育て・若者プラン(概要版)」より抜粋

試験概要

令和6年2月14日
磐田市職員課

令和6年度
磐田市職員採用試験案内

【事務職員】／【保健師】／【保育士・幼稚園教諭】

磐田市が求める人材

- 磐田市の未来のため、磐田市民の幸福のため、常に全力で働ける人
- 素直な心を持ち、市民や職員、誰とでもコミュニケーションが図れる人
- 学ぶ姿勢を常に持ち、変化を楽しみ柔軟に対応できる人

試験の概要

募集職種
事務職員
保健師
保育士・幼稚園教諭

第1次試験日
令和6年5月中のいずれか1日

試験会場
磐田市役所（磐田市国府台3番地1）ほか、指定の会場

受付期間
令和6年3月1日（金）～ 4月21日（日）
・電子申請により受付します。
・電子申請時に自筆のエントリーシートのファイルをアップロードしてください。

問合せ先
磐田市職員課採用担当（市役所本庁舎3階）
〒438-8650　磐田市国府台3番地1
TEL：(0538)37-4807
FAX：(0538)37-4829
E-mail：saiyo@city.iwata.lg.jp

▶ 静岡市・磐田市・御殿場市・熱海市・裾野市・袋井市の公立幼稚園教諭・保育士（認定こども園）

1．採用職種・受験資格・採用予定人員

受験資格は、以下のとおり年齢及び職種別要件を設定しています。<u>年齢及び職種別要件ともに満たしていることが必要</u>です。

※採用予定人員は、変わることがあります。

採用職種	受験資格		採用予定人員
	年齢要件	職種別要件	
事務職員A	平成11年4月2日以降に生まれた人（大学院卒は平成9年4月2日以降に生まれた人）	大学、短期大学、高等専門学校もしくは高等学校を卒業した人、または令和7年3月末日までに卒業見込みの人（同等の資格があると認められる人を含む）	25人程度
事務職員B	昭和59年4月2日から平成11年4月1日までに生まれた人で、<u>民間企業などでの職務経験が3年以上ある人（下記参照）</u>		
事務職員C	昭和53年4月2日以降に生まれた人で、<u>行政機関で公務員としての職務経験が5年以上ある人（下記参照）</u>		
保健師	昭和53年4月2日以降に生まれた人	保健師免許を有する人、または当該免許を令和7年3月末日までに取得見込みの人	3人程度
保育士・幼稚園教諭	昭和53年4月2日以降に生まれた人	次の要件のすべてに該当する人 ・保育士資格を有する人、または令和7年3月末日までに当該資格を取得見込みの人 ・幼稚園教諭免許を有する人、または令和7年3月末日までに当該免許を取得見込みの人	5人程度

◎身体の障害等により試験会場や受験時において配慮を必要とする人は、エントリーシートの該当箇所に記入してください。また、障害者手帳等の交付を受けている人は、交付番号等の必要事項を併せて記入してください。

－職務経験の要件－

事務職員B

次のうち<u>1年以上継続して同一の企業・団体等に就業・従事した期間が、平成30年4月1日から令和6年3月31日までの間に通算して3年以上有する人</u>が該当します。
　①会社員、団体職員、自営業者、パートタイマー、公務員等として週30時間以上就業した期間
　　※同時期に複数の企業・団体等に就業していた場合は、いずれか一方の期間のみ
　②青年海外協力隊等の国際貢献活動に従事した期間

事務職員C

<u>1年以上継続して同一の国もしくは地方公共団体で事務職員等として従事した期間が、令和6年3月31日までの間に通算して5年以上有する人</u>が該当します。
　※週37.5時間以上の就業に限ります。
　※休職期間は職務経験年数に含みません。

◎事務職員Bと事務職員Cの両方に該当する場合は、事務職員Cの職種で応募してください。

18

なお、次のいずれかに該当する人は、受験することができません。
○地方公務員法第16条に規定する欠格条項に該当する人
・禁錮以上の刑に処せられ、その執行を終わるまで又はその執行を受けることがなくなるまでの人
・磐田市職員として懲戒免職の処分を受け、当該処分の日から2年を経過しない人
・日本国憲法施行の日以後において、日本国憲法又はその下に成立した政府を暴力で破壊することを主張する政党その他の団体を結成し、又はこれに加入した人

2．日本国籍を有しない人の受験について

次のいずれかに該当する人は日本国籍を有していなくても受験が可能です。
○出入国管理及び難民認定法（昭和26年政令第319号）による永住者
○日本国との平和条約に基づき日本の国籍を離脱した者等の出入国管理に関する特例法（平成3年法律第71号）による特別永住者
※試験時に在留カードまたは特別永住証明書を確認させていただきます。
〔注意〕
日本国籍を有しない人は、「公権力の行使又は公の意思の形成への参画に携わる公務員になるためには日本国籍を必要とする」という公務員の基本原則に基づき、公権力を伴わず、かつ公の意思形成に参画しない職への任用となります。
①「公権力の行使」に該当しない職務（従事できる職務）と該当する職務（従事できない職務）の例は次のとおりです。

該当しない職務（従事できる職務）	該当する職務（従事できない職務）
庶務、経理、広報、市民相談、統計調査・分析、産業振興、まちづくりの推進など	市税等の賦課・滞納処分、生活保護の決定など

②「公の意思の形成に参画」する職は、次のとおりです。
　行政施策の企画立案、予算の編成等政策的判断を伴う事務について決定権を有する職

3．試験日程・試験科目

試験日程及び試験科目は以下のとおりです。※日程や内容は変更が生じる場合があります。
試験の結果は、合格者の受験番号を磐田市ホームページに掲載し、最終試験のみ個別に文書を送付します。
〔注意〕・試験中は携帯電話を時計代わりに使用することはできません。

■第1次試験
第1次試験の前にエントリーシートの指定項目について、取り組み意欲等の審査を行った上で受験対象者を決定し、5月上旬までに受験案内を電子メールで送信します。迷惑メールの拒否設定などをしている場合は、必ず「@city.iwata.lg.jp」と「@cbt-s.com」のドメインから受信できるようにしてください。
試験は、以下の内容を行います。
・高等学校在学中の人：総合能力試験　5月18日（土）（会場：磐田市役所）
・上記以外の人：総合能力試験　5月中のいずれか1日（会場：エントリー後に通知）

■第2次試験
・筆記試験、グループワーク　6月中旬～下旬のいずれか2日
第2次試験で実施する筆記試験の科目は、以下のとおりです。

職種	筆記試験の科目
事務職員A・B・C	論文試験・グループワーク
保健師	
保育士・幼稚園教諭	専門試験（保育士及び幼稚園教諭の内容）

▶ 静岡市・磐田市・御殿場市・熱海市・裾野市・袋井市の公立幼稚園教諭・保育士（認定こども園）

○論文試験…規定の字数に達していない場合は不合格となります。
○専門試験（保育士・幼稚園教諭は「保育士」と「幼稚園教諭」の内容）
　保育士：社会福祉、児童家庭福祉（社会的養護を含む。）、保育の心理学、保育原理、保育内容、子どもの保健（精神保健を含む。）
　幼稚園教諭：発達心理、教育学、保育原理、保育内容、法規

■第3次試験
　・個別面接試験　　7月中旬～下旬のいずれか1日

■最終試験
　・個別面接試験　　7月下旬～8月上旬のいずれか1日

▲電子申請はこちら
事務職員、保健師
保育士・幼稚園教諭

4．受付期間
　3月1日（金）～4月21日（日）に、電子申請により申し込んでください。
　その際に、本人写真の画像及び自筆のエントリーシートのファイルをアップロードしていただきます。画像は、なるべくゆがみがなく鮮明に読み取れるようにしてください。　電子申請URL：https://logoform.jp/f/pY8Iu
　なお、申請に不備があった場合は、受験資格が無いものとして取り扱いますので、ご注意ください。　※試験の受験時の提出書類も同様です。

5．提出書類
①第1次試験の受験時

書類	注意事項
令和6年度磐田市職員採用試験エントリーシート（5月18日に受験の高等学校在学中の人に限る）	手書で記入すること ※手書記入が困難な方はご相談ください

②第2次試験の受験時

書類	注意事項
令和6度磐田市職員採用試験エントリーシート（高等学校在学中の人以外）	手書で記入すること ※手書記入が困難な方はご相談ください
卒業証明書（卒業見込証明書も可）	原本（写し及び卒業証書の写しは不可）
成績証明書　※Bの職種は不要	原本（写しは不可） 保存期間経過等のため発行されない人は、それに代わる証明書

〔注意〕
・提出書類は一切お返ししません。
・「卒業証明書」及び「成績証明書」については最終学歴（学歴の中で最も高度または専門的な教育を受けた学校）のものとしてください。
・受験予備校の場合には、受験上の最終学歴とはしません。その前の学歴（高等学校等）の証明書を提出してください。
・提出書類に記載された個人情報については、磐田市が行う試験及び任命権者が行う採用事務以外に使用することはありません。
・職務要件がある受験職種については、最終合格発表後、職務経験の確認のため職歴証明書等を提出していただきます。職歴等が確認できない人やエントリーシート等に不正記載があった人は合格を取り消します。

試験概要

７．試験結果の開示

不合格者を対象に以下のとおり開示します。
○開示の内容・・・不合格となった試験科目の得点及び順位（職種別）
○請 求 期 間・・・令和６年８月 19 日（月）～８月 30 日（金）の午前８時 30 分～午後５時
　　　　　　　　　15 分　※土・日曜日及び祝日を除く
○方　　　　法・・・受験者本人が直接、受験職種、受験番号、住所、氏名、生年月日、電話
　　　　　　　　　番号を記入し「成績開示希望」と明記した書面（様式は問いません）と
　　　　　　　　　切手を貼った封筒（返信用）を持参して、磐田市職員課（本庁舎３階）
　　　　　　　　　へ請求してください。確認後、郵送します。
　※請求時には運転免許証等、本人確認のできるものが必要です。
　※電話、電子メール等による開示請求は受け付けません。

８．給与・勤務条件等（令和６年２月 14 日現在）

採用予定日は令和７年４月１日です。なお、受験資格に定める大学等を卒業できなかった
人は採用を取り消します。

初任給	大学卒程度202,400円（地域手当を含むと214,544円） 短大卒程度181,800円（地域手当を含むと192,708円） 高校卒程度170,900円（地域手当を含むと181,154円） ※職歴がある方は、年数等に応じた加算があります。
各種手当	地域手当6％、扶養手当、通勤手当、住居手当、時間外勤務手当ほか
昇給	年１回（民間給与の動向に応じて給与改定あり）
賞与	年間計 4.50 月分 　　夏（６月期）初年度 0.675 月分、翌年度から 2.25 月分 　　冬（12 月期）2.25 月分
勤務時間	月～金曜日（完全週休２日制）午前８時 30 分～午後５時 15 分 （勤務内容・勤務場所により異なる場合あり）
休暇	年次有給休暇 　　初年度 15 日、翌年１月から 20 日 　　残日数を翌年に繰り越した場合、最大年 40 日 特別休暇 　　夏季休暇、看護休暇、結婚休暇、出産休暇、部分休業（小学校３ 　　年生まで）ほか
研修	フレッシャーズ・トレーナー制度、階層別研修、テーマ別研修、近隣 市との合同研修、通信教育、ｅラーニングほか
福利厚生	静岡県市町村職員共済組合の保険に加入 定期健康診断（年１回）、ストレスチェック 宿泊施設、県内公共施設等利用助成、スポーツクラブ活動など

９．試験会場

磐田市役所本庁舎または西庁舎（静岡県磐田市国府台３番地 1）
　　・ＪＲ東海道本線「磐田駅」北口下車　徒歩 10 分（約 0.8km）

静岡市・磐田市・御殿場市・熱海市・裾野市・袋井市の公立幼稚園教諭・保育士（認定こども園）

磐田市の自治体情報

第1章 計画策定にあたって

2 策定の趣旨

　本市では、「子ども・子育て支援法」に基づき、平成 27 年 3 月に「第一期磐田市子ども・子育て支援事業計画」、令和 2 年 3 月に「第二期磐田市子ども・子育て支援事業計画」を策定し、質の高い教育・保育の提供や妊娠期からの切れ目のない子育て支援策を推進してきました。
　令和 5 年 4 月に「こども基本法」が施行され、「こども大綱」により、全てのこども・若者が心身の状況や置かれた環境に関係なく健やかに成長し、将来にわたり幸せな状態で生活できる「こどもまんなか社会」の実現を目指すことが示され、本市においても、こどもの権利に関する基本的な考え方を示した「磐田市こどもの権利と笑顔約束条例」を令和 7 年 3 月に制定しました。これらの考え方を踏まえ、社会状況の変化に対応しつつ、こども施策を総合的に推進していくため、こども基本法第 10 条に基づく「磐田市こども・若者スマイルプラン～磐田市こども計画～」(以下「本計画」という)」を策定しました。
　本計画では、「第二期磐田市子ども・子育て支援事業計画」の取り組みを継承しつつ、「子ども・若者育成支援推進法に基づく市町村子ども・若者計画」等の関連計画と一体的に策定することで、こども・若者が心から安心でき、取り巻く全ての世代の人が幸せを実感できるまちづくりを推進していきます。

3 計画の概要

(1) 計画の根拠

　本計画は「こども基本法第10条」に基づく市町村こども計画であり、以下の計画を包含しています。
- 子ども・子育て支援法に基づく第三期磐田市子ども・子育て支援事業計画
- 次世代育成支援対策推進法に基づく市町村行動計画（母子保健計画を包含）
- こどもの貧困の解消に向けた対策の推進に関する法律に基づく市町村計画
- 令和 6 年度以降の放課後児童対策について（通知）に基づく計画
- 子ども・若者育成支援推進法に基づく市町村子ども・若者計画

（2）計画の位置づけ・関連計画

本計画は、市のまちづくりの総合的指針である「磐田市総合計画」を上位計画とし、こども施策の視点で具体化する分野別計画であり、その他関連する分野別計画との調和と整合性を図り策定するもので、保健、福祉、教育、生活環境、就労環境（ワークライフバランス）、地域づくり等のさまざまな分野にわたり、総合的な展開を図っていきます。
また、「磐田市こどもの権利と笑顔約束条例」における推進計画としても位置付けられています。

（3）計画の期間

　本計画の計画期間は、令和7年度から令和11年度までの5年間とします。なお、計画期間中であっても、社会経済情勢や市の状況の変化、こども・若者・子育てのニーズ等に適切に対応するため、必要に応じて見直しを行います。

令和4年度	令和5年度	令和6年度	令和7年度	令和8年度	令和9年度	令和10年度	令和11年度	令和12年度	令和13年度	令和14年度
第二期磐田市 子ども・子育て支援事業計画			磐田市こども・若者スマイルプラン ～磐田市こども計画～					次期計画		

（4）計画の対象

　本計画は、こどもや若者、子育てをしている保護者、子育て支援に関わる関係機関・団体等を広く対象とします。

　また、「こども基本法」において、「『こども』とは心身の発達の過程にある者をいう。」とされており、こどもが若者となり、大人として円滑な社会生活を送ることができるようになるまでの成長の過程にある者を指しています。本計画においては、こども・若者の対象年齢をおおむね30歳代までとし、必要なサポートが途切れないようにするものとします。

　「こども」の表記については、ひらがなを用いることとしていますが、法令に根拠がある用語を用いる場合や、固有名詞を用いる場合には「子ども」、「子供」、「児童」等と表記することとします。

こども・若者のライフステージ　イメージ図

乳幼児期（0－6歳）	学童期（6－12歳）	思春期（12－18歳）	青年期（18－29歳）	ポスト青年期（29－39歳）
こども				
		若者		

第3章 計画の基本的な考え方

1 基本理念

○本市の「第2次磐田市総合計画」では、まちの将来像を、「たくさんの元気と笑顔があふれるまち磐田～今までも、これからもずっと磐田～」とし、将来にわたって恵まれた地域資源を活用し、地域・企業・住む人みんなが元気で、たくさんの笑顔が集まり、市民が幸せを実感でき、多くの方に「住んで良かった」「住み続けたい」と言われるような「まち」を目指しています。
これらを実現するため、安心してこどもを生み育てられる環境の充実を図るとともに、次代を担うこどもたちが明るい希望や夢を持ち、たくましく育つ「子育て・教育のまち」を、「まちづくりの柱」の一つに据えています。

○令和5年4月に施行された「こども基本法」では、憲法及び児童の権利に関する条約の精神にのっとり、全てのこどもが、将来にわたって幸福な生活を送ることができる社会の実現を目指し、市町村は、その実現に向けてどのようなことに取り組むか等を「こども計画」にとりまとめていくことが求められています。

○令和5年12月に策定された「こども大綱」では、こどもや若者を「社会の真ん中」に据え、権利の主体として尊重し、誰一人取り残さず、全ての人にとってウェルビーイングな「こどもまんなか社会」を、こどもや若者等の声を取り入れながら目指していくことが掲げられています。

○本計画は、「第2次磐田市総合計画」の目指すまちづくりや「こども大綱」の目指す「こどもまんなか社会」、本市のこども・若者を取り巻く現状や課題等を踏まえ、下記のとおり基本理念を定めます。

【 基 本 理 念 】

> こども・若者が心から安心でき、
> 取り巻く全ての世代の人が幸せを実感できるまち

試験概要 ◀

2 数値目標

　こども・若者・子育て当事者の主観的評価に基づく数値目標（指標）を設定し、本計画に掲げた施策を推進します。

	目標	現状値	目標値（R11）
1	家庭で「こどもの権利」が守られている（大切にされている）と考えるこどもの割合 【出典】 磐田市こどもの意識アンケート（R6）	小5：82% 中2：86.7%	小5：85% 中2：90%
2	学校で「こどもの権利」が守られている（大切にされている）と考えるこどもの割合 【出典】 磐田市こどもの意識アンケート（R6）	小5：73.6% 中2：82.5%	小5：80% 中2：90%
3	先生や親、地域の人たちが自分の意見を聞いてくれていると考えるこどもの割合 【出典】 磐田市こどもの意識アンケート（R6）	小5：76.4% 中2：81.1%	小5：85% 中2：90%
4	将来に希望を持っているこども・若者の割合 【出典】 磐田市こども・若者に関する意識調査（R6） ※1	51.9% ※2	70%
5	生活に満足しているこどもの割合 【出典】 磐田市生活状況調査(小学生・中学生)（R5）	小5：70.9% 中2：61% ※3	小5：80% 中2：70%
6	自分は幸せだと感じるこども・若者の割合 【出典】 磐田市こども・若者に関する意識調査（R6） ※4	83.7% ※5	90%
7	磐田市の子育て環境や支援への満足度が高い保護者の割合 【出典】 磐田市子育て支援に関するニーズ調査（R5） ※6	46% ※7	55%

※1　15～39歳が対象。
※2　「あてはまる」「どちらかといえばあてはまる」と回答した者の割合。
※3　「1」（まったく満足していない）から「10」（十分に満足している）という1～10の選択肢で、7以上と回答した者の割合。
※4　15～39歳が対象。
※5　「あてはまる」「どちらかといえばあてはまる」と回答した者の割合。
※6　就学前のこどもがいる世帯が対象。
※7　「非常に高い」「高い」と回答した者の割合。

静岡市・磐田市・御殿場市・熱海市・裾野市・袋井市の公立幼稚園教諭・保育士（認定こども園）

3 基本理念を実現するための施策展開（大分類）

○「こども大綱」の構成は、初めにライフステージを通して継続的に実践すべき重要事項を示し、その次にライフステージ別の重要事項、最後に子育て当事者への支援に関する重要事項を示しています。

○本計画は、「こども大綱」を勘案して策定しており、⑴ライフステージに共通したこども施策、⑵「妊娠前から幼児期まで」、「学童期・思春期」「青年期」のライフステージに応じた切れ目のないこども施策、⑶子育て当事者への支援に関するこども施策という３つの大分類に基づき、施策を展開します。

（1）ライフステージに共通したこども施策の推進

　　こどもと若者は、未来を担う存在でありながら、今を生きる主体でもあります。こどもと若者の権利を保障するとともに、意見表明しやすい環境づくりに取り組みます。
　　また、こどもの貧困対策や児童虐待防止対策を推進しつつ、障がいのある児童等、配慮が必要なこどもや保護者を対象に、関係機関等が連携を図りながら、それぞれの特性に合わせて、こども・若者やその家庭への支援の充実を図ります。
　　さらに、安全な道路交通環境や防犯・防災対策など、安心して子育て・子育ちできるまちづくりに取り組みます。

（2）ライフステージに応じた切れ目のないこども施策の推進

　　こどもの教育や保育の充実とともに、安心して出産や子育てができるよう、妊娠期から切れ目のないこどもの発育・発達への支援に取り組みます。また、こどもの自主性・社会性の育成やこどもの放課後の居場所づくり、困難を抱える若者への支援、若者への就労支援など、それぞれのライフステージの特有の課題を捉え、ライフステージごとに必要な支援に取り組みます。

（3）子育て当事者への支援に関するこども施策の推進

　　保護者の子育てにおける不安や悩みに対する相談支援や情報提供の充実、子育てに関する経済的負担の軽減を図ります。
　　また、安心して仕事と子育てを両立できる環境づくりのため、ワーク・ライフ・バランスや男女共同参画の理解及び促進に努め、保護者が安心して子育てができる環境を整備します。

4 施策の体系

静岡市・磐田市・御殿場市・熱海市・裾野市・袋井市の公立幼稚園教諭・保育士（認定こども園）

計画推進に向けて

1 計画の推進体制

　「こども・若者が心から安心でき、取り巻く全ての世代の人が幸せを実感できるまち」の実現に向けて、本計画を着実に推進していきます。本計画を推進するにあたっては、子育て家庭、若者、地域、関係機関・団体等への周知を図るとともに、広く市民に向け広報活動を積極的に進めていきます。
　また、こども基本法においては、こども施策の策定・実施・評価に際して、こども等の意見を反映することが義務付けられています。そのため、こども等が安心して意見を述べることができる場や機会を設け意見聴取を実施し、こども等の状況やニーズをより的確に把握・反映することにより、こども施策の実効性を高めていきます。

2 事業の評価と計画の見直し

　計画の円滑な推進にあたっては、年度ごとに点検・評価を行い、その結果を踏まえたうえで取り組みの充実・見直しを検討する等、ＰＤＣＡサイクルを確保し本計画を計画的かつ円滑に推進することが重要です。

　本計画に定められた各事業については、年度ごとに、関係各課において１年の取り組みを点検・評価し、主管課のこども未来課がその結果を集約していきます。事業ごとの評価をもとに、必要に応じて行動計画を見直し、目標達成に努めていきます。

　なお、本計画における事業内容や量の見込み等は、社会情勢や国の今後の施策の展開状況のほか、本市における教育・保育施設、地域子ども・子育て支援事業の動向を総合的に勘案したうえで、計画の中間年を目安として見直しを行う場合があります。

3 磐田市子ども・子育て会議

　子ども・子育て支援法第72条第１項の規定に基づき条例により設置した「磐田市子ども・子育て会議」において、計画策定に向けた審議を行いました。計画推進にあたっても、同条例に基づき、「磐田市子ども・子育て会議」において、本市のこども施策に関する取り組みに対して、様々な視点からの点検・評価を実施します。

「磐田市こども・若者スマイルプラン ～磐田市こども計画～」より抜粋

▶ 静岡市・磐田市・御殿場市・熱海市・裾野市・袋井市の公立幼稚園教諭・保育士（認定こども園）

令和7年度採用
御殿場市職員採用試験案内
＜夏期試験＞
～「富士の麓（ごてんば）で働く」という選択肢～

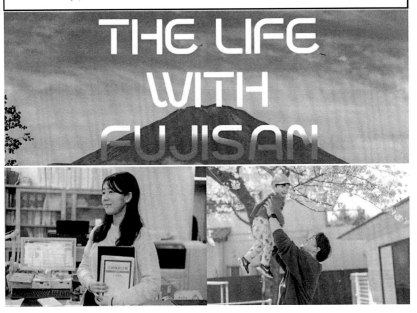

試験概要 ◀

夏期採用試験について

○募集受付期間　令和6年5月8日(水)〜6月3日(月)
○1次試験日　　令和6年6月23日(日)
※保健師・看護師は6月16日(日)に実施

※試験の見合わせ、日程の変更等が生じた場合は、速やかに御殿場市職員採用情報サイト等でお知らせいたします。

1 募集職種及び職務の概要

募集区分	採用予定人数	職務内容
一般事務 ＜大卒＞	6名程度	市役所本庁・出先機関等において、戸籍・税・保険年金・福祉・環境・産業・教育・文化・まちづくり等、行政事務全般の幅広い業務に従事します。
一般事務 （障がい） ＜大卒＞	若干名	市役所本庁・出先機関等において、戸籍・税・保険年金・福祉・環境・産業・教育・文化・まちづくり等、行政事務全般の幅広い業務に従事します。
土木技師	3名程度	市役所本庁・出先機関等において、公共施設の土木工事の計画・設計や各種申請の審査及び検査、土木政策等に関する業務に従事します。
建築技師	3名程度	市役所本庁・出先機関等において、公共施設の建築工事の計画・設計や各種申請の審査及び検査、建築政策等に関する業務に従事します。
水道技師	3名程度	市役所本庁・出先機関等において、水道工事の計画・設計や各種申請の審査及び検査、政策等に関する業務に従事します。
保育士・幼稚園教諭	8名程度	市立保育園・幼稚園・認定こども園等において、乳幼児の保育業務又は教育業務等に従事します。
保健師	4名程度	御殿場市保健センター・市役所本庁等において、保健師の業務に従事します。
看護師	4名程度	御殿場市救急医療センターにおいて、看護師の業務に従事します。 ※3交代制勤務(日勤・準夜勤・深夜勤)、週の平均勤務時間は38.75時間

※試験結果等によって採用予定人数が変更となる場合があります。

静岡市・磐田市・御殿場市・熱海市・裾野市・袋井市の公立幼稚園教諭・保育士（認定こども園）

2 受験資格

次の(1)～(3)の要件を満たす人が採用試験を受験できます。

(1)原則、御殿場市内に居住する人（採用後居住できる人を含む）、各募集区分の受験資格に該当する人

募 集 区 分	受 験 資 格
一 般 事 務 < 大 卒 >	学校教育法による大学を卒業、または今年度中に卒業見込みの人で、平成6年4月2日以降に生まれた人
一 般 事 務 （ 障 が い ） < 大 卒 >	次の要件を全て満たす人 ・昭和59年4月2日以降に生まれた人で、学校教育法による大学を卒業、または今年度中に卒業見込みの人 ・身体障害者手帳、療育手帳又は精神障害者保健福祉手帳の交付を受けている人 ・通常の勤務時間（平日の8時30分～17時15分（年末年始除く））に対応できる人 ・活字印刷文による試験問題に対応できる人
土 木 技 師	学校教育法による大学・短期大学・高専・高校で土木の専門課程を卒業した人（大学・短期大学・高専の場合は今年度中に卒業見込みの人も可）、もしくは民間企業等において、土木関係の設計、施工管理等に関する職務経験を3年以上有する人で、次の年齢に当てはまる人 ＜大 学 卒 業＞平成6年4月2日以降に生まれた人 ＜短大・高専卒業＞平成8年4月2日以降に生まれた人 ＜高 校 卒 業＞平成10年4月2日以降に生まれた人
建 築 技 師	学校教育法による大学・短期大学・高専・高校で建築の専門課程を卒業した人（大学・短期大学・高専の場合は今年度中に卒業見込みの人も可）、もしくは民間企業等において、建築関係の設計、施工管理等に関する職務経験を3年以上有する人で、次の年齢に当てはまる人 ＜大 学 卒 業＞平成6年4月2日以降に生まれた人 ＜短大・高専卒業＞平成8年4月2日以降に生まれた人 ＜高 校 卒 業＞平成10年4月2日以降に生まれた人
水 道 技 師	学校教育法による大学・短期大学・高専・高校で土木の専門課程を卒業した人（大学・短期大学・高専の場合は今年度中に卒業見込みの人も可）、もしくは民間企業等において、土木・水道関係の設計、施工管理等に関する職務経験を3年以上有する人で、次の年齢に当てはまる人 ＜大 学 卒 業＞平成6年4月2日以降に生まれた人 ＜短大・高専卒業＞平成8年4月2日以降に生まれた人 ＜高 校 卒 業＞平成10年4月2日以降に生まれた人

試験概要

募集区分	受験資格
保育士・幼稚園教諭	平成元年4月2日以降に生まれた人で、採用日時点において保育士資格と幼稚園教諭免許の両方を有している人
保健師	平成6年4月2日以降に生まれた人で、保健師の免許を有する人、または今年度中に行われる国家試験により、保健師の免許を取得見込みの人
看護師	昭和59年4月2日以降に生まれた人で、現に看護師免許を有し、令和7年3月末日現在で医療法上における医療提供施設(ただし、病院・診療所に限る)において2年以上の経験を有する人。

①学校教育法による高校を令和7年3月に卒業見込みの人については、今回の試験を受験することはできません。すでに卒業している場合は受験可能です。高校を卒業見込みの人を対象とした試験は9月22日(日)実施予定の秋期採用試験で行います。募集職種等詳細については7月下旬に公表予定です。

②高校を卒業した後、専門学校を卒業した人または令和7年3月に卒業見込みの人で、次に掲げるすべての要件を満たす人は、短大卒相当に該当します。

・学校教育法による専修学校の専門課程であること

・修業年限が2年以上であること

・1,600時間以上の授業の履修があること

・履修の成果が筆記試験その他の方法により認められることが卒業の要件であること

(2)地方公務員法第16条に掲げるいずれかの欠格条項に該当しない人

> 地方公務員法第16条(欠格条項)
>
> 　次の各号のいずれかに該当する者は、条例で定める場合を除くほか、職員となり、又は競争試験若しくは選考を受けることができない。
>
> 　1　禁錮以上の刑に処せられ、その執行を終わるまで又はその執行を受けることがなくなるまでの者
>
> 　2　当該地方公共団体において懲戒免職の処分を受け、当該処分の日から二年を経過しない者
>
> 　3　人事委員会又は公平委員会の委員の職にあって、第六十条から第六十三条までに規定する罪を犯し刑に処せられた者
>
> 　4　日本国憲法施行の日以後において、日本国憲法又はその下に成立した政府を暴力で破壊することを主張する政党その他の団体を結成し、又はこれに加入した者

(3)日本国籍を有する人(保育士・幼稚園教諭、保健師、看護師を除く)

▶ 静岡市・磐田市・御殿場市・熱海市・裾野市・袋井市の公立幼稚園教諭・保育士（認定こども園）

3 受験申込手続

· **申込みは原則電子申請（インターネット）による申込みとします。**

· <u>最終日の受付は午後5時15分までとなります。</u>

· 電子申請をする環境がない場合、指定の様式による書面での申込みができます。

  指定の様式については御殿場市職員採用情報サイトに掲載しておりますので、ダウンロードしてご利用

  ください。また、御殿場市役所本庁舎3階人事課窓口でも配布しております。

· 夏期試験の募集区分について、複数の募集区分に重複して申込むことはできません。

4 試験の方法及び内容

(1)1次試験　＜6月23日(日)実施(保健師・看護師は6月16日(日)実施)＞

募　集　区　分	試　　験	内　　　　　　　容
一　般　事　務 ＜　大　卒　＞	基 礎 能 力 試 験	SPI3※を実施します。(約120分)
	作　　　　　文	作文シート※を作成します。(30分)
一　般　事　務 （　障 が い　） ＜　大　卒　＞	基 礎 能 力 試 験	SPI3※を実施します。(約120分)
	作　　　　　文	作文シート※を作成します。(30分)
土　木　技　師	基 礎 能 力 試 験	SPI3※を実施します。(約120分)
	作　　　　　文	作文シート※を作成します。(30分)
建　築　技　師	基 礎 能 力 試 験	SPI3※を実施します。(約120分)
	作　　　　　文	作文シート※を作成します。(30分)
水　道　技　師	基 礎 能 力 試 験	SPI3※を実施します。(約120分)
	作　　　　　文	作文シート※を作成します。(30分)
保　　育　　士 ・ 幼　稚　園　教　諭	基 礎 能 力 試 験	SPI3※を実施します。(約120分)
	専　門　試　験	専門試験を行います。(90分) ※「保育士」又は「幼稚園教諭」のどちらか選択
保　　健　　師	専　門　試　験	職種に応じた専門試験(公衆衛生看護学、疫学、保健統計学、保健医療福祉行政論等)を実施します。(90分)
	口　述　試　験	個別面接を行います。(30分×2回程度)
看　　護　　師	看護師適性検査	看護師適性検査を行います。(50分)
	口　述　試　験	個別面接を行います。(30分×2回程度)

※SPI3：民間企業の採用試験で最も使用されている、リクルート社提供の就職採用テスト。性格検査及び能力検査で構成されている。

※作成した作文シートは面接試験（2次試験）の資料として使用します。1次試験の採点の対象ではありません。

(2)2次試験　＜7月23日(火)または24日(水)のいずれかに実施予定(詳細は1次試験合格者に通知します。)＞

募集区分	試験	内容
一般事務 ＜大卒＞	口述試験	個別面接を行います。(30分×3回程度) (1次試験で実施したSPI3と作文を面接資料として使用します。)
一般事務 (障がい) ＜大卒＞	口述試験	個別面接を行います。(30分×3回程度) (1次試験で実施したSPI3と作文を面接資料として使用します。)
土木技師	口述試験	個別面接を行います。(30分×3回程度) (1次試験で実施したSPI3と作文を面接資料として使用します。)
建築技師	口述試験	個別面接を行います。(30分×3回程度) (1次試験で実施したSPI3と作文を面接資料として使用します。)
水道技師	口述試験	個別面接を行います。(30分×3回程度) (1次試験で実施したSPI3と作文を面接資料として使用します。)
保育士・ 幼稚園教諭	口述試験	個別面接を行います。(30分×3回程度) (1次試験で実施したSPI3を面接資料として使用します。)
	実技試験	音楽リズム・言語表現の実技試験を行います。

5　職員採用試験の併願について

　夏期試験の受験に伴い、秋期試験で実施する同一職種の採用試験は申込みができなくなります。ただし、別職種への申込は可能です。また、御殿場市・小山町広域行政事務組合採用の消防職も併願可能です。ただし、夏期2次試験を受験した場合は併願することができません。

6 採用等

1 採用等

(1) 最終合格者には、採用区分学歴の学校の卒業証明書及び資格証明書(写し)、健康診断の個人結果票等を提出していただきます。

(2) 採用者には、採用決定通知を送付します。

(3) 卒業見込みの者が卒業できなかった場合は採用決定を取り消します。

(4) 資格取得見込みの者が資格を取得できなかった場合は採用決定を取り消します。

(5) 採用決定者は、令和7年4月1日から勤務することになります。

2 配置

採用後計画的に各所属を経験し、その後も職員の自己申告や組織の要請に基づき配置を行います。

3 昇任等

職員の経歴の代表的な例を示します。

7 給与・勤務条件等

1 給与

採用後は、御殿場市の条例及び規則に規定されている給与・諸手当等が支給されます。

(地域手当を含む。令和6年4月1日現在)

【初任給(新卒)】

看護師以外		
大学卒	短大卒	高校卒
207,972 円	189,846 円	176,596 円

看護師		
大学卒	短大卒(3年)	短大卒(2年)
238,924 円	235,108 円	230,868 円

※ 初任給は職歴等により調整されます。

※ このほかに、扶養手当・通勤手当(上限22,200円)・住居手当(上限27,000円)・期末手当・勤勉手当等があります。

※ 看護師については夜間看護手当あり(準夜勤2,500円/回、深夜勤3,000円/回)があります。

2 勤務条件(所属・勤務場所により異なる場合があります。)

(1) 勤務時間　　午前8時30分から午後5時15分まで

　　　　　　　　※看護師については3交代制勤務のため、下記の通り

　　　　　　　　　　日勤　：午前8時30分から午後5時15分まで
　　　　　　　　　　準夜勤：午後4時30分から午前1時15分まで
　　　　　　　　　　深夜勤：午前0時30分から午前9時15分まで

　　　　　　　　　　(週の平均勤務時間は38.75時間)

(2) 休　日　　　土曜日・日曜日・祝日・年末年始(12月29日から1月3日まで)

　　　　　　　　※看護師については4週間に8日
　　　　　　　　　職場の勤務スケジュールに合わせ、シフト調整を行います。
　　　　　　　　　年間休日は令和5年度実績でおおよそ120日前後です。

(3) 休　暇　　　年次有給休暇(採用1年目に15日、以降年20日)・特別休暇・病気休暇等

▶ 静岡市・磐田市・御殿場市・熱海市・裾野市・袋井市の公立幼稚園教諭・保育士（認定こども園）

御殿場市の自治体情報

第三期
御殿場市
子ども・子育て支援事業計画（案）
【令和７年度〜令和１１年度】

御殿場市　保育幼稚園課

令和６年１２月

試験概要

第1章　計画策定にあたって

1　計画策定の目的

　我が国の少子化は急速に進行しており、本市においても令和6年4月1日現在の総人口は83,592人、そのうち0～11歳児人口は7,653人で、令和2年の0～11歳児人口（9,223人）と比べると1,570人の減少となっています。依然として、少子化には歯止めがかからず、子育てのための経済的負担や、仕事と子育ての両立に対する負担感、晩婚化と非婚化などが少子化の理由として挙げられています。また、核家族化や地域コミュニティの希薄化が進むことで、子育てに関する悩みや不安を抱え込みやすい状況にあるなど、子ども・子育てをめぐる家庭や地域の状況も変化し続けています。

　こういった社会情勢の変化の中、国においては、平成24年に「子ども・子育て支援法」をはじめとする「子ども・子育て関連3法」を成立させ、平成27年から「子ども・子育て支援新制度（以下「新制度」という。）」をスタートさせました。

　新制度では、「子どもの最善の利益」が実現される社会の考え方の基本として、幼児期の教育・保育の一体的な提供や、教育・保育や地域の子育て支援の量の拡充や質の向上、家庭における療育支援などを総合的に推進することとなっています。

　さらに、こどもの最善の利益を第一に考え、こどもに関する取組や政策を我が国の社会の真ん中に据えて（「こどもまんなか社会」）、強力に進めていくため、令和5年4月に「こども家庭庁」が発足しました。こども家庭庁は、「こどもまんなか社会」の実現に向けたこども政策の司令塔となり、省庁の縦割りを排し、これまでの組織の間でこぼれ落ちていたこどもに関する福祉行政を一元的に担うこととなっています。

　令和6年には、子ども・子育て支援法等の一部改正をする法律を成立させました。児童手当の所得制限を撤廃し、18歳まで対象年齢を引き上げることに加えて、妊娠期からの切れ目のない支援を行うことを目的とした妊娠のための支援給付や、働いていなくても子どもを保育園などに預けられる乳児等のための支援給付（「こども誰でも通園制度」）が創設されるなど、あらゆる視点から子ども・子育て支援政策を展開していくことを目指しています。

　本市では、新制度の下で平成27年度から「御殿場市子ども・子育て支援事業計画」を推進しており、計画に基づき、妊娠・出産期からの切れ目のない支援を行っていくことに留意しつつ、子どもや子育て家庭のおかれた状況や地域の実情を踏まえ、幼児期の教育・保育、地域における多様な子ども・子育て支援の量的拡充と質的改善を図っています。

　このたび、「第二期御殿場市子ども・子育て支援事業計画」が令和6年度で最終年度を迎えたことから、継続的かつ計画的に事業を推進するため、令和7年度から令和11年度の5か年を計画期間とする「第三期御殿場市子ども・子育て支援事業計画」を策定し、引き続き一人一人の子どもの健やかな育ちと子育て家庭を社会全体で支援する社会の実現を目指していきます。

2　計画の性格と位置づけ

　本計画は、「子ども・子育て支援法」第61条に基づく「市町村子ども・子育て支援事業計画」として位置づけるとともに、「次世代育成支援対策推進法」及び「子どもの貧困対策の推進に関する法律」による市町村行動計画として「御殿場市子ども・子育て支援事業計画」で継続している事業の一部について、引き続き事業を実施していきます。

　本計画を、上位計画である「第四次御殿場市総合計画」の分野別計画の関連計画として位置づけるとともに、福祉部門の上位計画である「第4次御殿場市地域福祉計画」や「御殿場市子ども条例」、「御殿場市子ども条例行動計画」、その他関連計画等と連携・整合を図っていきます。

　また、本計画では、「御殿場市幼児の教育・保育施設整備基本構想」をはじめ、他の関連する計画との調和を図りつつ、保健、医療、福祉、教育、就労、住宅、都市基盤、国際化などの、子どもと子育てを取り巻く様々な分野や社会情勢に関連する施策と、総合的かつ一体的に推進していきます。

【子ども・子育て支援法から抜粋】

（市町村子ども・子育て支援事業計画）
第六十一条　市町村は、基本指針に即して、五年を一期とする教育・保育及び地域子ども・子育て支援事業の提供体制の確保その他この法律に基づく業務の円滑な実施に関する計画（以下「市町村子ども・子育て支援事業計画」という。）を定めるものとする。

3　計画の期間

　「子ども・子育て支援法」では、5年を一期として計画を定めるものとしていることから、本計画は、令和7年度（西暦2025年）から令和11年度（西暦2029年）までの5年間を計画の期間とします。

　計画の期間中は事業の進捗状況を管理するとともに、計画内容と実態に乖離が生じた場合は、原則、計画の中間年において計画の見直しを行うものとします。なお、計画の中間年でない場合であっても、計画変更の必要性に応じて、柔軟に計画の見直しを行っていきます。

■計画の期間

第3章　計画の基本的考え方

1　計画の基本理念

● 全ての子どもが豊かな人間性を形成し、健やかに育つためには、保護者が子育てについての第一義的責任をもつという基本的な認識の下に、改めて家庭や地域、行政、関係機関・団体、事業所等、子どもと子育て家庭を取り巻く全ての人々が子育てについて理解を深め、子どもを未来の希望ととらえることが必要です。

● 今後も子育て家庭における、多様化する課題に対応すべく、「子どもの利益が最大限に尊重されること」の実現を第一に考え、「地域（みんな）でつなぐ子育ての輪～未来はぐくむ御殿場プラン～」を基本理念とします。

■■■　計画の基本理念　■■■

地域(みんな)でつなぐ子育ての輪
～未来はぐくむ御殿場プラン～

静岡市・磐田市・御殿場市・熱海市・裾野市・袋井市の公立幼稚園教諭・保育士（認定こども園）

2　計画における基本的な視点

　本計画の策定及び施策の推進にあたっては、以下の8項目を基本的な視点とし、基本理念の実現を目指して取り組んでいきます。

1　子どもの視点

　子育て支援事業等は子ども自身の健やかな成長を手助けするものであることから、子どもの利益が最大限に尊重されるように配慮するとともに、子育ての基本は子育てに関わるそれぞれの主体が協力して行い、子どもの立場に立って施策を推進します。

2　利用者の視点

　子育て家庭の生活実態や子育て支援に関わる利用者のニーズの多様化と就業形態による特性に配慮し、利用者本位の事業を柔軟かつ総合的に推進します。

3　社会全体による支援の視点

　保護者が子育てについて第一義的責任を有するという基本的な認識の下に、行政機関だけでなく、企業や地域全体が協力して対応すべき課題として、協働で取り組むことを推進します。

4　ワーク・ライフ・バランス（仕事と生活の調和）実現の視点

　国・地方自治体・企業をはじめとする関係機関との連携の下、働き方の見直しを進め、地域の実情に応じたワーク・ライフ・バランス（仕事と生活の調和）の実現に向けた取組を推進します。

5　全ての子どもと家庭への支援の視点

　子育てと仕事の両立支援のみならず、核家族化等により子育てに関する相談相手が見つからず、悩んでいる保護者の存在、ひとり親家庭、子どもの貧困等の問題を踏まえ、広く全ての子どもと家庭への支援を推進します。

6　地域における社会資源の効果的な活用の視点

　地域で子育てに関する活動を行っているサークル、子ども会、ボランティア団体、主任児童委員をはじめとする地域の力と、保育所や認定こども園、幼稚園、子ども家庭センター、学校施設等を地域の資源として十分かつ効果的に活用することを推進します。

試験概要

7 事業の質の視点

　利用者が安全に、かつ安心して教育・保育、子育て支援事業を利用するためには、量だけでなく、質を確保することが重要です。各事業の質を評価し、向上させていくといった視点から、人材の確保・育成とともに、情報公開や事業評価等の取組を推進します。

8 地域特性の視点

　御殿場市全体の状況と、市内の地域特性によるニーズの相違に配慮した主体的な取組を進めていきます。

3 施策の体系

< 基本理念 >
地域でつなぐ子育ての輪　〜未来はぐくむ御殿場プラン〜

基本的視点
- 子どもの視点
- 地域特性の視点
- 利用者の視点
- 事業の質の視点
- 社会全体による支援の視点
- 地域における社会資源の効果的な活用の視点
- ワーク・ライフ・バランス（仕事と生活の調和）実現の視点
- 全ての子どもと家庭への支援の視点

■計画の内容

1	教育・保育
2	地域子ども・子育て支援事業
3	教育・保育の一体的提供及び当該教育・保育の推進に関する体制の確保
4	産後の休業及び育児休業後における特定教育・保育施設等の円滑な利用の確保
5	職業生活と家庭生活との両立（ワーク・ライフ・バランス）の推進
6	要保護児童への対応などきめ細かな取組の推進
7	子育てのための施設等利用給付の円滑な実施
8	子どもの貧困対策の推進

第5章　計画推進の方策

1　計画の推進体制

　子ども・子育てに関わる施策は、児童福祉分野だけでなく、保健、医療、福祉、教育、就労、住宅、都市基盤、国際化等、様々な分野や社会情勢と関連しているため、それの関連施策と総合的かつ一体的に推進していく必要があります。

2　計画の進捗管理と評価

- 計画の進捗管理にあたっては、毎年度、計画に基づく事業の実施状況の把握・点検を行い、御殿場市子ども・子育て会議等において評価を実施します。
- 評価結果に基づき、速やかに改善につなげていくことで、計画の実効性を高めていきます。
- また、計画内容と実態に乖離が生じた場合は、原則、計画の中間年において計画の見直しを行うものとします。なお、計画の中間年以外の場合であっても、計画変更の必要性に応じて、柔軟に計画の見直しを行っていきます。

「第三期 御殿場市子ども・子育て支援事業計画（案）」より抜粋

静岡市・磐田市・御殿場市・熱海市・裾野市・袋井市の公立幼稚園教諭・保育士(認定こども園)

令和6年度
熱海市職員採用試験案内　C日程

採用予定日：令和7年4月1日

募集職種：一般事務、学芸員、土木、水道技能、
　　　　　幼稚園教諭・保育士

《主な日程》

申込受付期間	11月5日(火)午前9時00分 　　～　11月15日(金)午後5時00分 期間内は24時間申込可
申込方法	電子申請
第1次試験日	11月22日(金) ～ 12月1日(日) 【テストセンター方式】
第2次試験日	12月22日(日) 予定
第3次試験日	1月18日(土) 予定

《問合せ先》熱海市役所　秘書広報課　人事研修室

〒413-8550　熱海市中央町1番1号
TEL (0557)86-6036 (直通)
FAX (0557)86-6152
メール jinji@city.atami.shizuoka.jp
熱海市ウェブサイト https://www.city.atami.lg.jp/

| 熱海市職員採用試験 | 🔍 |

※採用試験の経費は、市民の方に納めていただいた税金が使われます。貴重な税金を有効に活用するためにも、試験の申込をした人は、必ず受験するようお願いします。

1. 採用職種・採用予定人数・受験資格

次の(1)から(3)までの要件を満たす人
(1) 日本国籍を有する人
(2) 地方公務員法第16条各号のいずれにも該当しない人
　ア 禁錮以上の刑に処せられ、その執行を終わるまで又はその執行を受けることがなくなるまでの人
　イ 熱海市職員として懲戒免職の処分を受け、当該処分の日から2年を経過しない人
　ウ 日本国憲法施行の日以後において、日本国憲法又はその下に成立した政府を暴力で破壊することを主張する政党その他の団体を結成し、又はこれに加入した人
(3) 各採用職種の受験資格に該当する人

職　種	採用予定人数	年齢要件	職種別要件
一般事務	若干名	平成2年4月2日以降に生まれた人	**次の要件全てに該当する人** ・学校教育法に基づく高等学校以上を卒業している人（令和7年3月卒業見込を含む。）又は同等の資格を有する人 ・普通自動車免許（AT限定可）を有する人又は令和7年3月末日までに取得見込みの人
一般事務【障がい者対象】	若干名	平成2年4月2日以降に生まれた人	**次の要件全てに該当する人** ・学校教育法に基づく大学を卒業している人（令和7年3月卒業見込を含む。）又は同等の資格を有する人 ・障害者手帳の交付を受けていること。 ・自力による通勤ができ、かつ、介助者なしで職務の遂行が可能なこと。
学芸員Ⅰ	若干名	平成2年4月2日以降に生まれた人	**次の要件全てに該当する人** ・文学又はこれに準ずる科目を履修（専攻）して、学校教育法に基づく大学又は大学院を卒業している人（令和7年3月卒業見込を含む。）又は同等の資格を有する人 ・博物館法に基づく学芸員資格を有する人又は令和7年3月末日までに取得見込みの人 ・普通自動車免許（AT限定可）を有する人又は令和7年3月末日までに取得見込みの人
土木技術	若干名	平成2年4月2日以降に生まれた人	**次の要件全てに該当する人** ・土木専門課程を履修（専攻）して、学校教育法に基づく高等学校以上を卒業している人（令和7年3月卒業見込を含む。）又は同等の資格を有する人 ・普通自動車免許（AT限定可）を有する人又は令和7年3月末日までに取得見込みの人
水道技能	若干名	平成元年4月2日から平成15年4月1日までに生まれた人	**次の要件全てに該当する人** ・学校教育法に基づく高等学校以上を卒業している人又は同等の資格を有する人 ・民間企業、国、地方公共団体その他団体において、通算して3年以上従事した経験*がある人 ・準中型自動車免許（AT限定不可）を有する人又は令和7年3月末日までに取得見込みの人 ・11月9日に開催する水道技能業務説明会を受講した人【11月7日までに要申込】（ただし、令和4年度以降に当該説明会に参加した人は免除する。）
幼稚園教諭・保育士Ⅰ	若干名	平成11年4月2日以降に生まれた人	**次の要件全てに該当する人** ・幼稚園教諭免許及び保育士資格を有する人又は令和7年3月末日までに当該免許及び資格を取得見込みの人 ・普通自動車免許（AT限定可）を有する人又は令和7年3月末日までに取得見込みの人

静岡市・磐田市・御殿場市・熱海市・裾野市・袋井市の公立幼稚園教諭・保育士（認定こども園）

幼稚園教諭・保育士Ⅱ	若干名	平成元年4月2日から平成11年4月1日までに生まれた人	次の要件全てに該当する人 ・幼稚園教諭免許及び保育士資格を有する人 ・同種職務（民間企業、自治体等）において3年以上、フルタイム勤務*職員としての職務経験*がある人 ・普通自動車免許（AT限定可）を有する人又は令和7年3月末日までに取得見込みの人

【注意事項】
※ 高等学校卒業程度認定試験（旧大学入学資格検定）合格者は、高校卒相当とします。
※ 専門学校において、「専門士」の称号を取得している人又は令和7年3月末日までに取得見込みの人は、短期大学卒相当とします。
※ 専門学校において、「高度専門士」の称号を取得している人又は令和7年3月末日までに取得見込みの人は、大学卒相当とします。
※ 「フルタイム勤務」とは、正規職員と同様のフルタイムでの勤務をいい、「職務経験」には産前及び産後休暇があるときはその期間を含み、それら以外の育児休業や休職等により実際に勤務しなかった期間があるときは、その期間を除きます。また、職務経験が複数ある場合は通算することができます。なお、採用日時点で必要経験年数の要件を満たさない場合は採用できません。
※ 「従事した経験」とは、週20時間以上の勤務を同一の企業等で1年以上継続した期間をいい、当該期間に産前及び産後休暇の期間があるときはその期間を含み、それら以外の育児休業や休職等により実際に勤務しなかった期間があるときはその期間を除きます。なお、同一の期間内に複数の業務に従事した場合は、いずれか一方の期間とします。また、採用日時点で必要従事年数の要件を満たさない場合は採用できません。
※ この試験の受験申込を行った人は、同期間に募集している令和6年度熱海市職員採用試験【経験者採用】もしくは【カムバック採用】の受験申込を行うことはできません。
※ 熱海市職員採用試験【A日程】の最終合格者もしくは【B日程】の2次試験合格者は、受験することはできません。

2. 職務内容・市内居住要件・採用予定日

職　種	職務内容	市内居住要件
一般事務	一般事務に従事	採用時に熱海市内に居住すること
学芸員Ⅰ	（仮称）熱海文学館の設立及び運営など専門知識を生かした職務のほか、一般事務に従事 ※人事異動等により専門分野以外の業務に従事する場合あり	
土木技術	土木関係の職務ほか、一般事務に従事	なし
水道技能	水道・温泉関係の職務のほか、一般事務に従事	採用時に熱海市内に居住すること
幼稚園教諭・保育士	幼稚園教諭、保育士、保育教諭として、市立幼稚園、保育園、認定こども園に勤務し、保育幼児教育に従事	なし

3. 試験日程・試験科目

　試験日程及び試験科目は次のとおりです。試験の結果は、合格者の受験番号を熱海市ホームページに掲載し、最終試験のみ個別に文書を送付します。
　※地震、台風等の災害等やむを得ない事情により試験日程及び試験会場を変更する場合があります。その場合は、熱海市のホームページでお知らせします。

（1）試験の日程等

区　分	第1次試験	第2次試験	第3次試験
試験日	11月22日（金）～12月1日（日）	12月22日（日）予定	1月18日（土）予定
試験会場	テストセンター方式 ※	熱海市役所	熱海市役所
備考	【持ち物】 顔写真付きの本人確認書類 （運転免許証、マイナンバーカード、学生証、パスポート等）	第2次試験の詳細は合格者発表時にホームページ上でお知らせします。	第3次試験の詳細は合格者発表時にホームページ上でお知らせします。

試験概要

※テストセンター方式は、全国にあるテストセンター会場において、パソコン画面で出題・実施する試験方式です。試験は、指定された期間(試験日)の中で、希望する会場・日程で受験できます。

(2) 試験の科目

職　種	第1次試験	第2次試験	第3次試験
幼稚園教諭・保育士Ⅰ	基礎能力 性格適性(Web)	個別面接 実技試験	個別面接 論文試験
幼稚園教諭・保育士Ⅱ	基礎能力 性格適性(Web)	個別面接	個別面接 論文試験
上記以外	基礎能力 事務能力 性格適性(Web)	個別面接	個別面接 論文試験

- 基礎能力　　基礎的な知的能力としての「知能」、知識の量とその応用力としての「学力」及び「一般常識」について、択一式による筆記試験を学歴に応じて行います。
- 事務能力　　職務を遂行するうえで必要となる処理能力について測定を行います。
- 性格適性　　行動・態度や感情表出の基礎となる素質的傾向、日常的に表れる行動傾向等について、測定を行います。測定結果については、第2次試験の個別面接時に使用します。
- 実技試験　　職務の遂行に必要な能力について、3～5歳児に適切だと思うピアノ実技及び保育実技(手遊び及び読み聞かせ)のうち、2種類を選択し行います。
- 論文試験　　職務の遂行に必要な文章作成能力及び課題解決能力について、論文試験により測定を行います。
　　　　　　　※学芸員Ⅰは専門性に関するテーマについて記述する論文試験を行います。

4. 受験の申込から第1次試験受験までの流れ

受付期間　11月5日(火)午前9時00分　～　11月15日(金)午後5時00分　　※期間内は24時間申込可

受験の申込

申請は下のURLまたは二次元コードから「職員採用試験申込フォーム」へアクセスしてください。

https://logoform.jp/form/3Rhu/783833

5. 最終合格から採用まで

- 試験結果は、最終試験のみ郵便でお送りします。
- 最終合格者は、採用候補者名簿に登載され、その中から任命権者が採用を決定します。
- 最終合格者には、健康診断書、卒業証明書(卒業見込証明書も可)、成績証明書を提出していただきます。
- 受験資格及び申込内容に事実と相違があった場合には、採用(内定)を取り消します。
- 受験資格に定める大学等を卒業できなかった人、職務従事年数を満たさなかった人及び免許等を必要とする職種で当該免許等を取得できなかった人は、採用(内定)を取り消します。
- 受験資格に職務経験等がある職種の合格者は、別に定める職歴証明書を後日指定する期日までに提出していただきます。指定する期日までに提出ができない場合は、採用(内定)を取り消す場合があります。
- 採用は全て条件付きであり、原則として採用から6箇月間を良好な成績で勤務した場合に正式採用となります。(地方公務員法第22条第1項)

静岡市・磐田市・御殿場市・熱海市・裾野市・袋井市の公立幼稚園教諭・保育士（認定こども園）

令和6年度
熱海市職員採用試験案内　D日程

採用予定日：令和7年4月1日

募集職種：幼稚園教諭・保育士

《主な日程》

申込受付期間	令和6年12月10日（火）午前9時00分 ～ 12月24日（火）午後5時00分 期間内は24時間申込可
申込方法	電子申請
第1次試験日	令和7年1月8日（水）～ 1月19日（日） 【テストセンター方式】
第2次試験日	令和7年2月9日（日）予定
第3次試験日	令和7年2月22日（土）予定

《問合せ先》熱海市役所 秘書広報課 人事研修室

〒413-8550　熱海市中央町1番1号
TEL（0557）86-6036（直通）
FAX（0557）86-6152
メール jinji@city.atami.shizuoka.jp
熱海市ウェブサイト https://www.city.atami.lg.jp/

熱海市職員採用試験 🔍

※採用試験の経費は、市民の方に納めていただいた税金が使われます。貴重な税金を有効に活用するためにも、試験の申込をした人は、必ず受験するようお願いします。

試験概要

1. 採用職種・採用予定人数・受験資格

次の(1)から(3)までの要件を満たす人
(1) 日本国籍を有する人
(2) 地方公務員法第16条各号のいずれにも該当しない人
　ア 禁錮以上の刑に処せられ、その執行を終わるまで又はその執行を受けることがなくなるまでの人
　イ 熱海市職員として懲戒免職の処分を受け、当該処分の日から2年を経過しない人
　ウ 日本国憲法施行の日以後において、日本国憲法又はその下に成立した政府を暴力で破壊することを主張する政党その他の団体を結成し、又はこれに加入した人
(3) 各採用職種の受験資格に該当する人

職種	採用予定人数	年齢要件	職種別要件
幼稚園教諭・保育士Ⅰ	若干名	平成11年4月2日以降に生まれた人	次の要件全てに該当する人 ・幼稚園教諭免許及び保育士資格を有する人又は令和7年3月末日までに当該免許及び当該資格を取得見込みの人 ・普通自動車免許(AT限定可)を有する人又は令和7年3月末日までに取得見込みの人
幼稚園教諭・保育士Ⅱ	若干名	平成元年4月2日から平成11年4月1日までに生まれた人	次の要件全てに該当する人 ・幼稚園教諭免許及び保育士資格を有する人 ・同種職務(民間企業、自治体等)において3年以上、フルタイム勤務*職員としての職務経験*がある人 ・普通自動車免許(AT限定可)を有する人又は令和7年3月末日までに取得見込みの人

【注意事項】
※ 高等学校卒業程度認定試験(旧大学入学資格検定)合格者は、高校卒相当とします。
※ 専門学校において、「専門士」の称号を取得している人又は令和7年3月末日までに取得見込みの人は、短期大学卒相当とします。
※ 専門学校において、「高度専門士」の称号を取得している人又は令和7年3月末日までに取得見込みの人は、大学卒相当とします。
※「フルタイム勤務」とは、正規職員と同様のフルタイムでの勤務をいい、「職務経験」には産前及び産後休暇があるときはその期間を含み、それら以外の育児休業や休職等により実際に勤務しなかった期間があるときは、その期間を除きます。また、職務経験が複数ある場合は通算することができます。なお、採用日時点で必要経験年数の要件を満たさない場合は採用できません。

2. 職務内容・市内居住要件・採用予定日

職種	職務内容	市内居住要件
幼稚園教諭・保育士	幼稚園教諭、保育士、保育教諭として、市立幼稚園、保育園、認定こども園に勤務し、保育幼児教育に従事	なし

3. 試験日程・試験科目

試験日程及び試験科目は次のとおりです。試験の結果は、合格者の受験番号を熱海市ホームページに掲載し、最終試験のみ個別に文書を送付します。
※地震、台風等の災害等やむを得ない事情により試験日程及び試験会場を変更する場合があります。その場合は、熱海市のホームページでお知らせします。

(1) 試験の日程等

区分	第1次試験	第2次試験	第3次試験
試験日	1月8日(水)~1月19日(日)	2月9日(日)予定	2月22日(土)予定
試験会場	テストセンター方式 ※	熱海市役所	熱海市役所
備考	【持ち物】 顔写真付きの本人確認書類 (運転免許証、マイナンバーカード、学生証、パスポート等)	第2次試験の詳細は合格者発表時にホームページ上でお知らせします。	第3次試験の詳細は合格者発表時にホームページ上でお知らせします。

※テストセンター方式は、全国にあるテストセンター会場において、パソコン画面で出題・実施する試験方式です。試験は、指定された期間(試験日)の中で、希望する会場・日程で受験できます。

53

静岡市・磐田市・御殿場市・熱海市・裾野市・袋井市の公立幼稚園教諭・保育士（認定こども園）

(2) 試験の科目

職　種	第1次試験	第2次試験	第3次試験
幼稚園教諭・保育士Ⅰ	基礎能力 性格適性(Web)	個別面接 実技試験	個別面接 論文試験
幼稚園教諭・保育士Ⅱ	基礎能力 性格適性(Web)	個別面接	個別面接 論文試験

・基礎能力　　基礎的な知的能力としての「知能」、知識の量とその応用力としての「学力」及び「一般常識」について、択一式による筆記試験を学歴に応じて行います。
・性格適性　　行動・態度や感情表出の基礎となる素質的傾向、日常的に表れる行動傾向等について、測定を行います。測定結果については、第2次試験の個別面接時に使用します。
・実技試験　　職務の遂行に必要な能力について、3～5歳児に適切だと思うピアノ実技及び保育実技（手遊び及び読み聞かせ）のうち、2種類を選択し行います。
・論文試験　　職務の遂行に必要な文章作成能力及び課題解決能力について、論文試験により測定を行います。

4．受験の申込から第1次試験受験までの流れ

受付期間　令和6年12月10日(火)午前9時00分　～　12月24日(火)午後5時00分　※期間内は24時間申込可

受験の申込

申請は下のURLまたは二次元コードから「職員採用試験申込フォーム」へアクセスしてください。

https://logoform.jp/form/3Rhu/818399

【 申込における注意事項 】
(1)　入力事項に不正があると、採用される資格を失うことがあります。
(2)　現住所及び受験票送付希望先は、アパート名、部屋番号等も詳しく入力してください。
(3)　回答を中断する場合は、ページ一番下の「入力内容を一時保存する」機能を活用してください。
(4)　受験を取りやめる事情が生じた場合や入力内容に変更が生じた場合は、取消し処理を行ってください。なお、取消しができるのは申請状況及び処理状況が「受付中」の場合に限りますので、その他の状況の場合で取消し処理ができない場合は、秘書広報課　人事研修室(電話0557-86-6036)へ連絡してください。
(5)　複数の申込みはできません。複数申込された場合、最初に受信したもの以外は無効とします。
(6)　申請にあたって、送受信に時間がかかる場合がありますので、余裕を持って早めに申込手続を行ってください。使用するパソコンや通信回線上の障害等によるトラブルについては、一切の責任を負いません。

受験票の発送

受付期間終了後に、受験票を発送します。受験票が1月7日(火)までに届かないときは、熱海市役所　秘書広報課　人事研修室(電話0557-86-6036)へ連絡してください。

テストセンター受験案内及び性格適性検査のメール送信

受付期間終了後に、テストセンター受験案内及び性格適性検査のメールを送信しますので、1次試験までにメールが届かないときは、熱海市役所　秘書広報課　人事研修室へ連絡してください。

第1次試験の受験

第1次試験はテストセンター方式で行います。12月25日(水)に受験申込の際に入力したメールアドレスへ受験の案内を送信しますので、期間内に受験が可能となる近隣の試験会場及び日程の予約と受験をお願いします。
なお、試験会場の予約開始当初は、試験会場の空きが少ない場合がありますが、徐々に空きが出ますので、焦らず期間内に予約をお願いします。
また、性格適性検査については、指定された受検期間内にWebで受検をお願いします。

試験概要

テストセンター受験にあたり、下記に該当する場合は失格となる可能性がありますのでご注意ください。
- ✓ 試験開始時刻に遅刻した場合
- ✓ 試験場において、他の受験者の迷惑となる行為をした場合
- ✓ 試験場において、監督者の指示に従わない場合
- ✓ その他、試験の公平性を損なう恐れのある行為をした場合

（受験会場）

5. 最終合格から採用まで
- 試験結果は、最終試験のみ郵便でお送りします。
- 最終合格者は、採用候補者名簿に登載され、その中から任命権者が採用を決定します。
- 最終合格者には、健康診断書、卒業証明書（卒業見込証明書も可）、成績証明書を提出していただきます。
- 受験資格及び申込内容に事実と相違があった場合には、採用（内定）を取り消します。
- 受験資格に定める大学等を卒業できなかった人、職務従事年数を満たさなかった人及び免許等を必要とする職種で当該免許等を取得できなかった人は、採用（内定）を取り消します。
- 受験資格に職務経験等がある職種の合格者は、別に定める職歴証明書を後日指定する期日までに提出していただきます。指定する期日までに提出ができない場合は、採用（内定）を取り消す場合があります。
- 採用は全て条件付きであり、原則として採用から6箇月間を良好な成績で勤務した場合に正式採用となります。（地方公務員法第22条第1項）

6. 給与・勤務条件等（令和6年4月1日現在）

初 任 給	大学卒　202,400円 短大卒　187,300円 高校卒　176,100円	※職歴がある方は、年数等に応じた加算があります。
各種手当	通勤手当、住居手当、扶養手当、時間外勤務手当ほか	
昇　　給	年1回（民間給与の動向に応じて給与改定あり）	
賞　　与	年間計4.50月分 夏（6月期）2.25月分（採用1年目は0.675月分） 冬（12月期）2.25月分	
勤務時間	月曜日～金曜日（完全週休2日制）、午前8時30分～午後5時15分 （勤務内容や勤務場所により異なる場合あり）	
休　　暇	年次有給休暇：年間20日 特別休暇：夏季休暇、結婚休暇、出産休暇、ボランティア休暇ほか	
研　　修	基本研修（近隣市との合同研修）、選択制研修、派遣研修、公募研修、特別研修、eラーニングほか	
福利厚生	定期健康診断（年1回）、宿泊施設、県内公共施設等利用助成ほか	

お問い合わせ先

熱海市役所　秘書広報課　人事研修室

〒413-8550　熱海市中央町1番1号
TEL (0557)86-6035、6036（直通）
FAX (0557)86-6152
メール　jinji@city.atami.shizuoka.jp
熱海市ウェブサイト　https://www.city.atami.lg.jp/

熱海市職員採用試験

静岡市・磐田市・御殿場市・熱海市・裾野市・袋井市の公立幼稚園教諭・保育士（認定こども園）

熱海市の自治体情報

第三期

熱海市子ども・子育て支援事業計画

～あたたかく たのしく
みんなで子育て あたみ～

令和７年３月

熱海市

第1章　計画の概要

1　計画策定の背景と趣旨

　我が国の令和5年に生まれた子どもの数は72万7,288人で、統計の開始以来最低の数字です。また、令和5年の合計特殊出生率は1.20と過去最低となりました。

　子どもは、社会の希望であり、未来をつくる存在です。子どもの健やかな育ちと子育てを支えることは、一人ひとりの子どもや保護者の幸せにつながることはもとより、将来の我が国の担い手の育成の基礎をなす重要な未来への投資であり、社会全体で取り組むべき最重要課題の一つです。行政が、子ども・子育て支援を質・量ともに充実させるとともに、家庭、学校、地域、職域その他の社会のあらゆる分野におけるすべての構成員が、子ども・子育て支援の重要性に対する関心や理解を深め、各々が協働し、それぞれの役割を果たすことが求められています。

　国では、平成24年8月に「子ども・子育て関連3法（＊）」が成立し、平成27年4月から質の高い幼児期の学校教育・保育の総合的な提供、地域の子育て支援の量の拡充や質の向上を進める「子ども・子育て支援新制度」をスタートさせました。また、令和5年4月に「こども基本法」が施行され、同年12月には「こども大綱」を策定し、全てのこども・若者が身体的・精神的・社会的に幸福な生活を送ることができる社会「こどもまんなか社会」の実現に向けた取り組みをスタートさせました。

　熱海市においては、平成27年度から5年間を計画期間とする「熱海市子ども・子育て支援事業計画（以下「計画」という。）」を策定し、「あたたかく　たのしく　みんなで子育て　あたみ」の基本理念のもと、「あたたかいサポート」、「たのしく育ち、育てる子どもたち」、「みんなで、地域で、まちづくり」の3つの基本方針を掲げ、現在は第二期計画のもと子育て支援施策を展開しております。

　こうした中、令和2年度から始まった第二期計画が令和6年度で最終年度を迎えることから、引き続き、計画的に子育て支援施策を推進するとともに、新たに母子保健に関する事項を含めた第三期計画を策定し、子どもたちの健やかな育ちを実現するため、子ども・子育て支援施策を総合的に推進してまいります。

```
＊【子ども子育て関連3法】
・子ども・子育て支援法
・認定こども園法の一部改正法
・子ども・子育て支援法等の施行に伴う関係法律整備法
```

2　計画の性格

本計画は、子ども・子育て支援法第61条第1項の規定に基づく「市町村子ども・子育て支援事業計画」として策定するものです。

また、次世代育成支援対策推進法第8条第1項に規定する「市町村行動計画」、母子及び父子並びに寡婦福祉法第12条第1項に規定する「自立促進計画」、こどもの貧困の解消に向けた対策の推進に関する法律第10条第2項に規定する「市町村計画」及び母子保健を含む成育医療等に関する計画である「母子保健計画」を盛り込んだ計画となっています。

3　計画の位置づけ

本計画は、国及び県の基本指針などを踏まえ策定するもので、「第5次熱海市総合計画」を上位計画とし、「熱海市地域共生プラン」や「熱海市教育振興基本計画」などの関連計画との連携・整合を図り、子ども・子育てに関する施策を総合的に推進していきます。

4　計画の期間

　第三期熱海市子ども・子育て支援事業計画（以下「本計画」という。）は、第二期熱海市子ども・子育て支援事業計画を引き継ぎ、令和7年度から令和11年度までの5年間を計画期間とします。

　また、本計画における施策が社会情勢の変化の中で、効果的に実現するよう進捗状況を管理するとともに、必要に応じて計画の見直しを行うなど弾力的な対応を図ります。

令和2年度～令和6年度	令和7年度	令和8年度	令和9年度	令和10年度	令和11年度	令和12年度～令和16年度
第二期計画推進期間	第	三	期 計 画	推 進	期 間	第四期計画推進期間
計画実施 進捗管理	次期計画 策定準備	計画実施 進捗管理	計画実施 進捗管理	計画実施 進捗管理 中間年度 見直し	計画実施 進捗管理 ニーズ 調査実施	計画実施 進捗管理 次期計画 策定準備	計画実施・進捗管理

第3章　計画の基本的な考え方

1　基本理念

　家庭、地域、教育・保育提供施設、学校、企業、行政などが一体となり、本計画を推進することを目的に、基本理念を踏襲します。

　基本理念の設定にあたっては、これまでの子育て支援施策の継続性の観点から、熱海市子ども・子育て支援事業計画第一期計画で掲げた基本理念を継承することとし、今後も子育て家庭へのあたたかいサポートや、楽しく子育てをすることにより子どもの健全育成につなげ、地域全体で子育て家庭を支えることを基本方針に掲げ、子育て支援施策に引き続き取り組んでいきます。

【計画の基本理念】

あたたかく たのしく みんなで子育て
あたみ

2　基本方針

　子ども・子育て支援法の趣旨や基本指針等を踏まえた上で、基本理念のもと、次の3つの基本方針を設定し、各種の子育て支援施策を展開していきます。

方針1　あたたかいサポート　～あたたかく受け入れられる子育て家庭～

　女性の社会進出や社会情勢に伴い、出産・育児への考え方が変化しているため、妊娠・出産・子育てに切れ目のない関わりを持ち、健やかな子どもの発育、発達をサポートする環境づくりを今後も推進していきます。幼稚園や保育所、認定こども園などの教育・保育施設の量的・質的サービスの充実を図るとともに、子育て家庭が抱える不安や負担感の軽減を目的に、相談支援の拡充や児童手当をはじめとする経済的支援を行います。

方針2　たのしく育ち、育てる子どもたち　～たのしい子育てによる子どもの成長～

　子ども・子育て支援新制度では "「子どもの最善の利益」が実現される社会をめざすこと" が基本的な考え方となっています。子どもの多様性を尊重し、個性を伸ばせるまちを目指します。また、社会的な支援が必要な子育て家庭に対する支援を行い、すべての子どもが健やかに育つことができるよう、施策を推進します。

方針3　みんなで、地域で、まちづくり　～みんなで支える子育て環境～

　子どもが健やかに育つためには、社会や地域全体が子どもや子育て家庭に関心を持ち、接することが必要です。男女共同参画の考え方や地域ぐるみでの子育てについて、意識の向上を図るとともに、子どもが様々な世代の人とふれあいながら、のびのびと育つ環境整備を行います。

▶ 静岡市・磐田市・御殿場市・熱海市・裾野市・袋井市の公立幼稚園教諭・保育士（認定こども園）

3 計画の体系

基本理念	基本方針	具体的な施策

あ あたたかいサポート
〜あたたかく
受け入れられる
子育て家庭〜

- 幼児期の学校教育・保育施設・サービスの量の見込み及び提供体制の整備
- 地域子ども・子育て支援事業の量の見込み及び提供体制の整備
- 教育・保育の一体的提供及び当該教育・保育の推進に関する体制の確保の内容
- 子育て世代に対する費用負担の軽減
- 母子保健推進に関する事業の展開

た たのしく育ち、
育てる子どもたち
〜たのしい
子育てによる
子どもの成長〜

- 子どもに関する専門的な知識及び技術を要する支援に関する都道府県が行う施策との連携
- 子育て情報の発信
- 知・体・心の充実

み みんなで、地域で、
まちづくり
〜みんなで支える
子育て環境〜

- 労働者の職業生活と家庭生活との両立が図られるようにするために必要な雇用環境の整備に関する施策との連携
- 産後の休業及び育児休業後における特定教育・保育施設等の円滑な利用の確保
- 子どもの遊び場の確保と居場所づくり
- 安全・安心のまちづくり
- 学校を中心とした地域子育て支援

基本理念：あたたかく たのしく みんなで子育て あたみ

試験概要

第5章　計画の推進に向けて

1　計画の周知

　子ども・子育て支援新制度や多様な支援についての市民の理解を深めるとともに、計画の趣旨や基本理念、目標、取り組みなどについて、市全体へ周知し、子育て支援を必要とする人のみならず市民全体に十分な情報が提供されるよう、広報あたみ、熱海市ホームページなどを通じた広報・啓発活動を行います。

2　計画の推進体制

　子ども・子育てに関わる施策は、児童福祉分野だけでなく、保健、医療、教育、就労等、様々な分野にわたるため、社会福祉課が主管となり、関係部局と連携を図りながら本計画を推進します。

　また、保育所、認定こども園等の教育・保育事業を運営する事業者をはじめ、学校やPTA、社会福祉協議会、医師会、歯科医師会、ボランティア団体、民生委員・児童委員等の関係団体・機関、自治会や企業などの地域組織と、適切な役割分担のもと連携を強化し、地域ぐるみで子育ち・子育て支援の推進を図ります。

　さらに、子育て支援施策は、児童手当等、国や県の制度に基づくものも多いことから、国・県と連携し、各種施策の充実や要望を行っていきます。

3　進捗状況の評価・進捗把握

　計画の推進にあたっては、社会福祉課が事務局となり、毎年度、関係機関・団体と連携を図りながら、計画の基本目標の達成に向けて進行状況の把握、点検を行い、子ども・子育て会議において評価を実施します。

　また、子ども・子育て会議での審議により、必要に応じて本計画の施策の見直し・改善を図ります。

「第三期　熱海市子ども・子育て支援事業計画」より抜粋

> 静岡市・磐田市・御殿場市・熱海市・裾野市・袋井市の公立幼稚園教諭・保育士（認定こども園）

令和6年度実施
裾野市職員採用試験案内（夏期）

令和6年3月22日
裾野市

募集職種	一般事務（大学卒、経験者）
	土木技師（大学卒、短大卒、経験者）
	建築技師（大学卒、短大卒、経験者）
	電気技師（経験者）
	幼稚園教諭・保育士（経験者を含む）

○ 夏期試験は、各募集職種、職務経験を一定期間有する40歳までの方を、一般事務、土木技師及び建築技師は卒業区分ごとの28歳までの方を、幼稚園教諭・保育士は30歳までの方を対象とした採用試験を実施します。（年齢はいずれも令和7年4月1日時点の年齢）

裾野市が求める人材像

○ 「すその」を愛し、誇りと責任を持って、市民の期待と信頼に応えるために行動し、失敗を恐れず挑戦し、困難な状況でも粘り強くやり抜く意思を持つ人材
○ 問題意識を持って職務に取り組み、現状に満足することなく、新しい分野へチャレンジし改革していこうとする人材
○ 同僚や他者と協力しながら、自ら考え自律的に業務遂行をする人材

試験日程

申込み受付期間	4月22日（月）午前9時から5月10日（金）午後5時まで ※ 原則、インターネット申込みです。	
第1次試験	5月11日（土）～6月2日（日）	テストセンター
	6月2日（日）	裾野市内
第2次試験	7月5日（金）、8日（月）のうち指定する日（予定）	Web形式
第3次試験	8月5日（月）、6日（火）、7日（水）のうち指定する日（予定）	裾野市役所

1. 職種、受験資格、採用予定数及び職務内容

職種	区分	受験資格	採用予定数	職務内容
一般事務	大学卒	平成 8 年 4 月 2 日以降に生まれた人で、学校教育法による大学（これと同等と認める学校を含む）を卒業した人又は令和 7 年 3 月卒業見込みの人	3 名程度	福祉・保健医療、市民生活、税務、文化・教育、観光・産業振興、都市基盤整備などさまざまな領域の行政事務
一般事務（経験者）		昭和 59 年 4 月 2 日以降に生まれた人で、民間企業等職務経験※が通算 6 年以上ある人	若干名	
土木技師	大学卒	平成 8 年 4 月 2 日以降に生まれた人で、学校教育法による大学（これと同等と認める学校を含む）を卒業した人又は令和 7 年 3 月卒業見込みの人	若干名	道路・河川・上下水道の整備及び管理、都市計画に関する専門技術的な業務
	短大卒	平成 14 年 4 月 2 日以降に生まれた人で、学校教育法による短期大学（これと同等と認める学校を含む）若しくは高等専門学校を卒業した人又は令和 7 年 3 月卒業見込みの人		
土木技師（経験者）		昭和 59 年 4 月 2 日以降に生まれた人で、民間企業等職務経験※が通算 6 年以上ある人	若干名	
建築技師	大学卒	平成 8 年 4 月 2 日以降に生まれた人で、学校教育法による大学（これと同等と認める学校を含む）を卒業した人又は令和 7 年 3 月卒業見込みの人	若干名	建築物の確認及び許可、都市計画や住宅施策に関する専門技術的な業務 ※ 建築主事に任命された場合、給料の加算措置があります。
	短大卒	平成 14 年 4 月 2 日以降に生まれた人で、学校教育法による短期大学（これと同等と認める学校を含む）若しくは高等専門学校を卒業した人又は令和 7 年 3 月卒業見込みの人		
建築技師（経験者）		昭和 59 年 4 月 2 日以降に生まれた人で、民間企業等職務経験※が通算 6 年以上ある人	若干名	
電気技師（経験者）		昭和 59 年 4 月 2 日以降に生まれた人で、民間企業等職務経験※が通算 6 年以上ある人	若干名	公共建築物における電気設備の計画・設計・工事監理及び施設の維持保全に関する専門技術的な業務
幼稚園教諭・保育士		平成 6 年 4 月 2 日以降に生まれた人で、幼稚園教諭の免許かつ保育士の資格を有する人又は令和 7 年 3 月末日までに取得見込みの人	若干名	幼稚園又は保育園等における幼児教育・保育業務

静岡市・磐田市・御殿場市・熱海市・裾野市・袋井市の公立幼稚園教諭・保育士（認定こども園）

幼稚園教諭・保育士（経験者）		昭和59年4月2日以降に生まれた人で、有効な幼稚園教諭免許状及び保育士資格を有し民間、公立幼稚園・こども園・保育園またはそれらに準ずる施設での職務経験※が通算6年以上ある人	若干名	幼稚園又は保育園等における幼児教育・保育業務

○ 申込みは一つの職種区分に限るものとし、受付後の職種区分の変更はできません。
○ 短大卒業程度試験を大学卒業（見込み）の人は受験できません。
○ 高校卒業後に次の要件のすべてを満たす専門学校を卒業または卒業見込みの人は、短大卒程度となります。
　・ 学校教育法第125条に規定する専修学校の専門課程であること。
　・ 修学年数が2年以上であること。
　・ 1,600時間以上の授業の履修があること。

※ **職務経験の要件について**
　・ 職務経験の期間は、雇用形態（会社員、団体職員、自営業者、パートタイマー、公務員等）に関わらず、一つの企業等に1週間あたり30時間以上の勤務を1年以上継続している経験に限り通算することができます。
　・ 期間を合算し、1か月未満の期間がある場合は、30日をもって1か月と計算します。
　・ 休職・休業期間（育児休業、介護休業、病気休職等）は、職務経験の期間に含めることができません。
　・ 同時期に複数の企業や団体等に就業していた場合は、いずれか一方の期間のみ計算します。
　・ 令和7年3月31日までに経験年数が6年に達する場合を含みます。
　・ 最終合格者には、6年以上の実務経験を証明する書類の提出を求めます。

次のいずれかに該当する人は、受験できません
(1) 日本国籍を有しない人
(2) 禁錮以上の刑に処せられ、その執行を終わるまで又はその執行を受けることがなくなるまでの人
(3) 裾野市職員として懲戒免職の処分を受け、その処分の日から2年を経過しない人
(4) 日本国憲法施行の日以後において、日本国憲法又はその下に成立した政府を暴力で破壊することを主張する政党その他の団体を結成し、又はこれに加入した人

2. 試験の内容・日時・会場等

(1) 第1次試験

① 試験日及び会場

試験科目	試験日	会場
適性検査 ※右のいずれかを選択	5月11日（土）～6月2日（日）のうち1日	テストセンター
	6月2日（日）	裾野市内
専門試験	6月2日（日）	裾野市内

○ 集合時間、試験会場等の詳細は、申込み完了後に受験者に通知します。
○ 適性検査は、受験者が試験日（試験日の中から1日）及び会場を選択して受験します。裾野市内会場（裾野市役所予定）は、6月2日（日）のみ設けます。適性検査については、「③適性検査の内容」をご確認ください。
○ 6月2日（日）は、裾野市内会場にて、適性検査と専門試験を同時に受験することができます。

② 試験の内容

試験科目	職種区分	内容	試験時間
適性検査	一般事務（大学卒） 土木技師（大学卒、短大卒） 建築技師（大学卒、短大卒） 幼稚園教諭・保育士	性格検査、基礎能力検査　（SPI3-U）	110分程度
	一般事務（経験者） 土木技師（経験者） 建築技師（経験者） 電気技師（経験者） 幼稚園教諭・保育士（経験者）	性格検査、基礎能力検査　（SPI3-G）	
専門試験	土木技師（大学卒、短大卒） 土木技師（経験者）	数学・物理、応用力学、水理学、土質工学、測量、土木計画（都市計画含む）、材料・施工	120分
	建築技師（大学卒、短大卒） 建築技師（経験者）	数学・物理、構造力学、材料学、環境原論、建築史、建築構造、建築計画（都市計画、建築法規含む）、建築設備、建築施工	120分
	電気技師（経験者）	数学・物理、電磁気学・電気回路、電気計測・制御、電気機器・電力工学、電子工学、情報・通信工学	120分

③ 適性検査の内容

○ 適性検査は、受検会場をテストセンター会場か裾野市内会場かを、申込み時に選択していただきます。【別表参照】

○ 裾野市内会場は6月2日（日）のみ開設し、「性格検査」及び「基礎能力検査」を同時に実施します。

○ テストセンター受験では、「性格検査」を自宅などのパソコンやスマートフォンにて受験し、「基礎能力検査」をテストセンター会場又はオンラインで受験します。受験方法については、申込み完了後に受験者に通知します。

○ テストセンターは各地区の会場ごとに開設期間、営業日が異なります。また、オンライン会場では、WEBカメラ付きのパソコンやインターネット環境など、受験者に受験環境を準備していただきます。受験会場の選択に当たっては、適性検査SPIウェブサイトの「テストセンター情報（https://www.spi.recruit.co.jp/testcenter/list.html）」をご確認ください。

▼裾野市内会場

会場名（所在地）	試験日
裾野市役所（裾野市佐野1059）予定	6月2日（日）

▼テストセンター会場

○ テストセンター会場は変更される場合があります。最新情報は、適性検査SPIウェブサイトの「テストセンター情報（https://www.spi.recruit.co.jp/testcenter/list.html）をご確認ください。

静岡市・磐田市・御殿場市・熱海市・裾野市・袋井市の公立幼稚園教諭・保育士（認定こども園）

(2) 第2次試験

① 試験日及び会場

試験科目	試験日	会場
面接試験	7月5日(金)、8日（月）のうち指定する日（予定）	Web形式

○ 試験の詳細は、第1次試験合格者に通知します。

② 試験の内容

試験科目	職種区分	内容
面接試験	全職種	個別面接

(3) 第3次試験

① 試験日及び会場

試験科目	試験日	会場
面接試験	8月5日（月）、6日（火）、7日（水）のうち指定する日（予定）	裾野市役所

○ 試験の詳細は、第2次試験合格者に通知します。

② 試験の内容

試験科目	職種区分	内容
面接試験	全職種	個別面接
	一般事務（経験者） 土木技師（経験者） 建築技師（経験者） 電気技師（経験者） 幼稚園教諭・保育士（経験者）	プレゼンテーション面接

3. 合格者の発表

○ 第1次試験、第2次試験及び第3次試験のすべてにおいて、受験者全員に郵送で合否を通知します。
○ 第1次試験に限り、合格者の受験番号を裾野市公式ウェブサイトの裾野市職員採用サイトに掲載します。
○ 最終合格発表は、令和6年8月下旬に、第3次試験受験者全員に郵送で通知します。
○ 電話でのお問い合わせにはお答えしません。

4. 受験手続

○ 申込みは、電子申請（インターネットによる申込み）で行ってください。
○ インターネットによる申込みが困難な人は、郵送での申込みを受け付けます。不明な点がありましたら、人事課にお問い合わせください。

5. 採用

(1) 最終合格者は採用候補者名簿に記載され、その中から任命権者が採用者を決定します。採用の時期は、令和7年4月1日の予定です。

(2) 学校を卒業見込の人が、卒業できない場合は採用されません。

(3) 資格及び免許を取得見込みの人が、取得できない場合は採用されません。

6. 給与

初任給（令和6年1月1日現在、地域手当（8%）含む）

職種		初任給
全職種	大学新卒者の場合	218,592 円
	短大新卒者の場合	199,368 円
	高校新卒者の場合	184,572 円

※ 初任給は、就職歴などにより調整されます。

※ このほかに、扶養手当、通勤手当、住居手当、期末手当、勤勉手当などがそれぞれの条件に応じて支給されます。

※ 建築技師においては、建築主事に任命された場合、給料の加算措置があります。

職務経験者の給与等の例

大学卒業後、民間企業に一定期間勤務した後に一般事務職として採用された場合、令和6年4月1日における初任給（地域手当を含む）は次のとおりです。

職務経験年数	初任給
10 年	267,840 円
15 年	295,056 円

※ 初任給は、学歴や採用される以前の職歴等に応じて、一定の基準により決定しますので、上記の例と異なる場合もあります。

静岡市・磐田市・御殿場市・熱海市・裾野市・袋井市の公立幼稚園教諭・保育士（認定こども園）

裾野市の自治体情報

第２期
裾野市子ども・子育て支援事業計画

令和２年３月
裾野市

第1章 計画策定にあたって

1 計画策定の趣旨

　出生率の低下や結婚に関する価値観の変化等に伴い、我が国では急速な少子化が進行しています。また、子育てに関する意識の変化や地域のつながりの希薄化等によって、子育てに対する不安感や孤立感が増大しています。さらに、就労形態の多様化や経済状況の変化等によって、子育て家庭にかかる負担は増加の一途をたどっています。本市においても、子育て家庭を取り巻く環境は大きく変化しており、社会全体で子育て家庭を支援していく体制を構築することが求められています。

　こうした状況のなか、国では、保育所や幼稚園、認定こども園を通じた共通の新たな給付の実施や、認定こども園法の見直しについて盛り込まれた「子ども・子育て関連3法」を平成24年に制定し、この3法に基づいて、幼児期における学校教育・保育や、地域の子ども・子育て支援を総合的に推進するための「子ども・子育て支援新制度」を平成27年度より施行しています。

　子ども・子育て支援新制度では、幼児期の教育・保育の一体的な提供や保育の質的・量的な拡充、家庭における養育への支援等を総合的に推進し、全ての子どもが心身ともに健やかに成長できる社会の実現を目標に掲げています。

　そして、待機児童の解消を目指す「子育て安心プラン」を平成29年に公表するとともに、幼児期の教育・保育の重要性を勘案して、令和元年10月1日より認可・認可外を問わず幼児教育・保育が無償化されるなど、子育てに関する施策は大きく転換しています。

　本市では、子ども・子育て支援新制度に基づいて、平成27年3月に「裾野市子ども・子育て支援事業計画」を策定し、家庭、地域、教育・保育サービス事業者、企業、行政等のさまざまな主体の連携・協働のもとで子どもや子育てへの支援に係る取り組みを推進してきました。しかし、この計画期間内にも、支援を必要とする子どもの増加や貧困の問題、定住外国人の増加等、対応すべき行政需要が新たに求められています。このたび、令和元年度をもって計画期間が満了することから、地域全体で子どもの成長を支援するための指針として、新たに「第2期 裾野市子ども・子育て支援事業計画」を策定しました。

2 計画の性格・位置づけ

　本計画は、子ども・子育て支援法第61条第1項に基づくものであるとともに、次世代育成支援対策推進法第8条第1項に基づく市町村行動計画としての側面も有する、本市の子ども・子育てに係る施策全般を総合的に推進していくための基本的な方向を定めるものです。
　また、本計画は「裾野市総合計画」を上位計画として位置づけるとともに、各種関連計画との整合を図ります。

3 計画の対象

　本計画における「子ども」とは、子ども・子育て支援法にて定義されている『18歳に達する日以後の最初の3月31日までの間にある者』を指します。

4 計画の期間

　本計画の計画期間は、令和2年度から令和6年度までの5年間です。
　また、計画期間内において、子ども・子育て支援に関連する状況に変化が生じた場合、必要に応じて計画の見直しを行います。

試験概要

第3章　計画の基本理念及び基本方針

1　計画の基本理念

　本市ではこれまで、「子育てに楽しさを感じ、子どもたちの成長を通じ、親も、地域も共に育つまちづくり」を基本理念に掲げて、子育て支援施策の充実に努めてきました。

　これまでの計画期間内においても、子育て家庭を取り巻く環境は著しく変化しています。また、障がいなどによって社会的な支援を必要とする子どもの増加や貧困の問題、定住外国人の増加等、新たな課題が発生しており、全ての子育て家庭に適切な支援を提供するための体制の構築を求められています。今後は、これまでの取り組みを継承するとともに、より柔軟かつきめ細かな支援を展開していくことが必要です。

　このような背景を踏まえて、本計画では、以下のとおりに基本理念を定め、子育て支援施策の一層の推進を図ります。

〔 基 本 理 念 〕

〝子育てによろこびを感じ、

子どもたちの成長を通じ、

親も、地域も共に育つまちづくり〟

静岡市・磐田市・御殿場市・熱海市・裾野市・袋井市の公立幼稚園教諭・保育士（認定こども園）

2 施策の体系

基本理念
˝子育てによろこびを感じ、子どもたちの成長を通じ、 親も、地域も共に育つまちづくり˝

〔基本方針1〕
子育て家庭の健康づくりへの支援

（1）安心な妊娠・出産への支援の推進

（2）母子の健康づくりの推進

〔基本方針2〕
仕事と家庭生活の両立支援

（1）仕事と家庭生活の調和（ワークライフバランス）の実現

のための環境づくりの促進

（2）男女が共に参画・参加する子育ての推進

〔基本方針3〕
きめ細かな取り組みを必要とする子どもと家庭への支援

（1）児童虐待防止対策の充実

（2）障がい児施策の充実

（3）多様な子育て家庭への支援の推進

第6章　計画の推進に向けて

1　計画の推進体制

　本計画の推進においては、市内の関係機関と連携して横断的な施策に取り組むとともに、保育所、幼稚園、認定こども園等の子ども・子育て支援事業者、学校、地域、市民等の各主体と連携して、多くの方の意見を取り入れながら取り組みを広げていきます。また、社会情勢の急速な変化にも柔軟に対応し、事業に的確に反映するとともに、新たな行政需要についても早期の対応に向けて、取り組んでいきます。

　本計画の内容については、市広報紙やホームページなどを通して広く市民に周知・公開します。本市の子育て支援施策についての情報を共有することにより市民の参画と協力を促進し、地域全体で子育てを支える環境づくりに努めます。

2　計画の進捗管理

　計画の進捗状況については、裾野市子ども・子育て会議を本計画の進捗状況について検証する場と定めて、定期的な進捗状況の把握を行います。また、各取り組みの内容は、保育課を主管課として、それぞれの子育て支援施策の点検・評価を毎年度実施し、PDCAサイクルを確立していきます。

　本計画における教育・保育及び地域子ども・子育て支援事業の量の見込みと確保の内容については、点検・評価の上で必要に応じて見直すこととします。また、その他の個別の事業についても、本計画を実行性のあるものとするため、毎年度の取り組みの状況の把握を行うとともに、施策の改善、充実を図ります。さらに、「裾野市公共施設等総合管理計画」、「裾野市幼児施設整備基本構想」等の計画や構想の進捗を勘案し、今後の社会・経済情勢や国・県の動向の変化に柔軟に対応しながら、必要に応じて計画の見直しを行い、着実に推進するよう努めます。

「第2期 裾野市子ども・子育て支援事業計画」より抜粋

▶ 静岡市・磐田市・御殿場市・熱海市・裾野市・袋井市の公立幼稚園教諭・保育士（認定こども園）

令和5年度
【第二次募集】袋井市職員採用試験案内

募集職種：土木技術員／建築技術員／保育士・幼稚園教員

1 募集の概要

(1) 採用予定日　　令和6年4月1日

(2) 募集職種・採用予定人数

職種	採用予定人数	勤務場所及び職務内容
土木技術員（新卒・既卒／キャリア）	3人	本庁、支所又はその他出先機関での技術的業務
建築技術員（新卒・既卒／キャリア）	1人	本庁、支所又はその他出先機関での技術的業務
保育士・幼稚園教員（新卒・既卒／キャリア）	3人	市立幼稚園、認定こども園又はその他出先機関での技術的業務

※申し込みできる職種は1つに限ります。

(3) 受付期間　　　令和5年9月29日(金)～10月27日(金)

(4) 第1次試験日　令和5年11月12日(日)【予定】

(5) 試験会場　　　袋井市役所(袋井市新屋一丁目1番地の1) 又は
　　　　　　　　　袋井市教育会館(袋井市新屋一丁目2番地の1)

(6) 合格者決定・発表　令和6年1月上旬【予定】

2 受験資格・区分

次の(1)から(3)までの要件を満たす人

(1) 次のいずれかに該当する人

　ア　日本国籍を有する人(令和6年3月までに取得見込みの人を含む。)
　イ　出入国管理及び難民認定法に定められている永住者(令和6年3月までに取得見込みの人を含む。)
　ウ　日本国との平和条約に基づき日本の国籍を離脱した者等の出入国管理に関する特例法に
　　　定められている特別永住者(令和6年3月までに取得見込みの人を含む。)

(2) 次のいずれにも該当しない人
　ア　禁錮以上の刑に処せられ、その執行を終わるまで又はその執行を受けることがなくなるまでの人
　イ　日本国憲法施行の日以後において、日本国憲法又はその下に成立した政府を暴力で破壊することを主張する政党その他の団体を結成し、又はこれに加入した人
　ウ　その他地方公務員法第16条に規定する欠格条項に該当する人

(3) 次のそれぞれの試験区分(職種及び試験の種類)の受験資格に該当する人

土木技術員

新卒・既卒（在学中又は既卒の人で年齢要件を満たす人）

次の要件をすべて満たす人
①大学、短期大学もしくは高等学校を卒業した人、又は令和6年3月末までに卒業見込みの人
②学校で土木の科目を専攻した人
③次の学歴区分ごとの年齢要件を満たす人

大学卒	平成8年4月2日から平成14年4月1日までに生まれた人
短大卒	平成10年4月2日から平成16年4月1日までに生まれた人
高校卒	平成12年4月2日から平成18年4月1日までに生まれた人

キャリア（関連する業務への職務経験がある人）

次の要件をすべて満たす人
①大学、短期大学もしくは高等学校を卒業した人
②学校で土木の科目を専攻した人、又は土木施工管理技士（1級・2級）か技術士（建設部門・上下水道部門）のいずれかの資格を有する人
③次のキャリア区分(A/B/C)及び学歴区分ごとの年齢、職務経験※1の要件を満たす人

キャリアA	大学卒	・昭和58年4月2日から平成4年4月1日までに生まれた人 ・令和6年3月末時点で職務経験を10年以上有する見込みの人
	短大卒	・昭和58年4月2日から平成3年4月1日までに生まれた人 ・令和6年3月末時点で職務経験を12年6か月以上有する見込みの人
	高卒	・昭和58年4月2日から平成3年4月1日までに生まれた人 ・令和6年3月末時点で職務経験を15年以上有する見込みの人
キャリアB	大学卒	・昭和63年4月2日から平成8年4月1日までに生まれた人 ・令和6年3月末時点で職務経験を6年以上有する見込みの人
	短大卒	・昭和63年4月2日から平成7年4月1日までに生まれた人 ・令和6年3月末時点で職務経験を8年6か月以上有する見込みの人
	高卒	・昭和63年4月2日から平成7年4月1日までに生まれた人 ・令和6年3月末時点で職務経験を11年以上有する見込みの人
キャリアC	大学卒	・平成8年4月2日から平成11年4月1日までに生まれた人 ・令和6年3月末時点で職務経験を3年以上有する見込みの人
	短大卒	・平成7年4月2日から平成10年4月1日までに生まれた人 ・令和6年3月末時点で職務経験を5年6か月以上有する見込みの人
	高卒	・平成7年4月2日から平成10年4月1日までに生まれた人 ・令和6年3月末時点で職務経験を8年以上有する見込みの人

▶ 静岡市・磐田市・御殿場市・熱海市・裾野市・袋井市の公立幼稚園教諭・保育士（認定こども園）

※1…職務経験は、週 38.75 時間以上の勤務時間で雇用契約した民間企業など（官公庁含む）で、正社員として、
土木工事の計画・設計・施工監理などの職務に従事した期間をいいます。また、職務経験には、育児休業、その
他休職等で会社を休んでいた期間は含みません。

建築技術員

新卒・既卒（在学中又は既卒の人で年齢要件を満たす人）

次の要件をすべて満たす人
①大学、短期大学もしくは高等学校を卒業した人、又は令和 6 年 3 月末までに卒業見込みの人
②学校で建築の科目を専攻した人
③次の学歴区分ごとの年齢要件を満たす人

大学卒	平成 8 年 4 月 2 日から平成 14 年 4 月 1 日までに生まれた人
短大卒	平成 10 年 4 月 2 日から平成 16 年 4 月 1 日までに生まれた人
高校卒	平成 12 年 4 月 2 日から平成 18 年 4 月 1 日までに生まれた人

キャリア（関連する業務への職務経験がある人）

次の要件をすべて満たす人
①大学、短期大学もしくは高等学校を卒業した人
②1 級建築士の資格を有する人
③次のキャリア区分(A/B)及び学歴区分ごとの年齢、職務経験※2 の要件を満たす人

キャリア A	大学卒	・昭和63年 4 月 2 日から平成 8 年 4 月 1 日までに生まれた人 ・令和 6 年 3 月末時点で職務経験を 6 年以上有する見込みの人
	短大卒	・昭和63年 4 月 2 日から平成 7 年 4 月 1 日までに生まれた人 ・令和 6 年 3 月末時点で職務経験を 8 年 6 か月以上有する見込みの人
	高卒	・昭和63年 4 月 2 日から平成 7 年 4 月 1 日までに生まれた人 ・令和 6 年 3 月末時点で職務経験を11年以上有する見込みの人
キャリア B	大学卒	・平成 8 年 4 月 2 日から平成11年 4 月 1 日までに生まれた人 ・令和 6 年 3 月末時点で職務経験を 3 年以上有する見込みの人
	短大卒	・平成 7 年 4 月 2 日から平成10年 4 月 1 日までに生まれた人 ・令和 6 年 3 月末時点で職務経験を 5 年 6 か月以上有する見込みの人
	高卒	・平成 7 年 4 月 2 日から平成 10 年 4 月 1 日までに生まれた人 ・令和 6 年 3 月末時点で職務経験を8年以上有する見込みの人

※2…職務経験は、週 38.75 時間以上の勤務時間で雇用契約した民間企業など（官公庁含む）で、正社員として、
建築工事の計画・設計・施工監理などの職務に従事した期間をいいます。また、職務経験には、育児休業、その
他休職等で会社を休んでいた期間は含みません。

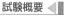

保育士・幼稚園教員		
新卒・既卒		
次の要件をすべて満たす人 ①昭和53年4月2日以降に生まれた方 ②幼稚園教諭及び保育士資格の両方を有する人、又は令和6年3月末までに当該免許及び資格の両方を取得見込みの人		
キャリア		
次の要件をすべて満たす人 ①幼稚園教諭及び保育士資格の両方を有する人 ②次のキャリア区分(A/B)及び学歴区分ごとの年齢、職務経験※3の要件を満たす人		
キャリアA	大学卒	・昭和53年4月2日から平成8年4月1日までに生まれた人 ・令和6年3月末時点で応募職種に関連する職務経験を6年以上有する見込みの人
	短大卒	・昭和53年4月2日から平成7年4月1日までに生まれた人 ・令和6年3月末時点で応募職種に関連する職務経験を8年6か月以上有する見込みの人
	高卒	・昭和53年4月2日から平成7年4月1日までに生まれた人 ・令和6年3月末時点で応募職種に関連する職務経験を11年以上有する見込みの人
キャリアB	大学卒	・昭和53年4月2日から平成11年4月1日までに生まれた人 ・令和6年3月末時点で応募職種に関連する職務経験を3年以上有する見込みの人
	短大卒	・昭和53年4月2日から平成10年4月1日までに生まれた人 ・令和6年3月末時点で応募職種に関連する職務経験を5年6か月以上有する見込みの人
	高卒	・昭和53年4月2日から平成10年4月1日までに生まれた人 ・令和6年3月末時点で応募職種に関連する職務経験を8年以上有する見込みの人

※3…職務経験は、週38.75時間以上の勤務時間で雇用契約した民間企業など(官公庁含む)で正社員として、子どもの保育・教育などの職務に従事した期間をいいます。また、職務経験には、育児休業、その他休職等で会社を休んでいた期間は含みません。

＜キャリア採用について＞
　袋井市では、新しい時代の変化に対応できる能力と行動力のある人材、また、各分野において専門的技術や高度な知識を有し、即戦力として活躍できる人材を求めています。
　キャリア枠で採用となった方は、専門分野での経験を考慮し、任用時の格付に反映させます。

静岡市・磐田市・御殿場市・熱海市・裾野市・袋井市の公立幼稚園教諭・保育士（認定こども園）

職種	区分	任用時の格付（職務級）
土木技術員	キャリアA	行政職4級（主査級）
	キャリアB	行政職3級（主任級）
	キャリアC	行政職2級（副主任級）
建築技術員	キャリアA	行政職3級（主任級）
	キャリアB	行政職2級（副主任級）
保育士・幼稚園教員	キャリアA	行政職3級（主任級）
	キャリアB	行政職2級（副主任級）

※新卒・既卒での採用の場合は行政職1級（主事級）での任用となります。

3 試験日程・内容

(1) 試験日程

試験	実施日	内容	対象職種
第1次試験	11月12日(日)【予定】	筆記試験	全職種
		実技試験	保育士・幼稚園教員
最終試験	12月中旬【予定】	個別面接試験	全職種

※日程は変更が生じる場合があります。

(2) 職種・区分ごとの実施内容

職種	区分		筆記試験 教養試験	筆記試験 専門試験	筆記試験 論文試験	性格特性検査	実技試験	個別面接試験
土木技術員	新卒既卒	大学卒	●	●		●		●
		短大・高校卒	●		●	●		●
	キャリア			●	●	●		●
建築技術員	新卒既卒	大学卒	●	●		●		●
		短大・高校卒	●		●	●		●
	キャリア			●	●	●		●
保育士・幼稚園教員	全区分共通		●	●		●	●	●

※個別面接試験は第1次試験合格者を対象に実施します。

(3) 各試験の内容

試験種類	内容
教養試験	社会、人文及び自然に関する一般知識並びに文章理解、判断推理、数的推理及び資料解釈による一般知能の試験
専門試験	職種に応じた専門的基礎知識、技術等についての試験
論文試験	職種に応じた関心、思考力、文章構成力、表現力等についての試験
性格特性検査	職務及び職場への適応性を、一般的な性格の面からみる検査
実技試験	保育・教育に必要な実践的技術をみる試験
個別面接試験	個人面接により人物についてみる試験

4 受験手続

申込方法	次のURL又は二次元コードより、お申し込みください。 （電子申請URL） https://ttzk.graffer.jp/city-fukuroi/smart-apply/apply-procedure-alias/R5nijiboshu 【手順】 ① 市ホームページより「令和5年度袋井市職員採用試験申込書」をダウンロードしてください。 https://www.city.fukuroi.shizuoka.jp/soshiki/1/2/jinji_saiyo/seiki/11972.html ② ①の申込書を自筆で記入してください。 ③ 申込フォームより電子申請をしてください。 ④ 電子申請の際、①の申込書をはじめ、下記の提出書類の画像をアップロードしてください（形式はpdf、jpeg、jpg、pngに限る）。
申込期日	令和5年10月27日（金）午後5時
提出書類	申し込みには次の書類が必要になります。電子申請の際、次の書類をアップロードしてください（形式はpdf、jpeg、jpg、pngに限る）。 　なお、提出書類の原本は、第1次試験受験時に提出していただきますので、それまで大切に保管ください。 ■ 令和5年度袋井市職員採用試験申込書 ■ 最終学校の卒業見込証明書 ■ 成績証明書 ■ 資格を必要とする職種は免許状、資格証明（見込）書の写し

特記事項	■ 電子申請時、ファイルをアップロードする際には、画像が鮮明に読み取れるようにしてください。 ■ 卒業(見込)証明書と成績証明書が申込時に間に合わない場合は、原則、第1次試験実施日までに提出してください。その場合は申込時に、提出できない書類名及びその理由、提出時期を備考欄へ記載してください。 ■ 卒業見込で受験し合格した人が令和6年3月31日までに学校を卒業できなかった場合及び、免許・資格を有する職種において取得見込で受験し合格した人がその免許・資格を取得できなかった場合、受験資格や申込書記載事項に虚偽や不正があることが判明した場合は、採用が取り消しになることがあります。 ■ 提出書類は一切お返ししません。

5　試験の成績開示

不合格者を対象に次にとおり成績開示を行います。

成績開示の期間	各試験の合格発表の日から1か月間
開示内容	不合格になった試験の得点及び順位(試験区分別) ※ただし、一定の基準に達しない試験種目がある場合等は、順位がつかないことがあります。
開示請求方法	次の全ての書類を持参のうえ、受験者本人が袋井市役所総務課人事研修係までお越しください。確認後、郵送いたします。 ■ 受験職種(試験区分)、受験番号、氏名、生年月日、住所、電話番号を記載のうえ、「成績開示希望」と書いた書面(様式は問いません) ■ 本人が確認できるもの(運転免許証、パスポート等) ■ 返信用封筒(長型3号)の表面に開示結果の送付先の郵便番号、住所、氏名を明記し、84円切手を貼ってください。
特記事項	電話やメール等による開示請求は受け付けません。

試験概要

6 勤務条件など

(1) 給与

初任給 (新卒者)	新卒者(卒業後すぐに採用された場合)の初任給は次のとおりです。なお、次の金額には、地域手当(3%)は含みますが、通勤手当や扶養手当等のその他各種手当は含まれません。 ■ 大 卒 程 度：約 197,400 円(地域手当含む) ■ 短大卒程度：約 177,700 円（ 〃 ） ■ 高校卒程度：約 163,600 円（ 〃 ）
初任給 (キャリア)	受験区分がキャリアの方は、経験年数等に応じた加算があります。 22歳で大学卒業後、民間企業で正社員として勤務し年数を踏まえた初任給の金額を例示します。 【例1】 　土木キャリアAの場合 ■ 経験年数10年：約273,900円 ■ 経験年数18年：約309,500円 【例2】 　土木キャリアB／建築キャリアA／保育士・幼稚園教員キャリアAの場合 ■ 経験年数6年：約241,400円 ■ 経験年数9年：約252,100円 【例3】 　土木キャリアC／建築キャリアB／保育士・幼稚園教員キャリアBの場合 ■ 経験年数5年：約217,100円
各種手当	地域手当(3%)、扶養手当、通勤手当、住居手当、時間外勤務手当ほか
期末・勤勉 手当	年2回(6月2.20月・12月2.20月)、年間計4.40月分 ※業務実績に応じて成績率が反映されます。上記月数は成績中位者のものです。
昇給	年1回

※初任給の金額は令和5年4月1日現在のものです。

静岡市・磐田市・御殿場市・熱海市・裾野市・袋井市の公立幼稚園教諭・保育士（認定こども園）

（2）勤務条件

勤務時間	月～金曜日　午前 8 時30分～午後 5 時15分 ※勤務場所、職務内容により異なる場合があります。
休日	土曜日、日曜日、祝日、年末年始 ※勤務場所、職務内容により異なる場合があります。
休暇	■　年次有給休暇(初年は 15 日、翌年から 20 日) ■　特別休暇(夏季、リフレッシュ、結婚休暇、出産休暇) など
人事制度	■　人事異動(ジョブローテーション) ■　人事評価(人事管理へ活かすため業績評価を実施)
研修	■　新規採用職員研修(採用初年度の研修) ■　階層別研修(経験年数や職責に応じた能力を身につけるための研修) ■　合同研修(近隣市と合同で実施する研修) ■　派遣研修(専門知識を習得するため外部機関の研修へ派遣) など
福利厚生	■　健康診断(定期健康診断) ■　社会保険(静岡県市町村職員共済組合の健康保険、厚生年金) ■　災害補償(地方公務員災害補償法に基づく補償) ■　被服の貸与(職種に応じて必要な被服を貸与) など

試験概要

袋井市の自治体情報

【概要版】

第2期
袋井市子ども・子育て支援事業計画
（袋井市次世代育成支援行動計画）
（袋井市子どもの貧困対策計画）

みんなで支え合い、子どもの笑顔と子育ての喜びがあふれるまち
～ 子育てするなら ふくろいで ～

令和2年3月
袋　井　市

1. 計画策定の背景と趣旨

少子・高齢化の進展、核家族化の進展、地域におけるコミュニティの希薄化、児童虐待の顕在化、経済的に困難な状況にある世帯における子どもたちへの貧困の連鎖、若年層における自殺の深刻化など、子どもと家庭を取り巻く環境は大きく変化しています。

また、共働き世帯の増加等により保育ニーズは年々増加し、保育所等における待機児童の解消が喫緊の課題となっています。

さらに、幼児教育・保育の無償化によって、ますます保育ニーズが高まることが予測される中、放課後児童クラブも同様にニーズが増加しており、就学後における待機児童対策も急務となっています。

袋井市においては、「袋井市子ども・子育て支援事業計画」が令和元年度で最終年度を迎えることから、引き続き計画的に施策を推進するため、「第2期袋井市子ども・子育て支援事業計画」を策定し、社会情勢の変化に対応しつつ、各分野の個別計画における取組と連携しながら、子ども・子育て支援施策を総合的に推進し、切れ目のない支援による子育て環境の充実を目指していきます。

2. 計画の位置付け

本計画は、次世代育成支援対策推進法第8条に基づく市町村行動計画を継承するとともに、子どもの貧困対策の推進に関する法律第9条に基づく子どもの貧困対策についての計画も一体的な計画として推進していきます。

さらに、袋井市総合計画を上位計画とし、子ども・子育てに関連する分野の部門別計画として位置付け、各種関連計画との整合を図ります。

3. 計画の期間

本計画は、令和2年度から令和6年度までの5年間を計画期間とします。
また、中間年度には、必要に応じて計画の見直し（★）を行います。

平成27年度	平成28年度	平成29年度	平成30年度	令和元年度	令和2年度	令和3年度	令和4年度	令和5年度	令和6年度
袋井市子ども・子育て支援事業計画					第2期袋井市子ども・子育て支援事業計画				
		★					★		

4. 子ども・子育てを取り巻く現状

(1) 児童数の推移と推計

本市の18歳までの児童数の推移をみると、年々減少傾向にあり、平成31年で15,789人となっています。児童数は、今後年々減少していくと見込んでおり、令和6年では15,355人となり、特に小学生以下で年々減少すると予測しています。

資料：住民基本台帳（各年3月31日現在 ※推計人口は平成27年～平成31年の住民基本台帳を用いてコーホート変化率法により計算したもの）

(2) 母親の就労状況

「以前は働いていたが、現在は働いていない」の割合が34.3%と最も高く、次いで「パート・アルバイト等で働いており、産休・育休・介護休業中ではない」の割合が26.4%、「フルタイムで働いており、産休・育休・介護休業中ではない」の割合が23.9%となっています。

資料：第2期袋井市子ども・子育て支援事業計画策定にあたってのアンケート調査

(3) 平日利用したい教育・保育事業（複数回答可）

「幼稚園」の割合が61.2%、「認可保育所」の割合が45.9%、「幼稚園の預かり保育、延長預かり保育」の割合が40.8%となっています。

平成25年度調査と比較すると、「幼稚園の預かり保育、延長預かり保育」「認可保育所」「認定こども園」の割合が増加しています。一方、「幼稚園」の割合が減少しています。

女性の就労率の上昇等から、「認可保育所」「幼稚園の預かり保育、延長預かり保育」「認定こども園」等の保育ニーズが高まっていることが考えられます。

資料：第2期袋井市子ども・子育て支援事業計画策定にあたってのアンケート調査

6. 施策の展開

基本方針1 子どものすこやかな育ちと保護者の子育てを支援するまち

基本施策（1）母と子どもの健康の確保と増進
【 主要事業・取組 】 ・親子（母子）健康手帳の交付 ・妊婦健康診査事業 ・乳児家庭全戸訪問事業 など

基本施策（2）子どもの育ちに応じた切れ目のない支援の充実
【 主要事業・取組 】 ・相談体制の充実 ・養育支援訪問事業

基本施策（3）就学前教育・保育施設の拡充
【 主要事業・取組 】 ・保育の受入児童数の拡充 ・幼保一元化の推進 など

基本施策（4）就学前教育・保育における体制の確保と質の向上
【 主要事業・取組 】 ・一時預かり事業 ・時間外保育事業（延長保育事業） ・幼児教育センターの整備 など

基本施策（5）保育所・幼稚園・認定こども園、小学校、中学校の連携
【 主要事業・取組 】 ・幼小中一貫教育の推進 ・就学前教育及び幼小接続の充実

基本方針2 地域で人と人がつながり、安心して子育てできるまち

基本施策（1）子育てに関する情報提供と相談体制の充実
【 主要事業・取組 】 ・子育て総合情報の提供 ・家庭教育力の向上 など

基本施策（2）配慮が必要な子ども・家庭への支援
【 主要事業・取組 】 ・早期療育システムの推進 ・子ども支援トータルサポートの充実 など

基本施策（3）外国人家庭への子育て支援
【 主要事業・取組 】 ・外国人園児支援事業 ・外国人児童生徒支援事業

基本施策（4）児童虐待防止対策の充実
【 主要事業・取組 】 ・児童虐待を防止するネットワークづくり ・虐待を受けた子どもの見守り など

基本施策（5）子どもの貧困対策の推進
【 主要事業・取組 】
〈教育の支援〉・学習支援事業 ・就学援助事業 〈生活の支援〉・相談体制の充実 ・フードバンク事業 など
〈保護者の就労支援〉・生活困窮者の就労支援 ・ひとり親の就業の促進
〈経済的な支援〉・生活保護費の支給 ・保育料の負担軽減 など

基本施策（6）地域における子育て支援活動の充実
【 主要事業・取組 】 ・子育て支援拠点施設の運営 ・ファミリー・サポート・センター事業 ・子育て短期支援事業 など

基本施策（7）放課後の子どもの居場所づくりの推進
【 主要事業・取組 】 ・放課後児童クラブの充実 ・放課後子ども教室の実施 など

| 基本方針3 | 子育てと仕事が両立できるまち |

基本施策（1）働き続けられる職場の環境づくり
【主要事業・取組】・企業主導型保育施設や事業所内保育施設の新設推進 ・病児・病後児保育事業 など

基本施策（2）ワーク・ライフ・バランスの推進
【主要事業・取組】・働き方の見直しと子育て家庭に優しい職場づくりの啓発 ・男女共同参画意識の醸成

7. 事業計画

（1）幼児期の教育・保育の量の見込みと提供体制の確保量

給付対象児童の認定区分

年齢	保育の必要性なし	保育の必要性あり
3～5歳児	【1号認定】	【2号認定】
0～2歳児	－	【3号認定】

単位：人

区分		実績 令和元年度	推計 令和2年度	令和3年度	令和4年度	令和5年度	令和6年度
1号認定	量の見込み	1,562	1,130	1,050	970	930	870
	確保量		2,451	2,256	2,004	1,879	1,724
2号認定	量の見込み	880	1,300	1,320	1,330	1,380	1,410
	確保量		1,425	1,536	1,692	1,773	1,848
3号認定 (0歳)	量の見込み	88	195	195	195	190	190
	確保量		200	225	231	237	240
3号認定 (1・2歳)	量の見込み	713	745	775	835	870	905
	確保量		749	859	871	895	911

・1号認定の実績は令和元年5月1日現在、幼稚園の利用を希望する2号認定を含む
・2号認定・3号認定の実績は平成31年4月1日現在

試験概要

(2) 地域子ども・子育て支援事業の量の見込みと提供体制の確保量

事　業	区　分	実績 平成30年度	推計 令和2年度	令和3年度	令和4年度	令和5年度	令和6年度
時間外保育事業 (延長保育事業)	■ 保育認定を受けた子どもについて、認可保育所や認定こども園等で、通常の保育時間を超えて保育を実施する事業です。							
	量の見込み	331 (人)	470	460	460	460	460
	確保量		1,611	1,821	2,080	2,191	2,266
放課後児童健全育成事業 (放課後児童クラブ)	■ 保護者が就労や疾病等により昼間家庭にいない児童を対象に、授業が終わった後の遊びや生活の場を提供し、指導員の活動支援のもと児童の健全育成を図る事業です。							
	量の見込み	1,099 (人)	1,395	1,510	1,575	1,630	1,725
	確保量		1,607	1,697	1,757	1,807	1,807
子育て短期支援事業 (ショートステイ)	■ 保護者の疾病や仕事等の事由により児童の養育が一時的に困難となった場合、または育児不安や育児疲れ等の身体的・精神的負担の軽減が必要となった場合に、児童を児童養護施設等で養育する事業です。							
	量の見込み	2 (延べ人数)	34	34	34	34	34
	確保量		50	50	50	50	50
地域子育て支援拠点事業 (子育て支援センター)	■ 乳幼児とその保護者が相互の交流を行う場所を開設し、子育てについての相談、情報の提供、助言その他の援助を行う事業です。							
	量の見込み	94,235 (延べ人数)	95,100	93,900	95,000	94,400	93,600
	確保量		7箇所	6箇所	7箇所	7箇所	7箇所
一時預かり事業	■ 家庭において保育を受けることが一時的に困難となった乳幼児について、主として昼間において、幼稚園・保育所やその他の場所で一時的に預かる事業です。							
ア幼稚園型	量の見込み	76,673 (延べ人数)	78,000	76,400	74,000	74,400	73,400
	確保量		120,000	120,000	120,000	120,000	120,000
イ幼稚園型以外	量の見込み	1,112人 (延べ人数)	2,080	2,040	2,020	2,020	2,000
	確保量		8,880	8,880	10,080	10,080	10,080
病児・病後児保育事業	■ 病気や病気回復期の児童で、保護者の就労等の理由で、保護者が保育できない際に、保育施設で児童を預かる事業です。							
	量の見込み	96 (延べ人数)	300	330	360	390	420
	確保量		1,200	1,200	1,680	1,680	1,680
子育て援助活動支援事業 (ファミリー・サポート・センター事業)	■ 児童の預かり等の援助を受けたい者(依頼会員)と援助を行いたい者(協力会員)が会員登録し、お互いに助け合う事業です。							
	量の見込み	1,378 (延べ人数)	1,290	1,330	1,300	1,300	1,260
	確保量		1,800	1,800	1,800	1,800	1,800
利用者支援事業	■ 基本型は子育て支援センターなど親子の身近な場所で子育てに関わる幅広い情報提供を行う事業です。 ■ 特定型は市役所などの窓口で、個々の状況にあった保育施設などの情報提供を行う事業です。 ■ 母子保健型は保健センターなど母子保健に関する施設で、保健師等が相談支援や情報提供を行う事業です。							
	量の見込み	2 (箇所)	2	2	2	2	2
	確保量		2	2	2	2	2

静岡市・磐田市・御殿場市・熱海市・裾野市・袋井市の公立幼稚園教諭・保育士（認定こども園）

事　業	区　分	実　績	推　計				
		平成30年度	令和2年度	令和3年度	令和4年度	令和5年度	令和6年度
妊婦健康診査事業	■ 母子保健法第13条に基づき、妊婦及び胎児の健康の保持、安全安心な出産を目的として健康診査を行う事業です。（妊婦健康診査14回分の費用の助成事業）						
	量の見込み	1,285（人）	1,260	1,250	1,240	1,230	1,220
	確保方策		実施体制：21人 実施機関：総合健康センター、浅羽保健センター 委託団体等：静岡県医師会				
乳児家庭全戸訪問事業	■ 生後4か月までの乳児がいるすべての家庭を訪問し、乳児及びその保護者の心身の状況並びに養育環境の把握を行い、子育てに関する情報提供を行うとともに、支援が必要な家庭に対して適切なサービスの提供に結びつける事業です。						
	量の見込み	834（人）	836	832	826	819	812
	確保方策		実施体制：15人 実施機関：総合健康センター、浅羽保健センター				
養育支援訪問事業	■ 養育支援が特に必要な家庭を訪問し、養育に関する指導・助言等を行うことにより、適切な養育の実施を確保する事業です。						
	量の見込み	19（延べ人数）	20	20	20	20	20
	確保方策		実施体制：14人 実施機関：しあわせ推進課、健康づくり課等				

8. 計画の推進

　子ども・子育ての施策を市の重点課題と捉え、第2期袋井市子ども・子育て支援事業計画の推進にあたり、計画の基本理念である「みんなで支え合い、子どもの笑顔と子育ての喜びがあふれるまち」の実現に向けて、全庁的に取り組んでいきます。

　事業を進めるにあたっては、市内の関係機関と連携して横断的な施策に取り組むとともに、幼稚園、保育所、認定こども園などの子ども・子育て支援事業者や学校、企業、市民と連携して、多くの意見を取り入れながら取組を広げていきます。

　また、社会情勢の急速な変化にも柔軟に対応し、事業に的確に反映するほか、新たな課題についても、積極的に取り組んでいきます。

　第2期袋井市子ども・子育て支援事業計画に基づく取組や施策を推進するため、毎年度各事業の実績を点検し、「袋井市子ども・子育て会議」において、計画の進捗状況の評価を行い、施策の改善につなげていきます。

第2期　袋井市子ども・子育て支援事業計画 【概要版】
（袋井市次世代育成支援行動計画）　（袋井市子どもの貧困対策計画）
令和2年3月発行　発行者：袋井市　編集：教育委員会すこやか子ども課

〒437-8666 袋井市新屋一丁目1番地の1　　〔0538（44）3147・3157〕

「第2期　袋井市子ども・子育て支援事業計画（概要版）」より抜粋

第2章

専門試験
幼稚園教諭分野

▶ 専門試験　幼稚園教諭分野

専門試験　幼稚園教育要領

幼稚園教育要領

≡ POINT ≡

▶ 幼稚園教育において育成する資質・能力

　平成29年改訂の「幼稚園教育要領」では，改訂の趣旨，教育基本法，学校教育法の内容等を踏まえ，以下の資質・能力を一体的に育むこととしている。

・豊かな体験を通じて，感じたり，気付いたり，分かったり，できるようになったりする「**知識及び技能の基礎**」
・気付いたことや，できるようになったことなどを使い，考えたり，試したり，工夫したり，表現したりする「**思考力，判断力，表現力等の基礎**」
・心情，意欲，態度が育つ中で，よりよい生活を営もうとする「**学びに向かう力，人間性等**」

　そして，「幼児期の終わりまでに育ってほしい姿」として，下記の項目の面から具体的に示されている。

(1)健康な心と体，(2)自立心，(3)協同性，(4)道徳性・規範意識の芽生え，(5)社会生活との関わり，(6)思考力の芽生え，(7)自然との関わり・生命尊重，(8)数量や図形，標識や文字などへの関心・感覚，(9)言葉による伝え合い，(10)豊かな感性と表現

▶ 教育課程の役割

　教育課程は幼稚園教育におけるねらいが，**幼稚園生活の全体を通して，総合的に達成されるよう**，教育期間や幼児の生活経験，発達の過程などを考慮して作成される。また，留意点の一つとして，次の内容が示されている。

　幼児の生活は，入園当初の一人一人の遊びや教師との触れ合いを通して幼稚園生活に親しみ，安定していく時期から，他の幼児との関わりの中で幼児の主体的な活動が深まり，幼児が互いに必要な存在であることを認識するようになり，やがて幼児同士や学級全体で目的をもって協同して幼稚園生活を展開し，深めていく時期などに至るまでの過程を様々に経ながら

広げられていくものであることを考慮し，活動がそれぞれの時期にふさわ
しく展開されるようにすること。

なお，特別の事情のある場合を除き教育週数は39週を下ってはならず，1日
の教育時間は4時間を標準としているが，幼児の心身の発達の程度や季節など
に適切に配慮することも，ただし書きとして加えられている。

▶▶ 指導計画作成と留意事項

指導計画は年，学期，月単位の長期計画と週，日単位の短期計画を作成す
る必要がある。特に短期計画については「幼児の生活のリズムに配慮し，幼
児の意識や興味の連続性のある活動が相互に関連して幼稚園生活の自然な流
れの中に組み込まれるようにすること」としている。

作成にあたっては具体性が求められるが「幼児の発達の過程を見通し，**幼
児の生活の連続性，季節の変化**などを考慮して，幼児の興味や関心，発達の
実情などに応じて設定する」としている。また，環境については「幼児の生
活する姿や発想を大切にし，常にその環境が適切なものとなるようにするこ
と」とある。その他，留意事項として多様な体験と成長，言語活動の充実，
見通しや振り返りの機会を持つこと，行事に関する指導が示されている。

▶▶ 教育時間の終了後等に行う教育活動

保護者の要請等により，教育時間の終了後などに希望する者を対象に行う
教育活動の留意点として，主に以下のことが掲げられている。

- 教育課程に基づく活動を考慮し，幼児期にふさわしい無理のないものと
  なるようにすること。その際，教育課程に基づく活動を担当する教師と
  緊密な連携を図るようにすること。
- 家庭や地域での幼児の生活も考慮し，教育課程に係る教育時間の終了後
  等に行う教育活動の計画を作成するようにすること。その際，地域の
  人々と連携するなど，地域の様々な資源を活用しつつ，多様な体験がで
  きるようにすること。
- 家庭との緊密な連携を図るようにすること。その際，情報交換の機会を
  設けたりするなど，保護者が，幼稚園と共に幼児を育てるという意識が
  高まるようにすること。
- 地域の実態や保護者の事情とともに幼児の生活のリズムを踏まえつつ，
  例えば実施日数や時間などについて，弾力的な運用に配慮すること。

▶ 専門試験　幼稚園教諭分野

さらに幼稚園における幼児期教育のセンター的機能について言及されており，その具体的内容として，①子育ての支援のために保護者や地域の人々に機能や施設を開放，②園内体制の整備や関係機関との連携及び協力，③幼児期の教育に関する相談や情報提供に応じる，④幼児と保護者との登園の受け入れ，⑤保護者同士の交流機会の提供をあげている。

演習問題

1 平成29年3月に告示された幼稚園教育要領の「前文」に示されている内容として誤っているものを，次の①〜⑤から1つ選びなさい。

(難易度■■■□□)

① これからの幼稚園には，学校教育の始まりとして，こうした教育の目的及び目標の達成を目指しつつ，一人一人の幼児が，将来，自分のよさや可能性を認識するとともに，あらゆる他者を価値のある存在として尊重し，多様な人々と協働しながら様々な社会的変化を乗り越え，豊かな人生を切り拓き，持続可能な社会の創り手となることができるようにするための基礎を培うことが求められる。

② 教育課程を通して，これからの時代に求められる教育を実現していくためには，よりよい学校教育を通してよりよい社会を創るという理念を学校と社会とが共有し，それぞれの幼稚園において，幼児期にふさわしい生活をどのように展開し，どのような資質・能力を育むようにするのかを教育課程において明確にしながら，社会との連携及び協働によりその実現を図っていくという，社会に開かれた教育課程の実現が重要となる。

③ 幼稚園においては，学校教育法第24条に規定する目的を実現するための教育を行うほか，幼児期の教育に関する各般の問題につき，保護者及び地域住民その他の関係者からの相談に応じ，必要な情報の提供及び助言を行うなど，家庭及び地域における幼児期の教育の支援に努める。

④ 各幼稚園がその特色を生かして創意工夫を重ね，長年にわたり積み重ねられてきた教育実践や学術研究の蓄積を生かしながら，幼児や地域の現状や課題を捉え，家庭や地域社会と協力して，幼稚園教育要領を踏まえた教育活動の更なる充実を図っていくことも重要である。

⑤ 幼児の自発的な活動としての遊びを生み出すために必要な環境を整え，

幼稚園教育要領

一人一人の資質・能力を育んでいくことは，教職員をはじめとする幼稚園関係者はもとより，家庭や地域の人々も含め，様々な立場から幼児や幼稚園に関わる全ての大人に期待される役割である。

2 次は幼稚園教育要領（平成29年3月告示）の第1章「総則」の第3「教育課程の役割と編成等」にある事項である。空欄（ A ）～（ E ）に当てはまる語句を語群から選ぶとき，正しい組み合わせを，あとの①～⑤から1つ選びなさい。　　　　　　　　　　　　　　　　　　（難易度■■□□□）

1　……特に，（ A ）が芽生え，他者の存在を意識し，自己を（ B ）しようとする気持ちが生まれる幼児期の発達の特性を踏まえ，入園から修了に至るまでの長期的な視野をもって充実した生活が展開できるように配慮するものとする。

2　幼稚園の毎学年の教育課程に係る教育週数は，特別の事情のある場合を除き，（ C ）週を下ってはならない。

3　幼稚園の1日の教育課程に係る教育時間は，（ D ）時間を標準とする。ただし，幼児の心身の発達の程度や（ E ）などに適切に配慮するものとする。

〔語群〕

ア	自立	イ	依存	ウ	自我
エ	主張	オ	抑制	カ	調整
キ	38	ク	39	ケ	40
コ	4	サ	5	シ	6
ス	習慣	セ	家庭環境	ソ	季節

① A－ア　B－エ　C－ク　D－サ　E－ス
② A－ア　B－カ　C－ケ　D－コ　E－セ
③ A－イ　B－オ　C－キ　D－シ　E－ス
④ A－ウ　B－オ　C－ク　D－コ　E－ソ
⑤ A－ウ　B－エ　C－ク　D－サ　E－ソ

3 幼稚園教育要領（平成29年3月告示）の第1章「総則」の第3「教育課程の役割と編成等」の内容として正しいものを，次の①～⑤から1つ選びなさい。　　　　　　　　　　　　　　　　　　　　　　（難易度■■□□□）

①　教育課程の編成に当たっては，幼稚園教育において育みたい資質・能力

97

▶ 専門試験　幼稚園教諭分野

を踏まえつつ，各幼稚園の教育目標を明確にするとともに，教育課程の編成についての基本的な方針が家庭や地域とも共有しなければならない。

② 幼稚園生活の全体を通して第2章に示すねらいが総合的に達成されるよう，教育課程に係る教育期間や幼児の生活経験や発達の過程などを考慮して具体的なねらいと内容を保護者に示さなければならない。

③ 自我が芽生え，他者の存在を意識し，自己を抑制しようとする気持ちが生まれる幼児期の発達の特性を踏まえ，入園から修了に至るまでの長期的な視野をもって充実した生活が展開できるように配慮する。

④ 幼稚園の毎学年の教育課程に係る教育週数は，特別の事情のある場合を除き，35週を下ってはならない。

⑤ 幼稚園の1日の教育課程に係る教育時間は，3時間を標準とする。ただし，幼児の心身の発達の程度や季節などに適切に配慮するものとする。

4 次の文は幼稚園教育要領(平成29年3月告示)の第1章「総則」の第5「特別な配慮を必要とする幼児への指導」の「1　障害のある幼児などへの指導」である。文中の下線部のうち誤っているものを，文中の①〜⑤から1つ選びなさい。　　　　　　　　　　　　　　　　(難易度■■■□□)

障害のある幼児などへの指導に当たっては，集団の中で生活することを通して①全体的な発達を促していくことに配慮し，②医療機関などの助言又は援助を活用しつつ，個々の幼児の障害の状態などに応じた指導内容や指導方法の工夫を③組織的かつ計画的に行うものとする。また，家庭，地域及び医療や福祉，保健等の業務を行う関係機関との連携を図り，④長期的な視点で幼児への教育的支援を行うために，個別の教育支援計画を作成し活用することに努めるとともに，個々の幼児の実態を的確に把握し，個別の指導計画を作成し⑤活用することに努めるものとする。

5 幼稚園教育要領(平成29年3月告示)の第1章「総則」の第4「指導計画の作成と幼児理解に基づいた評価」の内容として正しいものを，次の①〜⑤から1つ選びなさい。　　　　　　　　　　　　　　　　(難易度■■■■□)

① 指導計画は，幼児が集団による生活を展開することにより，幼児期として必要な発達を得られるよう，具体的に作成する必要がある。

② 指導計画の作成に当たっては，幼児の具体的な活動は，生活の流れの中で一定の方向性をもっていることに留意し，それを望ましい方向に向

98

かって自ら活動を展開していくことができるように必要な援助を行うことに留意する。

③　長期的に発達を見通した年，学期，月などにわたる長期の指導計画については，幼児の生活のリズムに配慮し，幼児の意識や興味の連続性のある活動が相互に関連して幼稚園生活の自然な流れの中に組み込まれるようにする。

④　行事の指導に当たっては，それぞれの行事においてはその教育的価値を十分検討し，適切なものを精選し，幼児の負担にならないようにすることにも留意する。

⑤　幼児一人一人の発達の理解に基づいた評価の実施に当たっては，評価の客観性や連続性が高められるよう創意工夫を行い，組織的かつ計画的な取組を推進する。

6 幼稚園教育要領(平成29年3月告示)についての記述として適切なものを，次の①〜⑤から1つ選びなさい。　　　　(難易度■■■□□)

①　幼稚園教育要領については，学校教育法に，「教育課程その他の保育内容の基準として文部科学大臣が別に公示する幼稚園教育要領によるものとする」と規定されている。

②　学校教育法施行規則には，「幼稚園の教育課程その他の保育内容に関する事項は，文部科学大臣が定める」と規定されている。

③　幼稚園教育要領は教育課程，保育内容の基準を示したものであり，国公立幼稚園だけでなく私立幼稚園においてもこれに準拠する必要がある。

④　保育所保育指針，幼稚園教育要領はともに平成29年3月に改定(訂)されたが，保育所保育指針は厚生労働省雇用均等・児童家庭局長の通知であるのに対し，幼稚園教育要領は文部科学大臣の告示である。

⑤　幼稚園教育要領は平成29年3月に改訂され，移行措置を経て平成31年度から全面実施された。

7 幼稚園教育要領(平成29年3月告示)第1章「総則」に関する記述として正しいものを，次の①〜⑤から1つ選びなさい。　　(難易度■■■□□)

①　従来，幼稚園教育の基本としてあげられていた「幼児期における教育は，生涯にわたる人格形成の基礎を培う重要なもの」とする記述は，改正教育基本法に明記されたことから，幼稚園教育要領からは削除されている。

▶ 専門試験　幼稚園教諭分野

② 幼稚園教育の基本について，教師は，幼児の主体的な活動が確保され
るよう幼児の集団としての行動の理解と予想に基づき，計画的に環境を
構成しなければならないことがあげられている。

③ 幼稚園教育の目標の1つとして，健康，安全で幸福な生活のための基本
的な生活習慣・態度を育て，健全な心身の基礎を培うようにすることが
あげられている。

④ 教育課程について，各幼稚園においては，教育課程に基づき組織的か
つ計画的に各幼稚園の教育活動の質の向上を図っていくことに努めるも
のとされている。

⑤ 毎学年の教育週数は，特別の事情のある場合を除き，39週を下っては
ならないこと，また1日の教育時間は，4時間を標準とすることが明記さ
れている

8 幼稚園教育要領(平成29年3月告示)の第2章「ねらい及び内容」につい
て，適切なものを，次の①〜⑤から1つ選びなさい。　(難易度■■■□□)

① 「ねらい」は，幼稚園教育において育みたい資質・能力を幼児の遊ぶ姿
から捉えたものである。

② 「内容」は，「ねらい」を達成するために指導する事項であり，幼児が
環境に関わって展開する具体的な活動を通して個別的に指導される。

③ 「ねらい」は，幼稚園における生活の全体を通じ，幼児が様々な体験を
積み重ねる中で相互に関連をもちながら次第に達成に向かうものである。

④ 幼稚園の教育における領域は，小学校の教科にあたるものであり，領
域別に教育課程を編成する。

⑤ 特に必要な場合は，各領域のねらいが達成できるようであれば，具体
的な内容についてこれを指導しないことも差し支えない。

9 幼稚園教育要領(平成29年3月告示)の第1章「総則」の第4「指導計画の
作成と幼児理解に基づいた評価」について，「指導計画の作成上の留意事
項」として適切なものを，次の①〜⑤から1つ選びなさい。

(難易度■■■□□)

① 長期的に発達を見通した長期の指導計画を作成する際は，幼児の生活
のリズムに配慮し，幼児の意識や興味の連続性のある活動が相互に関連
して幼稚園生活の自然な流れの中に組み込まれるようにする必要がある。

幼稚園教育要領

② 幼児の行う活動は，個人，グループ，学級全体などで多様に展開されるが，一人一人の幼児が興味や欲求を満足させるため，特に個人の活動については幼稚園全体の教師による協力体制をつくり，援助していかなければならない。

③ 幼児の主体的な活動を促すためには，教師は多様な関わりをもつが，基本は共同作業者ではなく，理解者としての役割を果たすことを通して，幼児の発達に必要な豊かな体験が得られるよう適切な指導を行うようにする。

④ 言語に関する能力の発達と思考力の発達が関連していることを踏まえ，幼稚園生活全体を通して，幼児の発達を踏まえた言語環境を整え，言語活動の充実を図る。

⑤ 視聴覚教材やコンピュータなど情報機器を活用する際には，幼稚園生活で体験したことの復習に用いるなど，幼児の体験との関連を考慮する。

10 以下の幼稚園教育要領(平成29年3月告示)における指導計画の作成上の留意事項について，空欄(A)〜(C)にあてはまる語句として適切なものの組み合わせを，あとの①〜⑤から1つ選びなさい。

(難易度■■■■□)

○行事の指導に当たっては，幼稚園生活の自然の流れの中で生活に変化や潤いを与え，幼児が(A)に楽しく活動できるようにすること。なお，それぞれの行事についてはその(B)価値を十分検討し，適切なものを精選し，幼児の負担にならないようにすること。

○幼児期は(C)な体験が重要であることを踏まえ，視聴覚教材やコンピュータなど情報機器を活用する際には，幼稚園生活では得難い体験を補完するなど，幼児の体験との関連を考慮すること。

ア 主体的　　イ 保育的　　ウ 具体的　　エ 文化的
オ 積極的　　カ 直接的　　キ 能動的　　ク 教育的
ケ 双方的

① A−ア　　B−イ　　C−ウ
② A−オ　　B−イ　　C−カ
③ A−キ　　B−ク　　C−ケ
④ A−ア　　B−ク　　C−カ
⑤ A−オ　　B−エ　　C−ウ

101

専門試験　幼稚園教諭分野

解答・解説

1 ③

解説

今回の幼稚園教育要領の改訂の大きな特徴として，総則の前に「前文」が示されたことがある。前文では「小学校以降の教育や生涯にわたる学習とのつながりを見通しながら，幼児の自発的な活動としての遊びを通しての総合的な指導をする際に広く活用されるものとなることを期待して，ここに幼稚園教育要領を定める」とあり，小学校教育以降の教育の基礎や幼稚園教育要領を通じてこれからの時代に求められる教育を実現するため，幼児期における教育の重要性を述べている。③は誤りで学校教育法第24条の内容となっている。

2 ④

解説

1は第1章「総則」第3の3 (1)による。Aには「自我」，Bには「抑制」が当てはまる。2は第1章「総則」第3の3 (2)による。Cには「39」が当てはまる。記述にある「特別の事情」とは台風，地震，豪雪などの非常変災，その他急迫の事情があるときや伝染病の流行などの事情が生じた場合である。3は第1章「総則」第3の3 (3)による。Dには「4」，Eには「季節」が当てはまる。教育課程に係る1日の教育時間については，幼児の幼稚園における教育時間の妥当性および家庭や地域における生活の重要性を考慮して4時間が標準となっている

3 ③

解説

①は「2　各幼稚園の教育目標と教育課程の編成」，②～⑤は「3　教育課程の編成上の基本的事項」の内容である。
① 誤り。「共有しなければならない。」ではなく「共有されるよう努めるものとする。」が正しい。
② 誤り。「内容を保護者に示さなければならない。」ではなく「内容を組織するものとする。」が正しい。
④ 誤り。「35週」ではなく「39週」が正しい。
⑤ 誤り。「3時間を標準とする。」ではなく「4時間を標準とする。」が正しい。

4 ②
解説

　子どもたちの発達の支援は今回の幼稚園教育要領改訂の特徴の1つである。特別支援学級や通級による指導における個別の指導計画等の全員作成，各教科等における学習上の困難に応じた指導の工夫などがある。②は「医療機関」ではなく「特別支援学校」が正しい。

5 ④
解説

① 「集団による生活」ではなく「幼児期にふさわしい生活」，「発達」ではなく「体験」が正しい。
② 「一定の方向性を持っていることに留意し，それを」ではなく「様々に変化するものであることに留意し，幼児が」が正しい。
③ 「長期的に発達を見通した年，学期，月などにわたる長期の指導計画」ではなく「具体的な幼児の生活に即した週，日などの短期の指導計画」が正しい。
④ 正しい。
⑤ 「客観性や連続性」ではなく「妥当性や信頼性」が正しい。

6 ③
解説

① 学校教育法施行規則第38条に規定されている。学校教育法には幼稚園教育要領についての規定はない。
② 学校教育法施行規則にはこの規定はなく，学校教育法第25条に「幼稚園の教育課程その他の保育内容に関する事項は，第22条及び第23条の規定に従い，文部科学大臣が定める」との規定がある。学校教育法第22，23条は幼稚園の教育目的，幼稚園の教育目標について述べた条文である。
③ 正しい。
④ 保育所保育指針は，それまで局長通知であったが平成20年3月の改定から厚生労働大臣の告示とされている。このため「改訂」ではなく「改定」が使われる。
⑤ 幼稚園教育要領(平成29年3月告示)は平成30年度から実施された。

▶ 専門試験　幼稚園教諭分野

7 ④
解説

① 逆である。教育基本法第11条に「幼児期の教育は，生涯にわたる人格形成の基礎を培う重要なものである」と規定されたことから，従来は記述がなかった幼稚園教育要領にもこれが明記されることとなった。

② 「幼児の集団としての行動の理解と予想」ではなく，「幼児一人一人の行動の理解と予想」が正しい。

③ 第1章「総則」からは平成20年の改訂より「幼稚園教育の目標」は削除されている。学校教育法における幼稚園教育の目標が見直されたことを踏まえたものである。

④ 正しい。この内容をカリキュラム・マネジメントという。

⑤ 「教育時間」ではなく，「教育課程に係る教育時間」が正しい。

8 ③
解説

① 「遊ぶ姿」ではなく「生活する姿」である。

② 「個別的」ではなく「総合的」である。

③ 適切である。

④ 幼稚園の教育における領域は，それぞれ独立した授業として展開される小学校の教科とは異なる。領域別の教育課程の編成や，特定の活動と結び付けた指導などはしない。

⑤ 「特に必要な場合には，各領域に示すねらいの趣旨に基づいて適切な，具体的な内容を工夫し，それを加えても差し支えない」とされている。「指導しないことも差し支えない」のではなく，「加えても差し支えない」である。ただし，その場合は「幼稚園教育の基本を逸脱しないよう慎重に配慮する」とされている。

9 ④
解説

① 記述は週，日などの短期の指導計画についてである。

② いずれの活動についても，幼稚園全体の教師による協力体制をつくり，一人一人の幼児が興味や欲求を満足させるよう適切な援助を行う必要がある。

③ 教師は理解者を基本とするものではない。共同作業者でもあるほか様々な役割を果たす。

幼稚園教育要領

④　適切である。平成29年の改訂時に新規に記述された項目である。

⑤　「幼稚園生活で体験したことの復習に用いる」ではなく「幼稚園生活では得難い体験を補完する」である。これは，幼児期において直接的な体験が重要であることを踏まえた記述である。

10 ④
解説

A　幼児が行事に期待感をもち，主体的に取り組んで，喜びや感動，さらには，達成感を味わうことができるように配慮する必要がある。

B　その行事が幼児にとってどのような意味をもつのかを考えながら，それぞれの教育的価値を十分に検討する必要がある。

C　幼稚園生活では得難い体験の例としては，園庭で見付けた虫をカメラで接写して肉眼では見えない体のつくりや動きを捉えたりすることなどが考えられる。

▶ 専門試験　幼稚園教諭分野

幼稚園教育要領解説

Q 演習問題（幼稚園教育要領解説）

1 幼稚園教育要領解説(平成30年2月，文部科学省)の第1章「総説」の第1
節「幼稚園教育の基本」にある「環境を通して行う教育」に関する記述と
して，適切なものの組み合わせを，あとの①～⑤から1つ選びなさい。

(難易度■■■■□)

ア　幼児が自ら周囲に働き掛けてその幼児なりに試行錯誤を繰り返し，自
ら発達に必要なものを獲得しようとするようになる姿は，いろいろな活
動を教師が計画したとおりに，全てを行わせることによって育てられ
る。

イ　活動の主体は幼児であり，教師は活動が生まれやすく，展開しやすい
ように意図をもって環境を構成していく。

ウ　幼児が何を体験するかは幼児の活動にゆだねるほかはないのであり，
「幼児をただ遊ばせている」だけでも，幼児の主体的活動を促すことに
なる。

エ　環境を通して行う教育は，教師の支えを得ながら文化を獲得し，自己
の可能性を開いていくことを大切にした教育である。

オ　幼児の周りに遊具や用具，素材を配置し，幼児の動くままに任せるこ
とによって，その対象の潜在的な学びの価値を引き出すことができる。

①　ア，イ　　②　ア，ウ，オ　　③　イ，エ　　④　ウ，エ，オ
⑤　エ，オ

2 幼稚園教育要領解説(平成30年2月，文部科学省)が「幼稚園教育の基本」
で述べている「教師の役割」として適切なものを，次の①～⑤から1つ選
びなさい。　　　　　　　　　　　　　　　　　　　(難易度■■□□□)

①　教師は幼児の自発的な活動としての遊びを生み出すために必要な教育
環境を整える役割があるが，それは幼児と共につくり出されるものでは
ない。

②　重要なことは，幼児一人一人が主体的に取り組んでいるかどうかを見
極めることであり，そのため状況を判断して，適切な関わりをその時々に
していく必要がある。

106

幼稚園教育要領

③　入園当初や学年の始めは不安を抱き緊張しているため，主体的な活動ができないことが多いが，時機をみて援助していけばよい。

④　友達との葛藤が起こることは幼児の発達にとって妨げとなるので，それが起きないように常に援助を行っていく必要がある。

⑤　年齢の異なる幼児間の関わりは，互いの緊張感を生み出しやすいので，環境の構成にあたっては，異年齢の幼児の交流の機会はなるべくもたないように配慮する。

3　幼稚園教育要領解説(平成30年2月，文部科学省)で幼稚園の適切な教育課程の編成としてあげられている内容として，適切でないものはどれか，次の①〜⑤から1つ選びなさい。　(難易度■■■□□)

①　幼児の調和のとれた発達を図るという観点から，幼児の発達の見通しなどをもつ。

②　特に，教職員の構成，遊具や用具の整備状況などについて分析し，教育課程の編成に生かす。

③　近隣の幼稚園・認定こども園・保育所・小学校，図書館などの社会教育施設，幼稚園の教育活動に協力することのできる人などの実態を考慮し，教育課程を編成する。

④　保護者や地域住民に対して幼稚園の教育方針，特色ある教育活動や幼児の基本的な情報を積極的に提供する。

⑤　地域や幼稚園の実態及び保護者の養護の基本方針を十分に踏まえ，創意工夫を生かし特色あるものとする。

4　幼稚園教育要領解説(平成30年2月，文部科学省)で説明されている教育週数，教育時間について，正しいものを，次の①〜⑤から1つ選びなさい。　(難易度■■■□□)

①　毎学年の教育課程に係る教育週数は，特別の事情のある場合を除き，39週を上回ってはならない。

②　教育週数から除く特別の事情がある場合とは，主として幼児の疾病の場合のことである。

③　教育課程に係る時間は幼児の幼稚園における教育時間の妥当性，家庭や地域における生活の重要性を考慮して，最長4時間とされている。

④　幼稚園における教育時間は，保育所の整備が進んでいるかどうかはか

▶ 専門試験　幼稚園教諭分野

かわりなく定める必要がある。

⑤　幼稚園において教育が行われる時間は登園時刻から降園時刻までである。

5 次は幼稚園教育要領解説(平成30年2月, 文部科学省)の中で, 人格形成の基礎を培うことの重要性を示したものである。(**A**)～(**C**)に当てはまるものをア～クから選ぶとき, 正しい組み合わせを, あとの①～⑤から1つ選びなさい。　　　　　　　　　　　　　(難易度■■■■□)

幼児一人一人の(**A**)な可能性は, 日々の生活の中で出会う環境によって開かれ, 環境との(**B**)を通して具現化されていく。幼児は, 環境との(**B**)の中で, 体験を深め, そのことが幼児の心を揺り動かし, 次の活動を引き起こす。そうした体験の連なりが幾筋も生まれ, 幼児の将来へとつながっていく。

そのため, 幼稚園では, 幼児期にふさわしい生活を展開する中で, 幼児の遊びや生活といった直接的・具体的な体験を通して, 人と関わる力や思考力, 感性や表現する力などを育み, 人間として, (**C**)と関わる人として生きていくための基礎を培うことが大切である。

　　ア　相互作用　　イ　本質的　　ウ　共生　　エ　社会　　オ　家庭
　　カ　出会い　　　キ　幼稚園　　ク　潜在的
①　A－イ　　　B－ウ　　　C－エ
②　A－イ　　　B－カ　　　C－オ
③　A－ク　　　B－カ　　　C－キ
④　A－ク　　　B－ア　　　C－エ
⑤　A－イ　　　B－ウ　　　C－オ

6 次は幼稚園教育要領解説(平成30年2月, 文部科学省)の中の「人間関係」についての記述である。文中の(**A**)～(**E**)に当てはまる語句をア～シの中から選ぶとき, 正しい組み合わせを, あとの①～⑤から1つ選びなさい。　　　　　　　　　　　　　(難易度■■■□□)

幼児期においては, 幼児が友達と関わる中で, 自分を主張し, 自分が受け入れられたり, あるいは(**A**)されたりしながら, 自分や相手に気付いていくという体験が大切である。このような過程が(**B**)の形成にとって重要であり, 自分で考え, 自分の力でやってみようとする態度を育てる指導の上では, 幼児が友達との(**C**)の中で自分と異なったイメージや

108

幼稚園教育要領

(D)をもった存在に気付き，やがては，そのよさに目を向けることができるように援助しながら，一人一人の幼児が(E)をもって生活する集団の育成に配慮することが大切である。

ア　存在感　　イ　考え方　　ウ　道徳心　　エ　承諾
オ　達成感　　カ　共感　　　キ　自立心　　ク　自我
ケ　自己主張　コ　葛藤　　　サ　拒否　　　シ　動機

① A－サ　　B－ク　　C－コ　　D－イ　　E－ア
② A－エ　　B－イ　　C－カ　　D－シ　　E－ウ
③ A－ケ　　B－ク　　C－サ　　D－イ　　E－コ
④ A－カ　　B－キ　　C－オ　　D－ア　　E－ク
⑤ A－サ　　B－オ　　C－ケ　　D－ク　　E－カ

7 次は文部科学省が示した幼稚園教育要領解説(平成30年2月，文部科学省)の中の「一人一人の発達の特性に応じた指導」の記述にあげられた例である。これを読んで，教師の注意すべき事柄として望ましいものをア～オの中から選ぶとき，適切なものはどれか，正しい組み合わせを，あとの①～⑤から1つ選びなさい。　　　　　　　　(難易度■■■■□)

幼児数人と教師とで鬼遊びをしているとする。ほとんどの幼児が逃げたり追いかけたり，つかまえたりつかまえられたりすることを楽しんでいる中で，ある幼児は教師の仲立ちなしには他の幼児と遊ぶことができないことがある。その幼児はやっと泣かずに登園できるようになり，教師を親のように慕っている。教師と一緒に行動することで，その幼児にとって教師を仲立ちに他の幼児と遊ぶ楽しさを味わうという体験にしたいと教師は考える。

ア　子どもたちの中に入っていけるように，幼児に鬼遊びのルールを教えてやる。
イ　子どもたちに，この幼児を仲間に入れるよう指導する。
ウ　幼児の内面を理解し，幼児の求めに即して必要な経験を得られるよう援助する。
エ　幼児の発達の特性に応じた集団を作り出すことを考える。
オ　幼児が子どもたちと遊ぶことができるまで，そっと見守る。

① ア，オ　　② イ，エ　　③ ウ，オ　　④ ア，エ
⑤ ウ，エ

専門試験　幼稚園教諭分野

8 次は幼稚園教育要領解説(平成30年2月，文部科学省)の「障害のある幼児などへの指導」の記述の一部である。(A)～(E)にあてはまる語句をア～コから選ぶとき，正しい組み合わせを，あとの①～⑤から1つ選びなさい。　(難易度■■■□□)

　幼稚園は，適切な(A)の下で幼児が教師や多くの幼児と集団で生活することを通して，幼児一人一人に応じた(B)を行うことにより，将来にわたる(C)の基礎を培う経験を積み重ねていく場である。友達をはじめ様々な人々との出会いを通して，家庭では味わうことのできない多様な体験をする場でもある。

　これらを踏まえ，幼稚園において障害のある幼児などを指導する場合には，幼稚園教育の機能を十分生かして，幼稚園生活の場の特性と(D)を大切にし，その幼児の障害の状態や特性および発達の程度等に応じて，発達を(E)に促していくことが大切である。

　　ア　信頼関係　　イ　生きる力　　ウ　指導　　エ　総合的
　　オ　人格形成　　カ　環境　　　　キ　配慮　　ク　全体的
　　ケ　人間関係　　コ　支援
　①　A－ウ　　B－コ　　C－オ　　D－ケ　　E－ク
　②　A－カ　　B－コ　　C－イ　　D－ア　　E－ク
　③　A－カ　　B－ウ　　C－イ　　D－ケ　　E－ク
　④　A－キ　　B－ウ　　C－オ　　D－ケ　　E－エ
　⑤　A－キ　　B－コ　　C－オ　　D－ア　　E－エ

9 幼稚園教育要領解説(平成30年2月，文部科学省)から，幼稚園の教育課程と指導計画について適切でないものを，次の①～⑤から1つ選びなさい。
　(難易度■■□□□)

①　教育課程は，幼稚園における教育期間の全体を見通したものであり，幼稚園の教育目標に向かってどのような筋道をたどっていくかを明らかにした全体的計画である。

②　幼稚園において実際に指導を行うため，それぞれの幼稚園の教育課程に基づいて幼児の発達の実情に照らし合わせながら，具体的な指導計画が立てられる。

③　指導計画では，教育課程に基づき具体的なねらいや内容，環境の構成，教師の援助などの内容や方法が明らかにされる。

110

幼稚園教育要領

④ 指導計画は，教育課程という全体計画を具体化したものであり，教育課程が変更されない限りは，忠実にそれに従って展開していく必要がある。
⑤ 計画的な指導を行うためには，発達の見通しや活動の予想に基づいて環境を構成するとともに，幼児一人一人の発達を見通して援助することが重要である。

解答・解説

 ③
解説
ア 不適切。教師が計画どおりに行わせるというよりも，幼児自らが周囲の環境に働きかけてさまざまな活動を生み出し，そこから育てられていくものである。
イ 適切。
ウ 不適切。「幼児をただ遊ばせている」だけでは幼児の主体的な活動を促すことにはならない。一人一人の幼児に今どのような体験が必要かを考え，そのために常に工夫する必要がある。
エ 適切。
オ 不適切。幼児が自分から興味をもって，遊具や用具，素材についてふさわしい関わりができるようにその種類，数量，配置を考える必要がある。そのような環境構成の取組によって，幼児はそれらとのかかわりを通してその対象の潜在的な学びの価値を引き出すことができる。

2 ②
解説
① 幼児との信頼関係を十分に築き，幼児と共によりよい教育環境をつくり出していくことも求められている。
② 適切である。例えば集団に入らず一人でいる場合，何か一人での活動に没頭しているのか，教師から離れるのが不安なのか，入ろうとしながら入れないでいるのかなど状況を判断し，その時々に適切な関わり方をしていく。
③ 特に入園当初や学年の始めは学級として打ち解けた温かい雰囲気づくりを心がける。そのことによって幼児が安心して自己を発揮できるよう

専門試験　幼稚園教諭分野

にしていくことが必要である。

④　葛藤が起こることは幼児の発達にとって大切な学びの機会となる。

⑤　年下の者への思いやりや責任感，年上の者への憧れや自分もやってみようという意欲をも生み出す。年齢の異なる幼児が交流できるような環境を構成することも大切である。

3 ⑤

解説

①　適切である。

②　適切である。幼稚園規模，教職員の状況，施設設備の状況などの人的・物的条件の実態は幼稚園によって異なってくるとし，これらの条件を客観的に把握した上で，特に，教職員の構成，遊具や用具の整備状況などについて分析することを求めている。

③　適切である。近隣の幼稚園・認定こども園・保育所・小学校，図書館などの社会教育施設，幼稚園の教育活動に協力することのできる人などを「地域の資源」と捉えている。

④　適切である。基本的な情報を積極的に提供し，保護者や地域住民の理解や支援を得ることが大切としている。

⑤　不適切である。「保護者の養護の基本方針」ではなく「幼児の心身の発達」である。

4 ⑤

解説

①　39週を「上回ってはならない」ではなく「下ってはならない」である。

②　特別の事情がある場合とは，台風，地震，豪雪などの非常変災，その他急迫の事情があるとき，伝染病の流行などの事情が生じた場合である(幼稚園教育要領解説(平成30年2月，文部科学省)第1章第3節3「(2)教育週数」)。

③　最長4時間ではなく，標準4時間である。

④　保育所の整備が進んでいない地域においては，幼稚園の実態に応じて弾力的な対応を図る必要がある(幼稚園教育要領解説(平成30年2月，文部科学省)第1章第3節3「(3)教育時間」)。

⑤　正しい。教育課程に係る1日の教育時間については4時間を標準とし，それぞれの幼稚園において定められた教育時間については，登園時刻か

112

幼稚園教育要領

ら降園時刻までが教育が行われる時間となる。

5 ④

解説

A 「教育は，子供の望ましい発達を期待し，子供のもつ潜在的な可能性に
働き掛け，その人格の形成を図る営みである」(幼稚園教育要領解説(平
成30年2月，文部科学省)第1章第1節1)とも言っている。

B 同じく「幼児は，環境との相互作用によって発達に必要な経験を積み
重ねていく。したがって，幼児期の発達は生活している環境の影響を大
きく受けると考えられる。ここでの環境とは自然環境に限らず，人も含
めた幼児を取り巻く環境の全てを指している」(幼稚園教育要領解説(平
成30年2月，文部科学省)第1章第2節1(2)②)と言っている。

C 幼児期は社会性が発達する時期であり，「友達との関わりの中で，幼児
は相互に刺激し合い，様々なものや事柄に対する興味や関心を深め，そ
れらに関わる意欲を高めていく」(幼稚園教育要領解説(平成30年2月，文
部科学省)第1章第1節3(1)③)としている。

6 ①

解説

A 幼児が自分や相手に気付くというのは，受け入れられるだけでなく，
時には拒否されることもあるということが重要である。そして，この
「拒否」は，他者と関わるなかで生まれるものである。

B 他者との関係の広がりは，同時に自我の形成の過程でもある。

C 「幼児期は，他者との関わり合いの中で，様々な葛藤やつまずきなどを
体験することを通して，将来の善悪の判断につながる，やってよいこと
や悪いことの基本的な区別ができるようになる時期である」(幼稚園教育
要領解説(平成30年2月，文部科学省)第1章第2節1)。

D 「自分と異なった」ということから，感じ方や考え方，価値観などが考
えられる。

E 他者との関わりを通して幼児は，「自己の存在感を確認し，自己と他者
の違いに気付き，他者への思いやりを深め，集団への参加意識を高め，
自律性を身に付けていく」(幼稚園教育要領解説(平成30年2月，文部科学
省)第1章第1節3(1)③)

7 ⑤

解説

　幼稚園教育要領解説(平成30年2月, 文部科学省)では,「そう考えた教師は, 鬼遊びのルールを守って遊ぶということにならなくても, その幼児の要求にこたえ, 手をつないで一緒に行動しようとするだろう」と, この例のあとで解説している。そして,「ある意味で一人一人に応じることは, 一人一人が過ごしてきた生活を受容し, それに応じるということ」が必要であり, そのためには,「幼児の思い, 気持ちを受け止め, 幼児が周囲の環境をどう受け止めているのかを理解すること, すなわち, 幼児の内面を理解しようとすることから始まるのである。そして, その幼児が真に求めていることに即して必要な経験を得られるように援助していくのである」と示している。したがって, **ア**, **イ**, **オ**は適切でないことが導かれる。

8 ③

解説

　Aは**カ**が正解である。状況をつくることや, 幼児の活動に沿って環境を構成するよう配慮することは, 障害の有無にかかわらず保育全般において重要なことといえる。**B**は**ウ**が正解である。一人一人が異なった発達の姿を示すので, それぞれに即した指導をしなければならない。**C**は**イ**が正解である。幼稚園教育要領の「第1章　第2節」より, 生きる力の基礎を育むため「知識及び技能の基礎」「思考力, 判断力, 表現力等の基礎」「学びに向かう力, 人間性等」を一体的に育むこととされている。**D**は**ケ**が正解である。多くの幼児にとって, 幼稚園生活は親しい人間関係である家庭を離れ, 同年代の幼児と過ごす始めての集団生活である。この集団生活を通して自我の発達の基礎が築かれる。**E**は**ク**が正解である。発達を促すに当たって, 個別の教育支援計画および指導計画を作成・活用することなどに留意したい。

9 ④

解説

① 適切である。教育課程は, 幼稚園における教育期間の全体を見通したものである。

② 適切である。指導計画は, 一人一人の幼児が生活を通して必要な経験が得られるよう具体的に立てられる。

③ 適切である。そのため一般に長期的な見通しをもった年・学期・月,

あるいは発達の時期などの計画と，それと関連しさらに具体的にされた
週，日など短期の計画を考えることになる。

④　適切でない。指導計画は1つの仮説である。実際に展開される生活に応
じて改善されていく。そこから教育課程の改善も行われる。

⑤　適切である。そのためには幼稚園全体の物的・人的環境が幼児期の発
達を踏まえて教育環境として十分に配慮されることが重要である。

▶ 専門試験　幼稚園教諭分野

教育法規

日本国憲法・教育基本法

POINT

　第二次世界大戦前の大日本帝国憲法・教育勅語に代わり，戦後，自由主義と個人主義を基調とする日本国憲法・教育基本法が成立した。教育基本法はもちろん日本国憲法に関しても，幼児教育に関連する条文は把握しておきたい。

▶ 日本国憲法

(教育を受ける権利と受けさせる義務)
第26条　すべて国民は，法律の定めるところにより，その能力に応じて，ひとしく教育を受ける権利を有する。
② 　すべて国民は，法律の定めるところにより，その保護する子女に普通教育を受けさせる義務を負ふ。義務教育は，これを無償とする。

　ここでは，第1項が個人に対する権利，第2項が保護者に対する義務と分けられていることに注意する。

▶ 教育基本法

(幼児期の教育)
第11条　幼児期の教育は，生涯にわたる人格形成の基礎を培う重要なものであることにかんがみ，国及び地方公共団体は，幼児の健やかな成長に資する良好な環境の整備その他適当な方法によって，その振興に努めなければならない。

　本条以外では，第1，2条が重要。本条文にある「人格形成の基礎」などが，学校教育法第22条などに反映されている。前文なども含めて，重要条文は暗記しておきたい。

教育法規

演習問題

1 日本国憲法の記述として正しいものを，次の①～⑤から1つ選びなさい。
(難易度■■■□□)

① その権威は国民に由来し，その権力は国民がこれを行使し，その福利は国民がこれを享受する。

② 我々日本国民は，たゆまぬ努力によって築いてきた民主的で文化的な国家を更に発展させるとともに，世界の平和と人類の福祉の向上に貢献することを願うものである。

③ すべての国民は，個人として尊重される。生命，自由及び幸福追求に対する国民の権利については，公共の福祉に反しない限り，立法その他の国政の上で，最大の尊重を必要とする。

④ 思想及び良心の自由は，公共の福祉に反しない限り，これを侵してはならない。

⑤ 何人も，居住，移転及び職業選択の自由を有する。

2 教育基本法の記述として適切なものを，次の①～⑤から1つ選びなさい。
(難易度■■■□□)

① 教育を受ける者が，学校生活を営む上で必要な規律を重んずるとともに，自ら進んで学習に取り組む意欲を高めることを重視して行われなければならない。

② 私立学校の有する公の性質及び学校教育において果たす重要な役割にかんがみ，国及び地方公共団体は，私立学校教育の振興に努めなければならない。ただし，公の財産を支出してはならない。

③ 幼児期の教育は，保護者が第一義的責任を有するものであって，国及び地方公共団体は，幼児の健やかな成長に資する良好な環境の整備その他適当な方法によって，その振興に努めなければならない。

④ 父母その他の保護者は，生活のために必要な習慣を身に付けさせるとともに，自立心を育成し，心身の調和のとれた発達を図るよう努めるものとする。

⑤ 学校及び家庭は，教育におけるそれぞれの役割と責任を自覚するとともに，相互の連携及び協力に努めるものとする。

117

■ 専門試験　幼稚園教諭分野

3 次は教育基本法の条文である。空欄(A)〜(C)に当てはまる語句の組み合わせとして正しいものを，あとの①〜⑤から1つ選びなさい。

(難易度■■■□□)

　(A)は，生涯にわたる(B)の基礎を培う重要なものであることにかんがみ，国及び地方公共団体は，幼児の健やかな成長に資する良好な環境の整備その他適当な方法によって，その(C)に努めなければならない。

　　ア　幼稚園教育　　イ　幼児期の教育　　ウ　人格形成　　エ　学習
　　オ　振興

① A−ア　　B−ウ　　C−エ
② A−ア　　B−エ　　C−オ
③ A−イ　　B−ウ　　C−オ
④ A−イ　　B−エ　　C−オ
⑤ A−ウ　　B−エ　　C−オ

4 教員に関する次の記述の空欄(A)〜(C)に当てはまる語句の組み合わせとして適切なものを，あとの①〜⑤から1つ選びなさい。

(難易度■■■□□)

　法律に定める学校の教員は，自己の崇高な使命を深く自覚し，絶えず(A)に励み，その職責の遂行に努めなければならない。

　前項の教員については，その(B)の重要性にかんがみ，その身分は尊重され，待遇の適正が期せられるとともに，(C)の充実が図られなければならない。

　　ア　研究と修養　　イ　修養と研修　　ウ　養成と研修
　　エ　使命と職責　　オ　修養と職責

① A−ア　　B−イ　　C−ウ
② A−ア　　B−エ　　C−ウ
③ A−イ　　B−ウ　　C−オ
④ A−イ　　B−エ　　C−ウ
⑤ A−ウ　　B−エ　　C−オ

118

教育法規

解答・解説

1 ③

解説

① 正しくは「その権力は国民の代表者がこれを行使し」(前文)。

② 日本国憲法ではなく，教育基本法の前文の記述である。

③ 第13条(個人の尊重，生命・自由・幸福追求の権利の尊重)の記述であり，正しい。

④ 第19条(思想及び良心の自由)には「公共の福祉に反しない限り」という限定は付いていない。

⑤ 正しくは「何人も，公共の福祉に反しない限り，居住，移転及び職業選択の自由を有する」(第22条)。ここでは「公共の福祉」の限定が付いている。

2 ①

解説

① 学校教育について規定した第6条第2項の記述である。教育基本法においては学習者の「規律」が強調されている。

② 第8条(私立学校)では，「助成その他の適当な方法によって私立学校教育の振興に努めなければならない」と，私学助成が合憲であることを明確にしている。

③ 正しくは「幼児期の教育は，生涯にわたる人格形成の基礎を培う重要なものであることにかんがみ…」(第11条)。

④ 正しくは「父母その他の保護者は，子の教育について第一義的責任を有するものであって…」(第10条第1項)。ここで保護者の教育責任が強調されている。

⑤ 正しくは「学校，家庭及び地域住民その他の関係者は」(第13条)。学校・家庭・地域の三者の連携を求めていることに注意する必要がある。

3 ③

解説

教育基本法は，全18条から構成されている。問題文は第11条「幼児期の教育」である。「幼稚園教育」となっていないのは，幼稚園における教育だけでなく，保育所で行われる保育や，家庭での教育，地域社会におけるさまざまな子ども・子育て支援活動なども幅広く含むものとされているからである。生後から小学校就学前の時期の教育・保育の重要性をかんがみ

119

■▶ 専門試験　幼稚園教諭分野

てのこととされる。

4 ②
解説

　教育基本法第9条の規定であり，教員に関する最も重要な規定として穴埋め問題にもなりやすい条文なので，語句も含めてしっかり覚えておく必要がある。教育は教育を受ける者の人格の完成を目指し，その成長を促す営みであるから，教員には確たる理念や責任感とともに，専門的な知識や深い教養も求められている。だから，まず，自ら進んで「絶えず研究と修養」に励むことが求められるのである。そうした「使命と職責」を果たすためにも，教員個人の努力に任せるだけでなく，国や地方公共団体などによる「養成と研修」が表裏一体となって，教員の資質向上を図っていく，というねらいが，この条文には込められている。

教育法規

学校教育法

≡ POINT ≡

　学校教育法の中の幼児教育に関連する条文は把握しておきたい。併せて，幼稚園教育要領は毎年出題されるため目を通しておきたい。

▶ 学校教育法

(幼稚園の教育目的)
第22条　幼稚園は，義務教育及びその後の教育の基礎を培うものとして，幼児を保育し，幼児の健やかな成長のために適当な環境を与えて，その心身の発達を助長することを目的とする。

(幼稚園の教育目標)
第23条　幼稚園における教育は，前条に規定する目的を実現するため，次に掲げる目標を達成するよう行われるものとする。
　一　健康，安全で幸福な生活のために必要な基本的な習慣を養い，身体諸機能の調和的発達を図ること。
　二　集団生活を通じて，喜んでこれに参加する態度を養うとともに家族や身近な人への信頼感を深め，自主，自律及び協同の精神並びに規範意識の芽生えを養うこと。
　三　身近な社会生活，生命及び自然に対する興味を養い，それらに対する正しい理解と態度及び思考力の芽生えを養うこと。
　四　日常の会話や，絵本，童話等に親しむことを通じて，言葉の使い方を正しく導くとともに，相手の話を理解しようとする態度を養うこと。
　五　音楽，身体による表現，造形等に親しむことを通じて，豊かな感性と表現力の芽生えを養うこと。

　上述の通り，学校教育法第22条は教育基本法第11条などの主旨を踏まえ，幼稚園教育の基本的方針を目的として示しており，第22条の具体的内容を第23条で示している。

121

▶ 専門試験　幼稚園教諭分野

(教諭等の配置)

第27条　幼稚園には，園長，教頭及び教諭を置かなければならない。

② 　幼稚園には，前項に規定するもののほか，副園長，主幹教諭，指導教諭，養護教諭，栄養教諭，事務職員，養護助教諭その他必要な職員を置くことができる。

(中略)

⑨ 　教諭は，幼児の保育をつかさどる。

⑩ 　特別の事情のあるときは，第1項の規定にかかわらず，教諭に代えて助教諭又は講師を置くことができる。

　なお，第1項では教頭が必置となっているが，第3項では特別な事情等があれば教頭を置かなくともよいことが規定されていることにも注意したい。以上より，幼稚園に最低限必要な人員は園長，教諭(助教諭又は講師)のみとなる。

Q 演 習 問 題

1 学校教育法の幼稚園に関する条文として適切なものを，次の①〜⑤から1つ選びなさい。　　　　　　　　　　　　　　(難易度■■■□□)

① 　幼稚園は，義務教育及びその後の教育の基礎を培うものとして，幼児を教育し，幼児の健やかな成長のために適当な保育を与えて，その心身の発達を助長することを目的とする。

② 　集団生活を通じて，喜んでこれに参加する態度を養うとともに家族や身近な人への信頼感を深め，自主，自律及び協同の精神並びに規範意識の芽生えを養うこと。

③ 　幼稚園においては，……幼児期の教育に関する各般の問題につき，保護者及び地域住民その他の関係者からの相談に応じ，必要な情報の提供及び助言を行うなど，家庭及び地域における幼児期の教育の支援を行うことができる。

④ 　幼稚園に入園することのできる者は，その年度に満3歳に達する幼児から，小学校就学の始期に達するまでの幼児とする。

⑤ 　教頭は，園長(副園長を置く幼稚園にあつては，園長及び副園長)を助け，園務を整理する。

122

教育法規

2 学校教育法に定める「幼稚園教育の目標」の記述として誤っているものを，次の①～⑤から1つ選びなさい。　　　　(難易度■■■□□)

① 健康，安全で幸福な生活のために必要な基本的な習慣を養い，身体諸機能の調和的発達を図ること。

② 生活の仕方を知り，自分たちで生活の場を整えながら見通しをもって行動すること。

③ 身近な社会生活，生命及び自然に対する興味を養い，それらに対する正しい理解と態度及び思考力の芽生えを養うこと。

④ 日常の会話や，絵本，童話等に親しむことを通じて，言葉の使い方を正しく導くとともに，相手の話を理解しようとする態度を養うこと。

⑤ 音楽，身体による表現，造形等に親しむことを通じて，豊かな感性と表現力の芽生えを養うこと。

3 学校教育法における小学校教育の規定として適切なものを，次の①～⑤から1つ選びなさい。　　　　(難易度■■■□□)

① 中学校及びその後の教育の基礎を培うものとして，児童を教育し，児童の健やかな成長のために適当な環境を与えて，その心身の発達を助長することを目的とする。

② 生涯にわたり学習する基盤が培われるよう，基礎的な知識及び技能を習得させることに，特に意を用いなければならない。

③ 教育指導を行うに当たり，児童の体験的な学習活動，特にボランティア活動など社会奉仕体験活動，自然体験活動その他の体験活動の充実に努めるものとする。

④ 文部科学大臣の検定を経た教科用図書又は文部科学省が著作の名義を有する教科用図書を使用することができる。

⑤ 性行不良で他の児童の教育に妨げがあると認められる児童があっても，その保護者に対して，児童の出席停止を命ずることはできない。

4 学校教育法施行規則の条文として適切なものを，次の①～⑤から1つ選びなさい。　　　　(難易度■■■□□)

① 校長及び教員が児童等に懲戒や体罰を加えるに当たつては，児童等の心身の発達に応ずる等教育上必要な配慮をしなければならない。

② 幼稚園の設備，編制その他設置に関する事項は，この章に定めるもの

123

▶ 専門試験　幼稚園教諭分野

のほか，文部科学大臣の定めるところによる。

③　幼稚園の毎学年の教育週数は，特別の事情のある場合を除き，39週を下つてはならない。

④　幼稚園には職員会議を置かなければならない。

⑤　……教育活動その他の学校運営の状況について，自ら評価を行い，その結果を公表することに努めるものとする。

---

5 次の記述は，学校評価に関するものである。正しい記述の組み合わせを，あとの①～⑤から1つ選びなさい。　　　　　　　　（難易度■■■■□）

ア　学校評価は，特別の事情があるときには実施しないことができる。

イ　学校評価には，自己評価，学校関係者評価，第三者評価の3種類がある。

ウ　学校関係者評価の評価者には，その学校の教職員は加われない。

エ　学校評価の結果は，その学校の設置者に報告しなければならない。

オ　第三者評価を実施することに努めるものとする。

①　ア，イ　　②　ア，エ，オ　　③　イ，ウ　　④　イ，ウ，エ

⑤　ウ，エ，オ

---

6 学校評議員制度に関する学校教育法施行規則の記述として適切なものを，次の①～⑤から1つ選びなさい。　　　　　　　　（難易度■■■■□）

①　学校には，学校評議員会を置くものとする。

②　学校評議員は，校長が委嘱する。

③　学校評議員は，校長の求めに応じて意見を述べる。

④　校長は，学校運営の方針を作成し，学校評議員の承認を得なければならない。

⑤　教育委員会は，学校評議員の意見を尊重しなければならない。

---

7 幼稚園設置基準に関する記述として適切なものを，次の①～⑤から1つ選びなさい。　　　　　　　　（難易度■■■□□）

①　学級は，学年の初めの日の前日において同じ年齢にある幼児で編制することを原則とする。

②　幼稚園に置く教員等は，他の学校の教員等と兼ねることができないことを原則とする。

③　養護教諭は，必ず置かなければならない。

教育法規

④　保育室の数は，学級数の3分の1を下回ってはならない。

⑤　運動場を園舎と離れた敷地に設けるときは，バスなどの移動手段を講じなければならない。

8　公立学校の休業日に関する法律の規定として，適切でないものを，次の①～⑤から1つ選びなさい。　　　　　　　　　　(難易度■■■■□)

①　土曜日

②　日曜日

③　国民の祝日

④　年間90日の夏季・冬季休業日

⑤　教育委員会の定める日

9　次は，文部科学省が示した「幼稚園施設整備指針」(平成30年3月)の中の「自然や人，ものとの触れ合いの中で遊びを通した柔軟な指導が展開できる環境の整備」についての記述である。文中の(A)～(C)に当てはまる語句をア～クから選ぶとき，正しい組み合わせを，あとの①～⑤から1つ選びなさい。　　　　　　　　　　(難易度■■□□□)

　幼稚園は幼児の(A)な生活が展開される場であることを踏まえ，家庭的な雰囲気の中で，幼児同士や教職員との交流を促すとともに，自然や人，ものとの触れ合いの中で幼児の(B)を満たし，幼児の(C)な活動としての遊びを引き出すような環境づくりを行うことが重要である。

　　ア　自発的　　イ　行動的　　ウ　満足感　　エ　自立的
　　オ　好奇心　　カ　主体的　　キ　積極的　　ク　達成感

①　A－エ　　B－ク　　C－カ

②　A－イ　　B－オ　　C－キ

③　A－カ　　B－オ　　C－ア

④　A－ア　　B－ウ　　C－キ

⑤　A－ア　　B－ク　　C－エ

10　学校教育法に掲げられている幼稚園の目的・目標として適切なものを，次の①～⑤から1つ選びなさい。　　　　　　　　　　(難易度■■■□□)

①　健康，安全で幸福な生活のために必要な態度を養い，身体諸機能の調和的発達を図ること。

125

② 義務教育及びその後の教育の基礎を培うものとして，幼児を保育し，幼児の健やかな成長のために安全な環境を与えて，その心身の発達を助長すること。
③ 身近な社会生活，生命及び自然に対する興味を養い，それらに対する正しい理解と態度及び思考力の芽生えを養うこと。
④ 日常の会話や，絵本，童話等に親しむことを通じて，読解力を正しく導くとともに，相手の話を理解しようとする態度を養うこと。
⑤ 音楽，遊戯，造形等に親しむことを通じて，豊かな感性と表現力の芽生えを養うこと。

解答・解説

1 ②

解説

① 第22条(幼稚園の教育目的)の条文だが，正しくは「幼児を保育し」「適当な環境を与えて」である。
② 第23条には，幼稚園の教育目標が五号にわたって示されており，問題文はそのうちの第二号であり，適切。
③ 最後の部分は「支援に努めるものとする」が正しい。第24条で家庭・地域への教育支援が努力義務化されたことに注意したい。
④ 第26条(入園資格)の条文であるが，「その年度に満3歳に達する幼児」は「満3歳」が正しい。
⑤ 第27条第6項(幼稚園職員の配置と職務)の条文だが，最後の部分は「園務を整理し，及び必要に応じ幼児の保育をつかさどる」。なお，副園長には園長と同様に，「幼児の保育をつかさどる」職務は入っていない。

2 ②

解説

幼稚園の教育目標は，学校教育法第23条で規定されている。②について，同条第二号には，「集団生活を通じて，喜んでこれに参加する態度を養うとともに家族や身近な人への信頼感を深め，自主，自律及び協同の精神並びに規範意識の芽生えを養うこと」とある。なお，②の記述は，幼稚園教育要領(平成29年3月告示)における第2章「健康」2「内容」(8)「幼稚園における生活の仕方を知り，自分たちで生活の場を整えながら見通しをもって行

動する」である。幼稚園教育要領の内容も，学校教育法の目標を具体化するものであるから，両者には対応関係があることを確認しつつも，混同しないよう，条文に即して覚えておくようにしたい。

3 ③
解説

小学校教育に関しては，幼稚園教育との連携・接続が大きな課題になっていることからも，しっかり把握しておきたい。
① 正しくは「心身の発達に応じて，義務教育として行われる普通教育のうち基礎的なものを施すことを目的とする」(第29条)。
② 「…基礎的な知識及び技能を習得させるとともに，これらを活用して課題を解決するために必要な思考力，判断力，表現力その他の能力をはぐくみ，主体的に学習に取り組む態度を養うことに，特に意を用いなければならない」(第30条第2項)が正しい。
④ 正しくは「使用しなければならない」(第34条第1項)。
⑤ 第35条では，出席停止を命ずることができること，及びその具体的な行為について明記している。

4 ③
解説

① 第26条第1項(懲戒)の規定であるが，体罰は学校教育法第11条で禁止されている。
② 第3章(幼稚園)の第36条(設置基準)には，文部科学大臣ではなく「幼稚園設置基準 (昭和31年文部省令第32号)の定めるところによる」とされている。
③ 第37条(教育週数)にこの定めがあり，適切。
④ 正しくは「校長の職務の円滑な執行に資するため，職員会議を置くことができる」(第48条第1項)であり，幼稚園にも準用される。職員会議は長く学校の慣例として設けられていたが，平成12年の改正で初めて法令に規定された。
⑤ 第66条第1項(自己評価と公表義務)の条文であるが，正しくは「……公表するものとする」であり，幼稚園にも準用される。

5 ④
解説

　学校評価は学校に実施が義務付けられているものであり，その内容をきちんと押さえておく必要がある。学校教育法第42条では，小学校について「文部科学大臣の定めるところにより当該小学校の教育活動その他の学校運営の状況について評価を行い，その結果に基づき学校運営の改善を図るため必要な措置を講ずること」と明記されている。また，学校教育法施行規則には，保護者など学校の「関係者による評価」の実施と公表の努力義務(第67条)，評価結果を設置者に報告する義務(第68条)が規定されている。なお，「第三者評価」は法令ではなく「学校評価ガイドライン」(文部科学省)に2008(平成20)年改訂時から示されている。

6 ③
解説

　学校教育法施行規則第49条では，「小学校には，設置者の定めるところにより，学校評議員を置くことができる」「学校評議員は，校長の求めに応じ，学校運営に関し意見を述べることができる」「学校評議員は，当該小学校の職員以外の者で教育に関する理解及び識見を有するもののうちから，校長の推薦により，学校の設置者が委嘱する」と規定されている。学校評議員「会」ではなく，評議員個人に対して，学校の設置者(教育委員会や学校法人など)が委嘱するものとされていることに注意する必要がある。よって①②は誤り。学校評議員制度も「開かれた学校づくり」を目指すものであるが，④⑤については「学校運営協議会」(コミュニティ・スクール)と混同しないよう注意したい。

7 ①
解説

① 第4条の規定で，適切である。
② 第5条第4項の規定は「幼稚園に置く教員等は，教育上必要と認められる場合は，他の学校の教員等と兼ねることができる」となっている。自治体などによっては幼稚園長と小学校長を兼職することが普通になっているところも少なくない。
③ 第6条の規定は「養護をつかさどる主幹教諭，養護教諭又は養護助教諭及び事務職員を置くように努めなければならない」とされており，努力

義務にとどめている。
④　第9条第2項は「保育室の数は，学級数を下つてはならない」としている。
⑤　第8条第2項では「園舎及び運動場は，同一の敷地内又は隣接する位置に設けることを原則とする」としている。

8 ④
解説

　学校教育法施行規則第61条は，公立小学校の休業日を「国民の祝日に関する法律に規定する日」「日曜日及び土曜日」「学校教育法施行令第29条第1項の規定により教育委員会が定める日」に限っており，幼稚園などほかの公立学校種にも準用される。学校教育法施行令第29条第1項では夏季，冬季，学年末などの休業日を，市町村立学校の場合は市町村教委が，都道府県立学校の場合は都道府県教委が定めることとしているが，日数の規定は特になく，授業日数や休業日などを差し引きすれば年間90日程度になるということに過ぎない。なお，私立学校の場合は学則で定めることとしている(学校教育法施行規則第62条)。したがって，適切でないものは④である。

9 ③

A　幼児の主体性が奪われることになると，幼児が興味や関心を抱くことを妨げ，その後の活動の展開を促す好奇心も生まれにくくなる。幼稚園ではなによりも，子どもの主体性を尊重することが求められる。

B　幼稚園教育要領解説(平成30年2月，文部科学省)第1章第3節「教育課程の役割と編成等」5「小学校教育との接続に当たっての留意事項(1)「小学校以降の生活や学習の基盤の育成」では「幼稚園教育は，幼児期の発達に応じて幼児の生きる力の基礎を育成するものである。特に，幼児なりに好奇心や探究心をもち，問題を見いだしたり，解決したりする力を育てること，豊かな感性を発揮したりする機会を提供し，それを伸ばしていくことが大切になる」とある。

C　生活に必要な能力や態度は大人が教えるように考えられがちだが，幼児期には，幼児自身が自発的・能動的に環境とかかわりながら，生活の中で状況と関連付けて身に付けていくことが重要である。

③

解説

学校教育法第22条，第23条を参照。

① 第23条第一号。「態度」→「基本的な習慣」となる。幼児期は，人間の基本的な習慣を形成する時期である。正しい生活習慣が身に付くよう，家庭と連携しつつ指導する。

② 第22条。「安全な環境」→「適当な環境」となる。安全だけでは，幼児にとって「適当」な環境とはいえない。

③ 第23条第三号をそのまま記したもので，適切である。

④ 第23条第四号。「読解力」→「言葉の使い方」となる。幼稚園では文字の読み書きを教えてはいるが，童話，絵本等への興味を養うことが目標であり，子どもが確実に読み書きできるようにすることが目標ではない。

⑤ 第23条第五号。「遊戯」→「身体による表現」となる。身体による表現のほうが，対象とする範囲が広いことに注意。

教育法規 ◀

教員関係・保健関係，その他法規

≧ POINT ≧

　教育公務員特例法は，主として教育公務員(公立幼稚園教諭を含む)の任免等に関する規定である。学校保健安全法は，学校における児童生徒等及び職員の健康の保持増進を図るための法律である。

　また，学校給食法は，「学校給食の普及充実及び学校における食育の推進を図ること」(第1条)を目的とする法律である。併せて，各種の子ども家庭福祉関連法規や国際連合において採択された「世界人権宣言」(1948年)，「児童の権利に関する条約」(1989年)なども把握しておきたい。

▶ 教育公務員特例法

第1条　この法律は，教育を通じて国民全体に奉仕する教育公務員の職務とその責任の特殊性に基づき，教育公務員の任免，人事評価，給与，分限，懲戒，服務及び研修等について規定する。

第2条　2　この法律において「教員」とは，公立学校の教授，准教授，助教，副校長(副園長を含む。以下同じ。)，教頭，主幹教諭(幼保連携型認定こども園の主幹養護教諭及び主幹栄養教諭を含む。以下同じ。)，指導教諭，教諭，助教諭，養護教諭，養護助教諭，栄養教諭，主幹保育教諭，指導保育教諭，保育教諭，助保育教諭及び講師をいう。

▶ 学校保健安全法

(学校保健に関する学校の設置者の責務)

第4条　学校の設置者は，その設置する学校の児童生徒等及び職員の心身の健康の保持増進を図るため，当該学校の施設及び設備並びに管理運営体制の整備充実その他の必要な措置を講ずるよう努めるものとする。

(学校保健計画の策定等)

第5条　学校においては，児童生徒等及び職員の心身の健康の保持増進を図るため，児童生徒等及び職員の健康診断，環境衛生検査，児童生徒等に対する指導その他保健に関する事項について計画を策定し，これを実施しなければならない。

131

専門試験　幼稚園教諭分野

児童福祉法

(児童の権利)

第1条　全て児童は，児童の権利に関する条約の精神にのつとり，適切に養育されること，その生活を保障されること，愛され，保護されること，その心身の健やかな成長及び発達並びにその自立が図られることその他の福祉を等しく保障される権利を有する。

　条文にある「児童の権利に関する条約」(子どもの権利条約)は1990年に発効，我が国では1994年に批准した国際条約で，国際人権規約に基づいて作成されたものである。子どもの権利条約では「生きる権利」「育つ権利」「守られる権利」「参加する権利」の4つを柱としている。児童福祉法は，少なくとも第4条まではおさえておきたい。

児童虐待の防止等に関する法律(児童虐待防止法)

(児童虐待の早期発見等)

第5条　学校，児童福祉施設，病院，都道府県警察，女性相談支援センター，教育委員会，配偶者暴力相談支援センターその他児童の福祉に業務上関係のある団体及び学校の教職員，児童福祉施設の職員，医師，歯科医師，保健師，助産師，看護師，弁護士，警察官，女性相談支援員その他児童の福祉に職務上関係のある者は，児童虐待を発見しやすい立場にあることを自覚し，児童虐待の早期発見に努めなければならない。

(児童虐待に係る通告)

第6条　児童虐待を受けたと思われる児童を発見した者は，速やかに，これを市町村，都道府県の設置する福祉事務所若しくは児童相談所又は児童委員を介して市町村，都道府県の設置する福祉事務所若しくは児童相談所に通告しなければならない。

　ここでは，「児童虐待の早期発見等(第5条)」は努力義務(怠っても法的に問題となる場合は限られる)，「児童虐待に係る通告(第6条)」は義務(怠った場合は法的に問題となる)であることに注意したい。なお，虐待の種類には「身体的虐待」「性的虐待」「ネグレクト(育児放棄)」「心的虐待」に分類されることもおさえておくこと(同法第2条)。

教育法規

▶ 学校保健安全法

(学校安全計画の策定等)

第27条　学校においては，児童生徒等の安全の確保を図るため，当該学校の施設及び設備の安全点検，児童生徒等に対する通学を含めた学校生活その他の日常生活における安全に関する指導，職員の研修その他学校における安全に関する事項について計画を策定し，これを実施しなければならない。

(危険等発生時対処要領の作成等)

第29条　学校においては，児童生徒等の安全の確保を図るため，当該学校の実情に応じて，危険等発生時において当該学校の職員がとるべき措置の具体的内容及び手順を定めた対処要領を作成するものとする。

　第27条の学校安全計画とは①安全教育に関する事項，②生活安全や交通安全，災害安全，通学安全などの安全管理に関する事項，③家庭・地域社会との連携などの安全に関する組織活動などの内容を含んだ計画である。児童生徒に対する指導項目などが示されている。第29条は「第3章 学校安全」にある防災マニュアル作成の根拠条文である。第3章を学習する際，あわせて確認するとよい。

▶ 障害者基本法

(教育)

第16条　国及び地方公共団体は，障害者が，その年齢及び能力に応じ，かつ，その特性を踏まえた十分な教育が受けられるようにするため，可能な限り障害者である児童及び生徒が障害者でない児童及び生徒と共に教育を受けられるよう配慮しつつ，教育の内容及び方法の改善及び充実を図る等必要な施策を講じなければならない。

　近年，我が国ではインクルーシブ教育(障害のある児童と障害のない児童が共に学ぶ仕組み)に取り組んでいる。幼稚園教育要領では障害のある幼児への指導(障害のある幼児などへの指導に当たっては，集団の中で生活することを通して全体的な発達を促していくことに配慮し，特別支援学校などの助言又は援助を活用しつつ，個々の幼児の障害の状態などに応じた指導内容や指導方法の工夫を組織的かつ計画的に行うものとする)だけでなく，交流学習も「障害のある幼児児童生徒との交流及び共同学習の機会を設け，共に尊重し合いながら協働して生活していく態度を育むよう努める」としている。

133

▶ 専門試験　幼稚園教諭分野

演習問題

1 次は教育公務員特例法についての記述である。正しい記述の組み合わせを，あとの①〜⑤から1つ選びなさい。　　　　　(難易度■■■□□)

ア　教育公務員は，その職責を遂行するために，絶えず研究と修養に努めなければならない。

イ　教育公務員は，教育長の定めるところにより，現職のままで，長期にわたる研修を受けることができる。

ウ　教諭等の研修実施者は，当該教諭等に対して，その採用の日から1年間の教諭又は保育教諭の職務の遂行に必要な事項に関する実践的な研修を実施しなければならない。

エ　教諭等の研修実施者は，当該教諭等に対して，個々の能力，適性等に応じて，公立の小学校等における教育に関し相当の経験を有し，その教育活動その他の学校運営の円滑かつ効果的な実施において中核的な役割を果たすことが期待される中堅教諭等としての職務を遂行する上で必要とされる資質の向上を図るために必要な事項に関する研修を実施することに努めるものとする。

オ　教諭等の任命権者は，児童，生徒又は幼児に対する指導が不適切であると認定した教諭等に対して，その能力，適性等に応じて，当該指導の改善を図るために必要な事項に関する研修を実施しなければならない。

①　ア，イ，エ　　②　ア，ウ，オ　　③　イ，ウ，エ
④　イ，ウ，オ　　⑤　ウ，エ，オ

2 教育公務員の研修に関する記述として，教育公務員特例法に照らして適切なものを，次の①〜⑤から1つ選びなさい。　　　　　(難易度■■■□□)

①　校長は，教員の研修について，それに要する施設，研修を奨励するための方途その他研修に関する計画を樹立し，その実施に努めなければならない。

②　教員は，授業に支障がなければ，本属長の承認を受けずに，勤務場所を離れて研修を行うことができる。

③　教育公務員は，任命権者の定めるところにより，現職のままで，長期にわたる研修を受けることができる。

④　指導助言者は，初任者研修を受ける者の所属する学校の管理職を除く，

134

主幹教諭，指導教諭，教諭，主幹保育教諭，指導保育教諭，保育教諭又は講師のうちから，初任者研修の指導教員を命じるものとする。

⑤　指導助言者は，中堅教諭等資質向上研修を実施するに当たり，小学校，中学校，高等学校，特別支援学校等のそれぞれの校種に応じた計画書を作成しなければならない。

3 学校運営協議会に関する記述として正しい記述の組み合わせを，あとの①〜⑤から1つ選びなさい。　　　　　　　　　　　　（難易度■■■■□）

ア　学校の校長は，その学校に，学校運営協議会を置くことができる。

イ　学校運営協議会の委員は，地域の住民，保護者その他について，校長が任命する。

ウ　校長は，学校の運営に関して，基本的な方針を作成し，学校運営協議会の承認を得なければならない。

エ　学校運営協議会は，学校の職員の採用その他の任用に関する事項について，任命権者に対して意見を述べることができる。任命権者は，その意見を尊重するものとする。

オ　市町村教育委員会は，所管する学校の指定を行おうとするときは，あらかじめ都道府県教育委員会と協議しなければならない。

①　ア，イ，ウ　　②　ア，エ，オ　　③　イ，ウ，エ
④　イ，エ，オ　　⑤　ウ，エ，オ

4 学校保健に関する記述として適切なものを，次の①〜⑤から1つ選びなさい。　　　　　　　　　　　　　　　　　　　　　（難易度■■□□□）

①　学校においては，児童生徒等及び職員の健康診断，環境衛生検査，児童生徒等に対する指導その他保健に関する事項について計画を策定し，これを実施しなければならない。

②　学校には，保健室を置くことができる。

③　学校においては，任意の学年に対して，児童生徒等の健康診断を行う。在学中に必ず1回は健康診断を行うものとする。

④　教育委員会は，感染症にかかつており，かかつている疑いがあり，又はかかるおそれのある児童生徒等の出席を停止させることができる。

⑤　学校には，学校医を置くことができる。

▶ 専門試験　幼稚園教諭分野

5 学校安全の記述として誤っているものを，次の①〜⑤から1つ選びなさい。　　　　　　　　　　　　　　　　　　　　　　　(難易度■■■□□)

① 学校の設置者は，児童生徒等の安全の確保を図るため，事故，加害行為，災害等により児童生徒等に生ずる危険を防止し，児童生徒等に危険又は危害が現に生じた場合において適切に対処することができるよう，施設及び設備並びに管理運営体制の整備充実その他の必要な措置を講ずるよう努めるものとする。

② 学校においては，児童生徒等の安全の確保を図るため，当該学校の施設及び設備の安全点検，児童生徒等に対する通学を含めた学校生活その他の日常生活における安全に関する指導，職員の研修その他学校における安全に関する事項について計画を策定し，これを実施しなければならない。

③ 校長は，学校の施設又は設備について，児童生徒等の安全の確保を図る上で支障となる事項があると認めた場合には，遅滞なく，その改善を図るために必要な措置を講じ，又は措置を講ずることができないときは，学校の設置者に対し，その旨を申し出るものとする。

④ 学校においては，児童生徒等の安全の確保を図るため，当該学校の実情に応じて，危険等発生時において当該学校の職員がとるべき措置の具体的内容及び手順を定めた対処要領を作成するものとする。

⑤ 教育委員会は，学校における事故等により児童生徒等に危害が生じた場合において，当該児童生徒等及び当該事故等により心理的外傷その他の心身の健康に対する影響を受けた児童生徒等その他の関係者の心身の健康を回復させるため，これらの者に対して学校に替わって必要な支援を行うものとする。

6 学校給食に関する記述として適切なものを，次の①〜⑤から1つ選びなさい。　　　　　　　　　　　　　　　　　　　　　　　(難易度■■■■□)

① 学校給食は，児童生徒の福祉のために行うものである。

② 義務教育諸学校では，学校給食を実施しなければならない。

③ 給食調理場は，各学校に設けなければならない。

④ 学校給食を実施する学校には，栄養教諭を置かなければならない。

⑤ 学校給食費は，2023(令和5)年度に722の自治体で小学校・中学校とも無償化が実施された。

136

教育法規

7 認定こども園の記述として適切なものを，次の①〜⑤から1つ選びなさい。 (難易度■■■□□)

① 認定こども園は，幼稚園や保育所とはまったく別に創設された子育て支援施設である。

② 国ではなく，都道府県が条例で基準を定め，認定する。

③ 職員は，幼稚園教諭と保育士の両方の資格を保有していなければならない。

④ 保育料は保育所と同様，市町村が条例で決定する。

⑤ 施設設備は，幼稚園，保育所それぞれの基準を満たさなければならない。

8 児童虐待の防止等に関する法律の記述として適切なものを，次の①〜⑤から1つ選びなさい。 (難易度■■■□□)

① この法律で「児童」とは，12歳未満の者を対象としている。

② 児童に対する直接の暴力だけでなく，保護者同士の暴力についても禁止している。

③ この法律では，児童に対する保護者の暴力のみを対象としている。

④ 虐待を発見した者は，証拠を見つけた上で，児童相談所などに通告しなければならない。

⑤ 守秘義務を有する学校の教職員には，早期発見の努力義務までは課されていない。

9 次は，児童養護施設に関する説明である。空欄(A)〜(C)に当てはまる語句の組み合わせとして正しいものを，あとの①〜⑤から1つ選びなさい。 (難易度■■■□□)

児童養護施設は，保護者のない児童，虐待されている児童その他環境上養護を要する児童を入所させて，これを(A)し，あわせて退所した者に対する(B)その他の自立のための(C)を行うことを目的とする施設とする。

　ア 教育　　イ 養護　　ウ 相談　　エ 援助　　オ 支援

① A−ア　　B−イ　　C−ウ

② A−ア　　B−イ　　C−エ

③ A−ア　　B−ウ　　C−オ

④ A−イ　　B−ウ　　C−エ

⑤ A−イ　　B−ウ　　C−オ

137

▶ 専門試験　幼稚園教諭分野

10 食育基本法の内容として適切なものの組み合わせを，あとの①〜⑤から1つ選びなさい。　　　　　　　　　　　　　　　　　（難易度■■■■□）

ア　父母その他の保護者は，食育について第一義的責任を有するものであって，国及び地方公共団体は，保護者に対する学習の機会及び情報の提供その他の支援のために必要な施策を講ずるよう努めなければならない。

イ　地方公共団体は，基本理念にのっとり，食育の推進に関し，国との連携を図りつつ，その地方公共団体の区域の特性を生かした自主的な施策を策定し，及び実施する責務を有する。

ウ　国民は，家庭，学校，保育所，地域その他の社会のあらゆる分野において，基本理念にのっとり，生涯にわたり健全な食生活の実現に自ら努めるとともに，食育の推進に寄与するよう努めるものとする。

エ　都道府県は，食育推進基本計画を基本として，当該都道府県の区域内における食育の推進に関する施策についての計画を作成するよう努めなければならない。

オ　市町村は，都道府県の食育推進基本計画に従って食育を推進するものとする。

① ア，イ，ウ　　② ア，ウ，エ　　③ イ，ウ，エ
④ イ，ウ，オ　　⑤ ウ，エ，オ

11 次は発達障害者支援法の条文である。空欄（　A　）〜（　C　）に当てはまる語句の組み合わせとして正しいものを，あとの①〜⑤から1つ選びなさい。　　　　　　　　　　　　　　　　　　　　　　　（難易度■■■■□）

国及び地方公共団体は，基本理念にのっとり，（　A　）に対し，発達障害の症状の発現後できるだけ早期に，その者の状況に応じて適切に，就学前の（　B　），学校における（　B　）その他の（　B　）が行われるとともに，発達障害者に対する就労，地域における生活等に関する（　C　）及び発達障害者の家族その他の関係者に対する（　C　）が行われるよう，必要な措置を講じるものとする。

ア　発達障害児　　イ　保護者　　ウ　教育　　エ　発達支援
オ　支援

① A−ア　　B−ウ　　C−エ　　② A−ア　　B−ウ　　C−オ
③ A−ア　　B−エ　　C−オ　　④ A−イ　　B−ウ　　C−エ
⑤ A−イ　　B−エ　　C−

138

教育法規

12 次にあげた文と法規名などの組み合わせとして正しいものを，あとの①
～⑤から1つ選びなさい。　　　　　　　　　　　　（難易度■■■■□）

A　全て児童は，児童の権利に関する条約の精神にのつとり，適切に養育
されること，その生活を保障されること，愛され，保護されること，そ
の心身の健やかな成長及び発達並びにその自立が図られることその他の
福祉を等しく保障される権利を有する。

B　幼稚園は，義務教育及びその後の教育の基礎を培うものとして，幼児
を保育し，幼児の健やかな成長のために適当な環境を与えて，その心身
の発達を助長することを目的とする。

C　幼稚園教育は，幼児期の特性を踏まえ環境を通して行うものであるこ
とを基本とする。

D　1学級の幼児数は，35人以下を原則とする。

　　　ア　日本国憲法　　　　　　イ　児童憲章
　　　ウ　学校教育法　　　　　　エ　学校教育法施行規則
　　　オ　児童福祉法　　　　　　カ　児童福祉法施行規則
　　　キ　幼稚園教育要領　　　　ク　幼稚園設置基準
　　　ケ　教育基本法

①　A－ア　　B－ウ　　C－ケ　　D－ク
②　A－イ　　B－ク　　C－カ　　D－エ
③　A－オ　　B－ウ　　C－キ　　D－ク
④　A－オ　　B－キ　　C－ケ　　D－カ
⑤　A－イ　　B－ウ　　C－キ　　D－エ

解　答・解　説

1 ②

解説

　アは第21条(研修)第1項，ウは第23条(初任者研修)第1項，オは第25条(指
導改善研修)第1項の条文である。イについては第22条(研修の機会)第3項
で，任命権者の定めるところにより，現職のままで，長期にわたる研修を
受けることができるとされている。エについては第24条(中堅教諭等資質向
上研修)第1項の規定であるが，平成14年6月の改正で初めて法令上の規定と
された際に，「実施しなければならない」とされた。なお，平成29年4月よ
り，名称が「十年経験者研修」より「中堅教諭等資質向上研修」に改正さ

▶ 専門試験　幼稚園教諭分野

れている。

2 ③
解説

① 「校長」ではなく「教育公務員の研修実施者」が正しい。(教育公務員特例法第21条第2項)
② 勤務場所を離れて研修を行う場合は，授業に支障がなくとも本属長の承認が必要である。(教育公務員特例法第22条第2項)
④ 指導教員は副校長，教頭が行うことも可能である。(教育公務員特例法第23条第2項)
⑤ 計画書の作成基準はそれぞれの校種ではなく，研修を受ける者の能力，適性等について評価を行い，その結果に基づいて作成される(教育公務員特例法第24条第2項)。

3 ⑤
解説

　学校運営協議会は，平成16年の地方教育行政法改正で設置された制度である。同法第47条の5に，10項にわたって規定がある。努力義務であって，教育委員会が指定する学校に置かれ(第1項)，委員も教委が任命する(第2項)。よってア，イは誤り。ただし，教育課程の編成など学校運営の基本的な方針に関して学校運営協議会の承認が必要になること(第4項)とともに，委員が意見を述べることができる範囲は，学校運営(第6項)だけにとどまらず，教員の人事にも及び(第7項)，教員の任命権者である都道府県教委もその意見を尊重しなければならない(第8項)。

4 ①
解説

　出題は，学校保健安全法の規定である。
① 第5条であり適切。なお，①でいう「児童生徒等」には幼児も含まれている。
② 保健室は「設けるものとする」(第7条)とされており，必置である。
③ 健康診断は「毎学年定期に」行うものとされている(第13条第1項)。このほか必要があるときは，臨時にも行う(同第2項)。
④ 出席停止は，政令の定めに従って，校長の権限で行うことができる(第19条)。新型インフルエンザ対策など，同法の規定の重要性が再確認され

140

教育法規

たことであろう。

⑤　学校医は必置であり(第23条第1項)，医師の中から委嘱又は任命する。なお，学校歯科医や学校薬剤師も，大学を除く学校には必置である。

5 ⑤
解説

　学校安全に関しては，平成21年に「学校保健法」を改正して「学校保健安全法」と改称し，その充実が図られたところである。学校現場においてもその重要性が増しており，試験対策としても，各条文を十分確認しておくことが求められる。①は第26条，②は第27条，③は第28条の規定である。④は第29条第1項の規定であり，この対処要領を「危険等発生時対処要領」という。⑤この条文は，「学校においては…」と学校の責務について定めた第29条第3項の規定であり，「教育委員会は」「学校に替わって」は誤り。

6 ⑤
解説

①　学校給食法第1条では，学校給食が児童及び生徒の心身の健全な発達だけでなく，食に関する指導の重要性，食育の推進についても規定しており，「教育」の一環として行うものでもあることを明確にしている。

②　同法第4条では，義務教育諸学校の設置者に対して「学校給食が実施されるように努めなければならない」としており，実施は努力義務である。

③　同法第6条では，複数の学校を対象にした「共同調理場」を置くことができることが明記されている。

④　栄養教諭は「置くことができる」職であり(学校教育法第37条第2項)，必置ではない。

⑤　適切である。

7 ②
解説

　認定こども園は，平成18年に制定された「就学前の子どもに関する教育，保育等の総合的な提供の推進に関する法律」に基づき，就学前の子どもに教育と保育を一体的に提供する施設である。

①　「認定こども園」の定義は同法第2条第6項による。幼稚園又は保育所等の設置者は，その設置する施設が都道府県の条例で定める要件に適合していれば認定を受けられる。

専門試験　幼稚園教諭分野

② 適切である。同法第3条第1項では，都道府県が条例で基準を定め，知事が認定するとしている。

③ 幼保連携型では両方の資格を併有している必要がある(同法第15条第1項)。それ以外では，0～2歳児については保育士資格が必要，3～5歳児についてはいずれか1つでも可とされている(内閣府・文部科学省・厚生労働省，平成26年7月31日の告示による)。

④ 利用は保護者との直接契約によるものであり，利用料は施設側が決めることができる。

⑤ 内閣府・文部科学省・厚生労働省両省の告示(平成26年7月31日)の中に，認定こども園独自の基準が示されている。

8 ②

解説

① 児童虐待の防止等に関する法律第2条において，「18歳に満たない者」と定義している。「児童」の範囲は法律によって異なるので，注意を要する。

② 適切である。第2条第四号で，配偶者間の暴力を「児童に著しい心理的外傷を与える言動」として禁止している。

③ 第3条で「何人も，児童に対し，虐待をしてはならない」と明記している。

④ 平成16年の改正で，証拠がなくても「児童虐待を受けたと思われる」場合には速やかに通告すべきだとしている(第6条第1項)。

⑤ 第5条第1項において，児童福祉施設の職員や医師などと並んで，学校の教職員も「児童虐待を発見しやすい立場にある」ことを自覚して早期発見に努めるよう求めている。昨今の深刻な児童虐待の急増から見ても，積極的な対応が不可欠である。

9 ④

解説

児童福祉法第41条の規定である。なお，よく似た名称の「児童厚生施設」は「児童に健全な遊びを与えて，その健康を増進し，又は情操をゆたかにすることを目的とする施設」(第40条)，「児童自立支援施設」は「不良行為をなし，又はなすおそれのある児童及び家庭環境その他の環境上の理由により生活指導等を要する児童を入所させ，又は保護者の下から通わせて，個々の児童の状況に応じて必要な指導を行い，その自立を支援し，あわせ

教育法規

て退所した者について相談その他の援助を行うことを目的とする施設」(第44条)であり，混同しないよう注意すべきである。

10 ③

解説

　食育基本法は，食育を推進するために平成17年に制定された。**イ**は第10条，**ウ**は第13条，**エ**は第17条第1項(都道府県食育推進計画)に規定がある。なお，保護者や教育関係者の役割に関しては，「食育は，父母その他の保護者にあっては，家庭が食育において重要な役割を有していることを認識するとともに，子どもの教育，保育等を行う者にあっては，教育，保育等における食育の重要性を十分自覚し，積極的に子どもの食育の推進に関する活動に取り組むこととなるよう，行われなければならない」(第5条)としており，**ア**は誤り。また，第18条には市町村も市町村食育推進計画を作成する努力義務が規定されているから，**オ**も適切ではない。

11 ③

解説

　発達障害者支援法第3条第2項の条文である。発達障害には，自閉症，アスペルガー症候群，学習障害，注意欠陥多動性障害などがあり，「脳機能の障害であつてその症状が通常低年齢において発現するもの」(第2条)である。学校教育法において「特殊教育」が「特別支援教育」に改められ，通常の学校に関しても，そうした発達障害を持つ幼児・児童・生徒等への対応が求められている。とりわけ早期の対応が重要であり，幼稚園教育要領においても「障害のある幼児などへの指導に当たっては，集団の中で生活することを通して全体的な発達を促していく」(「第5　特別な配慮を必要とする幼児への指導」)とされていることにも，併せて留意しておきたい。

12 ③

解説

　幼児にかかわる法規などの主だった条文は，覚えておきたい。正解に挙がった法規以外のものでは，児童憲章の「すべての児童は，心身ともに健やかにうまれ，育てられ，その生活を保障される」，学校教育法施行規則の「幼稚園の毎学年の教育週数は，特別の事情のある場合を除き，39週を下ってはならない」などは，しっかりおさえておく。

143

▶ 専門試験　幼稚園教諭分野

学校保健・安全

専門試験

学校保健

▶ POINT ◀

▶▶ 予防すべき学校感染症

学校保健安全法施行規則などで指定されている主な感染症(学校感染症)は,以下の通りである。

	主な感染症名
第1種	エボラ出血熱, クリミア・コンゴ出血熱, 痘そう, 南米出血熱, ペスト, マールブルグ病, ラッサ熱, 急性灰白髄炎, ジフテリア, 重症急性呼吸器症候群(病原体がベータコロナウイルス属SARSコロナウイルスであるものに限る。), 中東呼吸器症候群(病原体がベータコロナウイルス属MERSコロナウイルスであるものに限る。)及び特定鳥インフルエンザ(感染症の予防及び感染症の患者に対する医療に関する法律(平成10年法律第114号)第6条第3項第六号に規定する特定鳥インフルエンザをいう。次号及び第19条第二号イにおいて同じ。)
第2種	インフルエンザ(特定鳥インフルエンザを除く。), 百日咳, 麻しん, 流行性耳下腺炎, 風しん, 水痘, 咽頭結膜熱, 新型コロナウイルス感染症(病原体がベータコロナウイルス属のコロナウイルス(令和2年1月に, 中華人民共和国から世界保健機関に対して, 人に伝染する能力を有することが新たに報告されたものに限る。)であるものに限る。次条第二号チにおいて同じ。), 結核及び髄膜炎菌性髄膜炎
第3種	コレラ, 細菌性赤痢, 腸管出血性大腸菌感染症, 腸チフス, パラチフス, 流行性角結膜炎, 急性出血性結膜炎, その他の感染症

主な出席停止期間の基準は第1種が「治癒するまで」, 結核, 髄膜炎菌性髄膜炎及び第3種が「症状により学校医その他の医師において感染のおそれがないと認めるまで」であり, 第2種(結核及び髄膜炎菌性髄膜炎を除く)については, 病状により学校医その他の医師において感染のおそれがないと認めたときを除き, 個別に定められている。

144

学校保健・安全

▶ 幼児の救急蘇生法

〈心臓マッサージと人工呼吸〉

幼児に対して心臓マッサージ・人工呼吸を行う場合は，成人と同様，心臓マッサージ(胸骨圧迫)を30回，人工呼吸2回の組み合わせで行う。心臓マッサージは原則片腕で行うが，体格の大きな小児には成人同様，両腕で行ってもよい。また，深さは胸の厚みの$\frac{1}{3}$沈むまで強く圧迫する。

〈AED〉

AEDの手順は成人と同様。小児用パッドや小児用モードがある場合は小児用パッド・小児用モードを使用する。小児用パッドや小児用モードがない場合は成人用を使用しても構わないが，パッドを使用する場合はパッド同士が触れあわないように注意する。

▶ 小児で起きやすい傷病と応急手当

〈アレルギー〉

アレルギーとは，本来人間の体にとって有益な反応である免疫反応が，逆に体にとって好ましくない反応を引き起こすことを指す。アレルギーによる子どもの代表的な疾患としては，食物アレルギー・アナフィラキシー，アレルギー性鼻炎，アレルギー性結膜炎，気管支ぜん息，アトピー性皮膚炎などがある。

アレルギー疾患に対する取り組みのポイントは，「学校のアレルギー疾患に対する取り組みガイドライン《令和元年度改訂》」(令和2年3月25日　日本学校保健会)より①各疾患の特徴をよく知ること，②個々の児童生徒等の症状等の特徴を把握すること，③症状が急速に変化しうることを理解し，日頃から緊急時の対応への準備を行っておくことの3点があげられる。

また，幼児がアナフィラキシーを起こし，反応がない場合，自ら注射できない幼児に代わってアドレナリンの自己注射薬(エピペン®)を教職員が注射することは，緊急やむを得ない措置として行われるものであり，医師法違反にはならないと考えられている。

〈鼻血が出る〉

鼻血が出た場合は頭を少し下げ，鼻をつまむようにおさえる。鼻の周囲を冷やすと，止血が早くなる。注意点として「仰向けに寝かせない」「のどに入った血は吐かせる」などがあげられる。

▶ 専門試験 幼稚園教諭分野

〈熱中症〉

　熱中症は体の体温調節機能の破綻により，塩分や水分が不足する現象である。よって，塩分や水分の補給，体の冷却が求められる。ただし，患者は体温調節機能がなく，冷房の効いた場所に急に入れると悪化する恐れがあるので，木陰などの場所に移動する，衣服を緩める等によって体温の上昇を防ぐ。水分補給を行う場合は小児用のスポーツ飲料，食塩水(0.1〜0.2％程度)を用意する。

〈のどのつまり〉

　のどに何か詰まった場合は「背部叩打法」「腹部突き上げ法」があり，幼児に対しては「背部叩打法」のみ行うことが推奨される場合が多い。「背部叩打法」は頭を体より低く保ち，手のひら全体で肩甲骨間を強く叩く方法。「腹部突き上げ法」は片方の手で握り拳をつくり，患者のへそ上方に当てる。もう片方の手で握り拳をつかみ，素早く手前上方に圧迫しながら突き上げる方法である。「腹部突き上げ法」は患者の内臓を損傷する可能性があるため，実施後は必ず医師の診察を受ける。

演習問題

1 幼稚園における幼児の病気や怪我の対応に関する記述の内容として適切なものの組み合わせを，あとの①〜⑤から1つ選びなさい。

(難易度■■□□□)

A　幼児がインフルエンザにかかった場合，感染予防のために，熱が37.5℃を下回るまでは幼稚園への登園を休ませる。

B　幼児が熱中症になった場合，軽症のときは涼しい場所で水分と塩分を補給して対応するが，意識障害が見られるようなときは，ただちに救急要請する。

C　ノロウイルスの発生が疑われる場合，幼児のおう吐物は，感染を防ぐために塩素系の消毒液を使用して処理する。

D　幼児が園庭で転んですり傷を負った場合，動き回って病原菌が入ったりしないように，その場でまず消毒液を傷口にすり込む。

①　A・B　　②　A・C　　③　A・D　　④　B・C　　⑤　B・D

学校保健・安全

2 感染症の説明として適切なものの組み合わせを，あとの①〜⑤から1つ選びなさい。 (難易度■■□□□)

A　おたふくかぜは，耳の下で顎の後ろの部分(耳下腺)が片側または両側で腫れ，痛みや発熱を伴う感染症で，幼児期から学童期に感染が多い。

B　プール熱は，水中のウイルスにより体表面が熱をもって赤くなる皮膚の疾患で，プールでの感染が多いため夏に流行しやすいが，一度感染すると免疫ができる。

C　はしかは，発熱，咳，目やにやコプリック斑と呼ばれる口内の斑点，および全身の発疹を主症状とし，感染力が非常に強いが，一度感染すると免疫ができる。

D　りんご病は，果実や野菜類に含まれる細菌によって起こる感染症で，発熱のほか，舌の表面にブツブツの赤みができるのが特徴で，学童期に感染が多い。

① A・B　② A・C　③ A・D　④ B・C　⑤ B・D

3 ノロウイルス感染症に関する記述の内容として適切なものの組み合わせを，あとの①〜⑤から1つ選びなさい。 (難易度■■□□□)

A　感染すると平均1〜2日の潜伏期間を経て，吐き気，おう吐，下痢などの症状があらわれ，発熱をともなうこともある。

B　食物摂取のほか，血液，体液を通じて感染する病気で，感染力が強くないので成人の症例は少なく，抵抗力の弱い乳幼児や児童に患者が集中する。

C　ノロウイルスは，食中毒の原因としても非常に多く，また，吐物や便などを通じて人から人へ感染するため，衛生管理面の予防が重要である。

D　ノロウイルスワクチンを用いると免疫がつくられ，数か月の予防効果が得られるため，接種は流行期である冬季の少し前に行うようにする。

① A・B　② A・C　③ A・D　④ B・C　⑤ B・D

4 学校保健安全法施行規則における感染症の種類として正しいものの組み合わせを，次の①〜⑤から1つ選びなさい。 (難易度■■■□□)

147

専門試験　幼稚園教諭分野

	第1種	第2種	第3種
①	マールブルグ病	百日咳	コレラ
②	百日咳	マールブルグ病	コレラ
③	コレラ	麻しん	パラチフス
④	パラチフス	麻しん	ペスト
⑤	麻しん	ペスト	パラチフス

5 「救急蘇生法の指針2020(市民用)」(厚生労働省)に基づく一次救命処置における心肺蘇生の方法に関する記述として適当でないものを，次の①〜⑤の中から1つ選びなさい。　　　　　　　　　　　　(難易度■■■□□)

① 傷病者を発見した際に，応援を呼んでも誰も来ない場合には，すぐ近くにAEDがあることがわかっていても，傷病者から離れないことを優先する。

② 約10秒かけて呼吸の観察をしても判断に迷う場合には，普段どおりの呼吸がないと判断し，ただちに胸骨圧迫を開始する。

③ 人工呼吸の技術に自信がない場合や，直接，傷病者の口に接触することをためらう場合には，胸骨圧迫だけを行う。

④ 胸骨圧迫は，傷病者の胸が約5cm沈み込むように強く圧迫し，1分間に100〜120回のテンポで絶え間なく行う。

⑤ 突然の心停止直後に，しゃくりあげるような途切れ途切れの呼吸がみられた場合には，ただちに胸骨圧迫を開始する。

6 救急処置に関する説明として最も適切なものを，次の①〜⑤から1つ選びなさい。　　　　　　　　　　　　　　　　　(難易度■■■□□)

① 鼻血が出たときは，出血がひどくならないように顔を天井に向かせて座らせるか，仰向けに寝かせて，鼻に脱脂綿等を詰め，10分程度指で鼻を押さえる。

② 漂白剤や石油を飲んだときは，急いで吐かせる。

③ 骨折と開放創からの大出血があるときは，まず骨折の処置を行ってから止血の処置を行う。

④ 頭部の打撲でこぶができたときは，患部を冷たいタオル等で冷やし，安静にして様子を観察し，けいれんや意識障害が見られるような場合はただちに救急搬送する。

⑤ 指を切断したときは，傷口にガーゼ等を当てて圧迫止血し，切断され

学校保健・安全

た指を直接氷水入りの袋に入れて，傷病者とともに医療機関へ搬送する。

7 熱中症の救急処置に関する内容として適当でないものを，次の①〜⑤から1つ選びなさい。　（難易度■■■■□）

① 独立行政法人日本スポーツ振興センターの統計によると，昭和50年から平成27年までの学校の管理下におけるスポーツによる熱中症死亡事例は，屋外で行う野球が最も多いが，屋内で行う柔道や剣道でも多く発生しているため，注意が必要である。

② 子どもの口渇感は大人より劣るとともに，大人よりも大きな「体表面積(熱放散するところ)/体重(熱産生するところ)」比を有することから，熱しやすく冷めにくい体格特性をもっており，熱中症のリスクが高くなる。

③ 呼びかけや刺激に対する反応がおかしかったり，呼びかけに答えがなかったりするときには，誤って気道に入ってしまう危険性があるので，無理に水を飲ませてはいけない。

④ 現場での冷却処置としては，水をかけてあおいだり，頸，腋下，足の付け根の前面などの太い血管のある部分に，氷やアイスパックを当てたりする方法が効果的であるが，市販のジェルタイプのシートは体を冷やす効果がないため，熱中症の処置にはむかない。

⑤ 救急処置は病態によって判断するよりⅠ度〜Ⅲ度の重症度に応じて対処するのがよい。

8 気道異物の除去に関する内容として適切なものを，次の①〜⑤から1つ選びなさい。　（難易度■■■■□）

① 背部叩打法は，傷病者の後方から手掌基部で左右の肩甲骨の中間を力強く，連続して叩く方法をいうが，乳児には行ってはいけない。

② 異物により気道が閉塞し，傷病者に反応がなくなった場合には，異物の除去を最優先する。

③ 腹部突き上げ法は，内臓を損傷する恐れがあるため，握りこぶしを傷病者のみぞおちの上方に当て，ゆっくりと圧迫を加えるように行う。

④ 背部叩打や腹部突き上げを試みても窒息が解消されない場合には，ただちに119番通報する。

⑤ 傷病者が咳をすることが可能であれば，異物が自然に排出されることがあるため，できるだけ咳を続けさせる。

▶ 専門試験　幼稚園教諭分野

9 次の文は，「学校のアレルギー疾患に対する取り組みガイドライン〈令和元年改訂〉」(令和2年3月25日，文部科学省初等中等教育局健康教育・食育課　監修)の一部である。空欄A～Eに入る語句をア～サから選ぶとき，最も適切な組み合わせはどれか。あとの①～⑤から1つ選びなさい。

(難易度■■■■■)

　アレルギーとは，本来人間の体にとって有益な反応である免疫反応が，逆に体にとって好ましくない反応を引き起こすことです。

　最も頻度が多いのがIgE抗体([　A　]の一種)によるアレルギー反応です。いわゆる「アレルギー体質」の人は，花粉や食べ物など本来無害なもの(これらがアレルギーの原因になるとき[　B　]と呼ばれます)に対してIgE抗体を作ってしまいます。そして，その[　B　]が体の中に入ってくると，皮膚や粘膜にあるマスト細胞というアレルギーを起こす細胞の上にくっついているIgE抗体と反応して，マスト細胞から体にとって有害な症状をもたらす

[　C　]などの物質が出て，じんましんやかゆみ，くしゃみや鼻水などのアレルギー反応を起こしてしまうのです。

　児童生徒等のアレルギー疾患は食物アレルギー，アナフィラキシー，気管支ぜん息，アトピー性皮膚炎，アレルギー性結膜炎，アレルギー性鼻炎などがありますが，病気のメカニズムとしては共通な部分が多く，反応の起きている場所の違いが疾患の違いになっていると考えることもできます。メカニズムが共通であることから，いくつかのアレルギー疾患を一緒にもっている(合併)児童生徒等が多いことにも気をつけなければなりません。たとえば，ほとんどのぜん息児は[　D　]も合併しており，[　D　]の児童生徒等はぜん息にもなりやすいことがわかっています。

　児童生徒が食物アレルギー及びアナフィラキシーを発症した場合，その症状に応じた適切な対応をとることが求められます。発症に備えて医薬品が処方されている場合には，その使用を含めた対応を考えてください。

　緊急時に備え処方される医薬品としては，皮膚症状等の軽症症状に対する内服薬とアナフィラキシーに対して用いられる[　E　]の自己注射薬である「エピペン®」があります。アナフィラキシーに対しては，早期の[　E　]の投与が大変に有効で医療機関外では同薬のみが有効と言えます。

ア　インシュリン　　　　イ　リンパ液　　　　ウ　アトピー性皮膚炎

エ　抗原　　　　　　　　オ　アドレナリン　　カ　ウイルス

150

学校保健・安全

| | キ | アレルゲン | | | ク | 免疫グロブリン | | ケ | 細菌 |
| コ | アレルギー性鼻炎 | サ | ヒスタミン |

	A	B	C	D	E
①	ク	キ	サ	コ	オ
②	イ	キ	サ	ウ	ア
③	ク	カ	エ	ウ	ア
④	イ	キ	エ	コ	ア
⑤	ク	カ	サ	コ	オ

10 健康診断に関する記述として適切なものを，次の①～⑤から1つ選びなさい。 (難易度■■■□□)

① 定期健康診断は毎年5月30日までに実施する。

② 健康診断は健康障害の有無の判定にのみ用いる。

③ 幼稚園で定期健康診断を行った後，総合判定の結果は，14日以内に保護者に通知しなくてはならない。

④ 幼稚園では，幼児の定期健康診断だけでなく，隔年で職員の健康診断も実施しなくてはならない。

⑤ 幼稚園の健康診断に際して，保健調査，事後措置も必要である。

解 答・解 説

1 ④

解説

学校保健安全法施行規則第19条の出席停止の期間の基準において，インフルエンザは，「発症した後5日を経過し，かつ，解熱した後2日(幼児にあっては，3日)を経過するまで。」と定められている。また，すり傷の応急処置の基本は，砂やゴミなどの異物を除去するため，傷口を水道水で洗い流すことである。浅い傷は，その後，創傷被覆材で保護する。また，出血が止まらないような深い傷は，清潔なガーゼ等で直接圧迫を行いながら，できるだけ早く医療機関を受診する。

2 ②

解説

B 「一度感染すると免疫ができる」が誤り。アデノウイルスは種類が多い

151

▶ 専門試験　幼稚園教諭分野

だけでなく，免疫がつきにくいとされており，1つの型のアデノウイルスに感染しても，他のアデノウイルスに何度もかかることがある。

D　発症すると，蝶翼状の紅斑が頬に出現して両頬がリンゴのように赤くなることから，りんご病と呼ばれている。ヒトパルボウイルスB19が原因となる感染症で，幼児期から学童期を中心に流行する。

3 ②
解説

ノロウイルスは感染によって，胃腸炎や食中毒を発生させるもので，特に冬季に流行する。手指や食品などを介して経口で感染する場合が多く，ヒトの腸管で増殖し，おう吐，下痢，腹痛などを起こす。子どもやお年寄りなどでは重症化し，吐物を気道に詰まらせて死亡することもある。ノロウイルスについてはワクチンがなく，また，治療は輸液などの対症療法に限られる。

4 ①
解説

学校保健安全法施行規則第18条第1項による。

5 ①
解説

そばにAEDがあることがわかっている場合には，自分で取りに行く。

6 ④
解説

① 顔を上に向かせると，鼻血がのどに流れ，飲み込んでしまうことがあるので，上を向かせたり，仰向けに寝かしてはいけない。

② 腐食性の強い強酸，強アルカリなどは，吐かせると気道の粘膜にひどいただれを起こす。石油製品は，吐かせると気管へ吸い込み，重い肺炎を起こす。

③ 人間の全血液量は，体重1kg当たり約80mLで，一度にその$\frac{1}{3}$以上を失うと生命に危険がある。出血には，動脈からの出血と静脈からの出血がある。開放創による大出血は，直ちに止血しなければならないので，骨折の治療より優先する。

⑤ 指が切断されたときには，まず直接圧迫止血を行い，直ちに医療機関に搬送する。その際，切断された指は洗わずにガーゼにくるみ，ビニー

152

学校保健・安全

ル袋に入れる。氷を入れた別のビニール袋の中に，指の入ったビニール袋を入れて，医療機関に持参する。

7 ②
解説

思春期前の子どもは，汗腺のような体温調節能力が発達していないため深部体温が大きく上昇し，熱中症のリスクが高い。なお，子どもは大人より熱しやすく冷めやすい体格特性をもつ。

8 ⑤
解説

異物除去の方法としては腹部突き上げ法(ハイムリック法)と背部叩打法の2種類がある。異物除去の際，基本的には腹部突き上げ法を優先させる。しかし，内臓を痛めることがあるため，傷病者が妊婦と乳児の場合は背部叩打法を行う。また，心肺蘇生を優先し，異物が取れるまで続ける必要がある。③は，みぞおちの上方ではなく下方に当てる。

9 ①
解説

学校におけるアレルギー疾患には，平成20年に作成された「学校のアレルギー疾患に対する取り組みガイドライン」に基づき対応することとされており，10年ぶりに改訂されたのが出題の資料である。これには，「学校生活管理指導表(アレルギー疾患用)」に示されている，食物アレルギー，アナフィラキシー，気管支ぜん息，アトピー性皮膚炎，アレルギー性結膜炎，アレルギー性鼻炎について，ガイドラインが設定されている。なお，アナフィラキシー症状を来した児童生徒を発見した場合，救命の現場に居合わせた教職員が自ら注射できない状況にある児童生徒に代わって注射を行うことは，医師法違反にあたらず，人命救助のため行った行為については，責任はないと考えるのが一般的である。

10 ⑤
解説

学校保健安全法施行規則を参照。
① 幼稚園の定期健康診断は毎年，6月30日までに実施することになっている。

153

② 定期健康診断では，幼児の健全な発育，発達のために，栄養状態に重
　点をおきつつ，疾病や異常など健康障害の早期発見と予防に留意する。

③ 総合判定の結果は，定期健康診断を実施後21日以内に保護者に通知す
　ることになっている。

④ 職員が結核などの感染症にかかっていると，当然，幼児に感染してし
　まうため，職員も毎年健康診断を受けることになっている。

⑤ 正しい。特に，疾病や異常が見つかった際の事後措置は，その疾病な
　どによって対応が変わることもあるので，注意する。

学校保健・安全 ◀

学校安全

≡ POINT ≡

▶▶ 幼稚園における防災教育

　「『生きる力』を育む防災教育の展開」(平成25年改訂版，文部科学省)によると，防災教育において「必要な知識や能力等を児童生徒等に身に付けさせるためには，その発達の段階に応じた系統的な指導が必要」としている。そして，幼稚園段階における防災教育の目標・内容，および年齢別の目標例を次のように示している。

【目標】
　安全に生活し，緊急時に教職員や保護者の指示に従い，落ち着いて素早く行動できる幼児

【内容】
〈知識，思考・判断〉
・教師の話や指示を注意して聞き理解する。
・日常の園生活や災害発生時の安全な行動の仕方が分かる。
・きまりの大切さが分かる。
〈危険予測・主体的な行動〉
・安全・危険な場や危険を回避する行動の仕方が分かり，素早く安全に行動する。
・危険な状況を見付けた時，身近な大人にすぐ知らせる。
〈社会貢献，支援者の基盤〉
・高齢者や地域の人と関わり，自分のできることをする。
・友達と協力して活動に取り組む。

【年齢別の目標例】
〈3歳児〉
・園生活を通して，安全と危険を意識していくようになる。
・教職員と共に避難行動がとれるようになる。
〈4歳児〉
・安全に生活するための決まりが分かり，気を付けて行動できるようになる。
・災害時に教職員の指示を聞き，素早く避難行動がとれるようになる。

▶ 専門試験　幼稚園教諭分野

〈5歳児〉
・安全，危険な場所や行動が分かり，自分で考えて行動できるようになる。
・災害時に落ち着いて指示を聞き，素早く避難行動がとれるようになる。

　さらに幼稚園教育要領では幼稚園における安全について「危険な場所，危険な遊び方，災害時などの行動の仕方が分かり，安全に気を付けて行動する」としており，留意事項として「生活の全体を通じ，幼児が様々な体験を積み重ねる中で相互に関連をもちながら次第に達成に向かうものであること」「内容は，幼児が環境に関わって展開する具体的な活動を通して総合的に指導されるものであること」としている。

▶ 防災マニュアル作成の注意点

　防災マニュアルは学校保健安全法第29条第1項を根拠として，各学校で作成されている。幼稚園では広範囲から送迎バスを利用し園児が登降園する，保護者がすぐに園児を迎えられない，といった特徴があるため，これらの事項を踏まえたマニュアルを作成する必要がある。ここでは「学校防災マニュアル(地震・津波災害)作成の手引き」から，幼稚園の特性に応じた防災マニュアル作成時の留意点の一部を掲載する。

〈事前の危機管理〉
・引き渡しに向けた体制整備，配慮を要する幼児への対応
〈事後の危機管理〉
・多様な保育形態の中での災害発生を想定し，保護者引き渡しまでの手順を明確化する
・避難先となることを想定した体制整備
〈多様な状況下での避難訓練(例)〉
　一斉活動遊び・食事などの園内保育時，朝や午後の預かり保育時，園庭開放時，登降園時における幼児引き渡し時，園外保育時，徒歩等登降園中，送迎バス運行中

▶ 災害発生後の心のケア

　災害発生後における乳幼児の反応について，「学校における子供の心のケア」(平成26年，文部科学省)では，全体的な状況把握はできず，トラウマを「怖かった」「寒かった」「いっぱい歩いた」といった表現で表すことが多いとされている。災害を経験した乳幼児は，その後成長・発達したときに災害

学校保健・安全

の全体像を認識し，トラウマが再現する可能性があることに注意しながら健康観察を行うとしている。

　また，家族や近親者が亡くなった場合，子どもは心理的なよりどころを急に失うことになる。一般的に子どもは悲嘆するが，教員としては子どもの気持ちに寄り添いながら，自然回復を見守るのがよいとされている。また，その人が亡くなったという現実を受け止めること，故人についての話題をタブー視せず，折に触れて語り合うことが必要とされている。

演習問題

1 「『生きる力』を育む防災教育の展開」（平成25年3月改訂，文部科学省）に示されている，幼稚園における日常の安全指導のポイントとして不適切なものを，次の①～⑤から1つ選びなさい。　　　　(難易度■■■■□)

① 　体を動かして遊ぶことを通して，危険な場所や事物，状況などがわかったり，危険を回避するにはどうしたらよいか学び取れるようにする。

② 　幼児の個人差，興味関心の方向性を把握し，一人一人に応じた指導を行う。

③ 　幼児の行動の中で見られた「ヒヤリとした行動」や「ハッとした出来事」については，帰りの会など落ち着いた場で全体に指導し，理解を深めるようにする。

④ 　安全指導の内容は，幼児が自分のこととして理解を深められるよう，具体的に伝える。

⑤ 　生活の様々な場面で，困ったことが起きたとき，危険を感じたときなどには，直ちに教職員に伝えることについて指導を繰り返す。

2 次の文は，「学校防災マニュアル(地震・津波災害)作成の手引き」（平成24年3月，文部科学省)に述べられているものである。（　ア　）～（　オ　）に当てはまる語句の組み合わせとして適切なものを，あとの①～⑤から1つ選びなさい。　　　　(難易度■■■■□)

(1) 　学校防災マニュアルは，

　　1. 安全な（　ア　）を整備し，災害の発生を未然に防ぐための事前の（　イ　）

　　2. 災害の発生時に（　ウ　）かつ迅速に対処し，被害を最小限に抑えるた

157

▶ 専門試験　幼稚園教諭分野

めの発生時の(　イ　)

3. 危機が一旦収まった後，(　エ　)や授業再開など通常の生活の再開を
図るとともに，再発の防止を図る事後の(　イ　)の三段階の(　イ　)に
対応して作成する必要があります。

(2)　地震を感知(実際に揺れを感じた場合や緊急地震速報受信時)したと同
時に(　オ　)のための初期対応を図ることが必要です。

日常の指導や避難訓練等によって児童生徒等自身の判断力・行動力を
養っておくことが，(　オ　)につながります。

	ア	イ	ウ	エ	オ
①	環境	危機管理	適切	心のケア	安全確保
②	施設	危機管理	適切	衣食住の調達	安全確保
③	環境	防災計画	安全	心のケア	安全確保
④	施設	防災計画	安全	心のケア	避難行動
⑤	環境	防災計画	適切	衣食住の調達	避難行動

3 次の文は，「学校における子供の心のケア―サインを見逃さないために―」
(平成26年3月，文部科学省)に述べられているものである。(　ア　)～
(　オ　)に当てはまる語句の組み合わせとして適切なものを，あとの①～
⑤から1つ選びなさい。　　　　　　　　　　(難易度■■■■□)

・被災時，乳幼児だった子供への対応

幼児期には，子供が体験した被災内容が(　ア　)を生じさせる衝撃とな
りますが，乳幼児期の子供は全体的な(　イ　)に対する理解はほとんどで
きていないと考えられます。つまり，被災したときに，誰とどこにいて，
どのような体験をしたかが(　ア　)の強弱に影響するのですが，幼児期は
自らの体験を(　ウ　)に判断することも(　エ　)することも難しい時期と言
えます。そのため，(　ア　)を「怖かった」「寒かった」「いっぱい歩いた」
などといった表現で表すことが多いと思われます。

この時期に被災した子供たちは，その後成長，発達するにつれて，自ら
の体験の意味を理解して衝撃の全体像を認識することになります。そのた
め，数年後，被災した時の怖さを思い出す出来事に遭遇したときに，
(　ア　)が再現する可能性があることを念頭においた(　オ　)が必要です。

158

	ア	イ	ウ	エ	オ
①	ストレス	状況	客観的	言語化	心のケア
②	トラウマ	災害	客観的	内省化	心のケア
③	トラウマ	状況	客観的	言語化	健康観察
④	ストレス	災害	一般的	言語化	健康観察
⑤	ストレス	状況	一般的	内省化	心のケア

4 「『生きる力』をはぐくむ学校での安全教育」(平成31年3月，文部科学省)の「第2章　第3節　安全教育の進め方」に関する内容として適切なものを，次の①〜⑤から1つ選びなさい。　　　　　(難易度■■■□□)

① 学校における安全教育は，体育科・保健体育科，技術・家庭科及び特別活動の時間においてのみ行うものである。

② 学校行事における安全に関する指導について，表面的，形式的な指導とともに具体的な場面を想定するなど適切に行うことが必要であるが，小学校においては，発達段階を考慮し，表面的，形式的な指導を行う。

③ 安全教育は，視聴覚教材や資料を活用するだけで十分に効果を高めることができる。

④ 安全教育は，学校教育活動全体を通じて計画的な指導が重要であり，そのためには，学校安全計画に適切かつ確実に位置付けるなど，全教職員が理解しておく必要がある。

⑤ 安全教育と安全管理は，密接に関連させて進めていく必要があるが，日常の指導では，学校生活の安全管理として把握した児童生徒等の安全に関して望ましくない行動は取り上げる必要はない。

解答・解説

1 ③

解説

　出題資料の第5章　1　(2)　①日常生活の中で安全(防災)に関する意識や態度を高める指導からの出題である。「帰りの会など落ち着いた場で全体に指導し，理解を深めるようにする。」が誤り。行動から時間を置かずに対象幼児へ指導し，理解を深めるようにする。

2 ①
解説

「学校防災マニュアル(地震・津波災害)作成の手引き」は文部科学省が作成した，地震・津波が発生した場合の具体的な対応について参考となるような共通的な留意事項をとりまとめたもの。学校保健安全法第29条第1項において児童生徒等の安全の確保を図るため，危険等発生時に職員が講じるべき措置の内容や手順を定めた危機管理マニュアル(危険等発生時対処要領)を各学校が作成することとされており，その参考となるよう作成されたものである。

3 ③
解説

特に注意したい用語はアのトラウマである。トラウマは，本来もっている個人の力では対処できないような圧倒的な体験をすることによって被る，著しい心理的ストレスを指す。トラウマは心的外傷後ストレス障害(Posttraumatic Stress Disorder, PTSD)の発症につながる場合がある。用語の違いを確認しておきたい。

4 ④
解説

「学校安全資料『生きる力』をはぐくむ学校での安全教育」は，安全教育，安全管理，組織活動の各内容を網羅して解説した総合的な資料として，平成13年11月に作成され，その後の学校保健法の改正，学習指導要領の改訂を踏まえて平成28年3月に，さらに「学校事故対応に関する指針」(平成28年3月)の策定や学習指導要領の改訂等を踏まえて平成31年3月に改訂されている。
① 「体育科・〜及び特別活動の時間においてのみ行うもの」が誤り。「安全教育は，体育科・保健体育科，技術・家庭科及び特別活動の時間はもとより，各教科，道徳科及び総合的な学習の時間などにおいてもそれぞれの特質に応じて適切に行うよう，学校教育活動全体を通じて計画的な指導が重要であり，そのためには，学校安全計画に適切かつ確実に位置付けるなど，全教職員が理解しておく必要がある。」とされている。
② 「小学校においては，発達段階を考慮し，表面的，形式的な指導を行う。」が誤り。小学校においても「避難訓練など安全や防災に関する学校行事については，表面的，形式的な指導に終わることなく，具体的な

学校保健・安全

場面を想定するなど適切に行うことが必要である。」とされている。

③ 「視聴覚教材や資料を活用するだけで十分に効果を高めることができる。」が誤り。「安全教育の効果を高めるためには，危険予測の演習，視聴覚教材や資料の活用，地域や校内の安全マップづくり，学外の専門家による指導，避難訓練や応急手当のような実習，誘拐や傷害などの犯罪から身を守るためにロールプレイングを導入することなど，様々な手法を適宜取り入れ，児童生徒等が安全上の課題について，自ら考え主体的な行動につながるような工夫が必要である。」とされている。

⑤ 「日常の指導では〜児童生徒の安全に関して望ましくない行動は取り上げる必要はない。」が誤り。日常の学校生活における指導として「児童生徒等の安全に関して望ましくない行動を取り上げ，適切な行動や実践の方法について考え」させるとしている。

161

専門試験　幼稚園教諭分野

教育史・教育心理

教育史

　教育史に関する出題では、人物と業績が中心に出題されている。ここでは、出題頻度が高い人物を中心に掲載する。

○ロック(1632〜1704年)
　イギリスの思想家・哲学者。イギリス経験論の大成者で、すべての知性は経験から得られるという「精神白紙説〈タブラ＝ラサ〉」は、人の発達における環境優位説につながった。主著に『人間悟性(知性)論』がある。

○ルソー(1712〜78年)
　フランスの思想家。教育的主著『エミール』の冒頭「造物主の手から出るときはすべて善いものである」という信念のもと、自然に従う教育(自然主義教育)や、自然に先立って教育をしてはいけないという消極的教育を主張した。児童中心主義の立場から、注入より自発性を、言語より直観や経験を重視した。

○ペスタロッチ(1746〜1827年)
　スイスの教育思想家・実践家。言語中心の主知主義教育を批判し、知的・道徳的・技能的な能力の調和的な発達を目指し、直接経験や感覚を通じた教授(直観教授)を展開した。また、幼児教育における家庭の役割を重視し、「生活が陶冶する」教育の原則を示した。主著に『隠者の夕暮』などがある。

○フレーベル(1782〜1852年)
　ドイツの教育家で、世界最初の幼稚園の創設者。子どもの本質を神的なものとし、不断の創造によってその本質が展開されると考え、子どもの遊戯や作業を重視した。また、そのための教育遊具として「恩物」を考案した。主著に『人間の教育』がある。

○エレン＝ケイ(1849〜1926年)
　スウェーデンの婦人思想家。主著『児童の世紀』では、20世紀は子どもが幸福になり、解放される時代と主張し、20世紀初頭の児童中心主義保育を求

める新教育運動に大きな影響を与えた。

○デューイ(1859〜1952年)

アメリカのプラグマティズムの代表的哲学者。シカゴ大学に実験学校(デューイ・スクール)を開設し，実生活における必要性から子どもが自発的に問題を発見し，解決していく問題解決学習を考案，実践した。また，個人の環境との相互作用を経験と呼び，教育において，経験が連続的に再構成されていく過程を教育の本質ととらえた。主著に『学校と社会』『民主主義と教育』がある。

○モンテッソーリ(1870〜1952年)

イタリアの医師であり，幼児教育の実践家・思想家。幼児教育施設「子どもの家」での経験を活かし，感覚重視の幼児教育法(モンテッソーリ・メソッド)を確立した。主著に『子どもの発見』がある。

○松野クララ(1853〜1941年)

ドイツ人。フレーベル創設の養成校で保育の理論や実践を学んだ。日本人と結婚して日本に居住し，東京女子師範学校附属幼稚園創設当時の首席保母として「恩物」の使い方や遊戯など，日本に初めてフレーベルの教授法を導入した。

○倉橋惣三(1882〜1955年)

日本において児童中心主義を提唱し，幼稚園教育の基礎を築いた幼児教育研究者。1917年に東京女子高等師範学校附属幼稚園の主事となった。フレーベルの教育精神のもと，子どもの自発性を尊重し，自由な遊びの中で子どもの自己充実を援助できる環境を構築する「誘導保育」を提唱した。

演習問題

1 次の記述のうち誤っているものを，①〜⑤から1つ選びなさい。

(難易度■□□□□)

① シュテルンは人間の発達について，遺伝的要因と環境的要因の輻輳説を唱えた。

② ロックは教育万能論に対して疑問を投げ掛けた。

③ ルソーは消極教育論を提唱し，「子どもの発見者」と称された。

④ フレーベルは世界で最初の幼稚園を設立した。

⑤ デューイは問題解決学習を提唱した。

163

▶ 専門試験　幼稚園教諭分野

2 次の人物に関する記述として適切なものを，①〜⑤から1つ選びなさい。
(難易度■■■□□)

① 羽仁もと子は玉川学園を創設し，全人教育や労作教育を目指した。

② 及川平治は東京高等師範学校附属訓導として綴方教授を提唱した。

③ 倉橋惣三は東京女子高等師範学校幼稚園主事を務め，「幼児教育の父」と呼ばれる。

④ 澤柳政太郎は「児童の村小学校」を設立した。

⑤ 谷本富は「婦人と子ども」を編集し，『幼稚園保育法眞諦』の著書がある。

3 次のA〜Cは幼児教育について述べたものである。それぞれア〜キのどの人物と関係が深いか。正しい組み合わせを，あとの①〜⑤から1つ選びなさい。
(難易度■■■■□)

A　どんなに貧しくても，どんなに不良な子どもでも，神からすべての子どもたちに人間性の力を与えられている。道徳的な人間を育てるには健全な家庭生活が営まれなければならず，教育においても家庭の温かさが不可欠である。

B　子どもは本来神的な存在なので，教育者は子どもがもともと持っているものを実現させるよう手助けし，そのことに気づいていない子どもに，自覚させ表現するよう導くことである。

C　自然は子どもが子どもらしくあることを望んでいる。大人になったら必要になるからといって，美徳や知識を積極的に子どもに教える必要はない。できるだけ子どもの自然のよさを残し伸ばしてやればよい。

ア　ルソー　　　　　イ　ロック　　　ウ　モンテッソーリ
エ　ペスタロッチ　　オ　フレーベル　カ　デューイ
キ　マラグッツィ

① A−ア　　B−ウ　　C−オ

② A−エ　　B−キ　　C−オ

③ A−エ　　B−カ　　C−ア

④ A−イ　　B−ウ　　C−カ

⑤ A−エ　　B−オ　　C−ア

4 次は，保育思想の歴史に関する記述である。A〜Dの記述は，ア〜エの

教育史・教育心理

うちどの人物のことか。正しい組み合わせを，あとの①〜⑤から1つ選び
なさい。　　　　　　　　　　　　　　　　　　　　(難易度■■■□□)

A　知識の一方的な伝達を中心とした伝統的な学校教育を批判し，教育と
　は，経験を繰り返すことによって成長し，その成長を高めるようにさら
　に経験を絶え間なく再組織し改造することであると主張した。

B　人間は誕生の瞬間から知的な働きが存在することを明らかにし，子ども
　の知能や発達に関して，科学的な理論構築を行い発達段階説を提唱した。

C　スラム街に住む貧しい労働者の子どもたちを収容するために「子ども
　の家」を開設した。そこで，子どもたちは自分自身の感覚をとおして世
　界の様子を知るということに気づき，子どもの発達に適した環境設定や
　遊具の必要性を唱えた。

D　自分が自分を作り上げていくことによって子どもは発達するという児
　童中心主義に基づく児童教育と婦人の母性的使命を唱え，新教育運動，
　婦人解放運動に大きな影響を与えた。

　　ア　エレン・ケイ　　イ　モンテッソーリ　　ウ　ピアジェ
　　エ　デューイ

①　A−ア　　B−イ　　C−エ　　D−ウ
②　A−イ　　B−ア　　C−ウ　　D−エ
③　A−エ　　B−ウ　　C−イ　　D−ア
④　A−ウ　　B−エ　　C−ア　　D−イ
⑤　A−エ　　B−イ　　C−ウ　　D−ア

5　次の文は，『モンテッソーリ法』についての記述である。(A)〜
(C)に当てはまるものをア〜キから選ぶとき，正しい組み合わせを，
あとの①〜⑤から1つ選びなさい。　　　　　　　(難易度■■□□□)

　　子どもは自分を(A)する動機を本来もっており，自分自身の(B)
をとおして外の世界についての知識を学ぶ。子どもの発達に適した環境に
置かれるとき，その子どもは興味をもって自発的に学ぶことができる。し
たがって，教育とは，子どもがそうした自分の要求に応えてくれるような
環境に置かれたときに，自らが自発的に学んでいく(C)な過程だという
ことができる。

　　ア　動的　　イ　認識　　ウ　知識　　エ　啓発
　　オ　本質　　カ　静的　　キ　感覚

165

▶ 専門試験　幼稚園教諭分野

① A－イ　　B－オ　　C－カ

② A－エ　　B－キ　　C－ア

③ A－イ　　B－キ　　C－カ

④ A－エ　　B－ウ　　C－ア

⑤ A－イ　　B－ウ　　C－カ

6 次のA～Cは教育史上の人物の著作の冒頭の一文であり，a～cはその著作である。またア～ウは，人物の教育思想に関係ある語である。これらの人物，冒頭の一文，著作，関係ある語を組み合わせたとき，正しいものを，あとの①～⑤から1つ選びなさい。　　　　　　　　（難易度■■■□□）

A　創造主の手から出るときにはすべてがよいが，人間の手になるとすべてが悪くなっていく。

B　玉座の上にあっても，木の葉の屋根の陰に住まっても，その本質において同じ人間。

C　万物のなかに，一つの永遠の法則があって，作用し，支配している。

〔著作・関係ある語〕

　a　『隠者の夕暮』　　b　『エミール』　　c　『人間の教育』

　ア　消極教育　　イ　万有内在神論　　ウ　直観のABC

① フレーベル　　——A—— b ——イ

② フレーベル　　——B—— b ——ウ

③ ルソー　　　　——C—— a ——ア

④ ペスタロッチ　——B—— a ——ウ

⑤ ペスタロッチ　——C—— c ——イ

7 次の記述に該当する人物を，あとの①～⑤から1つ選びなさい。

（難易度■■■□□）

　明治18年，内閣制度の発足に伴い，初代文部大臣に就任。欧米の先進国の文明を導入し，日本の富強を図るための国家主義教育をとなえ，この目的の実現に向けて学校制度の改革，教育内容の改善，教員養成方針の確立に尽力した。明治19年に小学校令・中学校令・帝国大学令・師範学校令を公布し，近代学校制度の土台を固めた。また，教科書の検定制度を初めて実施。教育内容の改善を図り，「学校及其程度」により国家的基準を明示した。師範教育に関しては，国民教育の根幹をなすものとして重視し，順良・

信愛・威重の三気質を教育目標に据え，その実現のために全寮制による軍隊式教育を行った。

① 倉橋惣三　　② 福沢諭吉　　③ 森有礼　　④ 新渡戸稲造
⑤ 大隈重信

8 幼稚園と保育所について公的に示されたものを発表年順に正しく並べたものを，次の①～⑤から1つ選びなさい。　　(難易度■■■■■)

① 保育要領―幼稚園と保育所の関係について―幼児教育振興プログラム
② 保育要領―幼児教育振興プログラム―幼稚園と保育所の関係について
③ 幼稚園と保育所の関係について―保育要領―幼児教育振興プログラム
④ 幼稚園と保育所の関係について―幼児教育振興プログラム―保育要領
⑤ 幼児教育振興プログラム―保育要領―幼稚園と保育所の関係について

9 教育史に関する記述について適切なものを，次の①～⑤から1つ選びなさい。　　(難易度■■■■■)

① 貝原益軒は日本で最初の体系的教育書といわれる『養生訓』を著した。
② 明治13年の改正教育令では国家の統制色が強くなり，道徳が学科目の首位に置かれ，徳育重視となった。
③ 明治19年の小学校令で尋常小学校の6年間が就学義務とされ，法令上の義務教育制度が明確になった。
④ 大正時代には，子どもの個性・自発性を尊重する児童中心主義教育の理論と実践を，倉橋惣三が指導した。
⑤ 大正7年，北原白秋が児童文学・童謡の雑誌『赤い鳥』を創刊，芸術教育運動を展開した。

解答・解説

1 ②

解説

① シュテルン(1871～1938)は人間の発達は遺伝と環境の相互作用によって生じると考えた。
② ロック(1632～1704)は人間の精神を「白紙(タブラ・ラサ)」と捉え，後天的な教育を重視した。よって誤り。

167

▶ 専門試験　幼稚園教諭分野

③　フランスの啓蒙思想家ルソー(1712～78)は『エミール』で教育について論じた。

④　フレーベル(1782～1852)は教育遊具「恩物」の考案者で，主著に『人間の教育』がある。

⑤　デューイ(1859～1952)は経験主義的教育論を展開。主著に『学校と社会』など。

2 ③
解説

①　羽仁もと子(1873～1957)が設立したのは自由学園で，自労自作の生活中心主義教育を行った。玉川学園の創設者は小原國芳(1887～1977)。

②　及川平治(1875～1939)は「分団式動的教育」を実践した兵庫県明石女子師範学校附属小学校主事であり，綴方教授を提唱したのは芦田恵之介(1873～1951)。

③　正しい。

④　澤柳政太郎(1865～1927)は成城小学校の設立者。「児童の村小学校」を設立したのは野口援太郎。

⑤　「婦人と子ども」を編集し，『幼稚園保育法眞諦』を著したのは倉橋惣三。谷本富は日本初の教育学博士。

3 ⑤
解説

Aはペスタロッチ，Bはフレーベル，Cはルソーがあてはまる。各人物の詳細はポイントを参照。マラグッツィ(1920～1994)はイタリアで行われた幼児教育の革新的実践，レッジョ・エミリアのリーダー。

4 ③
解説

エレン・ケイはスウェーデンの社会思想家，教育学者，女性運動家として幅広く活躍。「20世紀は児童の世紀」だとして新教育運動を展開した。モンテッソーリは貧困家庭の子どもたちを収容するためにローマに「子どもの家」を創設。「幼児は本来自己啓発する動機をもっている」として，そのための遊具も開発した。ピアジェはスイスの20世紀最大の心理学者といわれる。大人と質量的に異なる子どもの思考を出生から青年期まで4つの発達段階で区分し幼児教育にも大きな影響を与えた。デューイは20世紀前半を

教育史・教育心理

代表する哲学者,教育改革者で,多様な人々とともに生きる民主主義の考え方に立ち,共同活動を重視,美的・道徳的な意味を含め,あらゆるものが共同活動から生まれてくると説いた。

5 ②

フレーベル同様,モンテッソーリも幼稚園教育で忘れてはならない人である。彼女は1870年,イタリアに生まれた。当時,男性に限られていた医学部へ入学し,イタリアで初の女性医学博士となる。医師となった彼女がまず力を注いだのは,悲惨な状況に置かれていた障害児の教育だった。そこで,障害児であっても健常児に匹敵する学習能力があることを知る。その後,ローマのスラム街に住む子どもたちのために,彼らを収容する「子どもの家」を創設した。こうした実践のなかで,子どもは自分自身の感覚をとおして世界を学ぶのであり,本来,その欲求をもっていることに気づく。そして,その欲求に応えられるような環境に置かれるとき,子どもは自らのかかわりのなかで成長すると考えた。その考えに基づいて集中力や感覚,知識を豊かにする遊具も開発した。

6 ④

Aはルソー(1712〜78)の『エミール』の冒頭の一文である。外からの強制的な詰め込み教育(「積極教育」)でなく,子どもの自然の成長力や活動性に応じた自然による教育(「消極教育」)を主張する。Bはペスタロッチ(1746〜1827)の『隠者の夕暮』の冒頭の一文である。彼は,人間はすべて平等の人間性を有するとし,すべての人間に内在している諸能力を開発し,伸長していくのが教育の基本であるとした。また豊かな直観こそが言葉の獲得や思考力の発達の基礎になることを強調し,直観を構成する要素として「直観のABC(数・形・語)」をあげている。Cはフレーベル(1782〜1852)の『人間の教育』の冒頭の一文である。神が宇宙の中心であり神によって万物は生かされており(万有内在神論),人間は創造的存在であり,子どものなかに宿る神的なもの(神性)を開発することこそが教育の本質であるとした。神から子どもたちへの贈り物を意味する「恩物」という教育遊具を考案している。したがって,ペスタロッチ・B・a・ウの組み合わせの④が正しい。

7 ③
解説
① 倉橋惣三は東京女高師附属幼稚園の主事を長年務め，幼児教育の発展に尽くした児童心理学者。
② 「学問のすゝめ」を著した慶應義塾大学の創設者。
③ 日本の初代文部大臣・森有礼は，教育こそが富国強兵の根本，良妻賢母教育は国是とすべきであるとし，強力な国家主義教育政策を推進した。明治20年には学位令を発令し，日本における学位制度を定めたほか，さまざまな学校制度の整備を行い，近代国家としての教育制度の確立を目指した。黒田清隆内閣においても留任したが，明治22年，大日本帝国憲法発布式典の当日，凶刃に倒れた。
④ 札幌農学校に学び，日本文化の海外への紹介に努めた，農学者・教育者。
⑤ 第8代，第17代内閣総理大臣にして早稲田大学の創設者。

8 ①
解説
昭和23年に当時の文部省が刊行した「保育要領」は幼稚園だけでなく，保育所や家庭にも共通する手引きとして作られた。同38年に文部省，厚生省の連名で出された「幼稚園と保育所の関係について」は，両者の機能が異なることを示し，保育所の持つ機能のうち，教育に関するものは幼稚園教育要領に準ずることが望ましいとした(幼稚園は文部省の管轄，保育所は厚生省の管轄)。平成13年に文部科学省が策定した「幼児教育振興プログラム」では「幼稚園と保育所の連携の推進」を掲げ，幼稚園と保育所の共用施設の運営などに関する実践研究の実施や，研修の相互参加などが示された。

9 ④
解説
① 貝原益軒はたしかに『養生訓』を著しているが，日本で最初の体系的教育書といわれているのは『和俗童子訓』。同書では，子どもの早期教育や徳育の重要性を説き，その後の寺子屋教育や明治以降の小学校教育の基礎となった。
② 明治13年の改正教育令で学科目の首位に置かれたのは道徳ではなく，

修身。

③　明治19年の小学校令では尋常小学校の3〜4年間が就学義務とされた。6年間に延長されたのは，明治40年である。

④　適切。倉橋惣三に対し，社会中心主義といわれた城戸幡太郎は，庶民の子どもたちの生活に目を向け，「社会協力の訓練」を説いたことも押さえておきたい。

⑤　『赤い鳥』は鈴木三重吉が北原白秋らの協力を得て赤い鳥社を設立，創刊した。

▶ 専門試験　幼稚園教諭分野

教育心理

≡ POINT ≡

　教育心理では基礎的な用語とその意味に関して出題実績がある。ここでは出題頻度の高い教育心理に関連する人物と用語をいくつか掲載する。

▶ 教育心理に関連する人物

○S.フロイト(1856〜1939年)

　オーストリアの精神科医。精神分析の創始者。精神不調の背景には無意識や幼児期の抑圧された体験があるとし，それを明らかにする自由連想法や夢分析を考案した。また，人の精神構造をイド(本能)，自我，超自我からとらえ(構造論)，その力関係を想定したパーソナリティ理論や，抑圧を始めとした心の防衛メカニズムを提唱した。

○ピアジェ(1896〜1980年)

　スイスの発達心理学者。子どもの観察研究から，子どもは生まれたときから環境と相互作用しており，環境に対する認識の枠組み(シェマ)が段階的に(質的に)変化していくと考え，思考の発達段階をまとめた。段階には，感覚運動期，前操作期，具体的操作期，形式的操作期の4つがあり，幼児期は前操作期にあたり，自他の区別が難しい自己中心性にもとづく思考が特徴であるとした。

○ブルーナー(1915〜2016年)

　アメリカの認知・発達心理学者，教育学者。学習者自らが能動的に知識生成までのプロセスをたどりながら，帰納的に小さな発見を積み重ね，知識や知的能力を習得していくという発見学習の提唱者。また，ヴィゴツキーの発達の最近接領域を援用して，言語学習の支援システムとしての「足場かけ」の概念を提唱した人物でもある。

○ハヴィガースト(1900〜91年)

　アメリカの教育社会学者。生涯発達を6段階に区分し，各段階の発達課題をまとめた。発達課題には①身体の成熟，②文化の圧力，③個人の欲求や価値観が関わり，身体運動技能，知識・判断などの認知，パーソナリティや自我の発達，そして社会的役割が含まれ，発達課題の達成が次なる課題の達成につながると考えた。

○エリクソン(1902〜94年)

アメリカの心理学者。アイデンティティ，モラトリアムなどの概念を提唱した。S.フロイトの心理・性的発達理論に社会・歴史的発達観を統合した漸成発達論(心理社会的発達段階説)をまとめた。各段階の発達課題は心理社会的危機と呼ばれ，その危機を乗り越えることを発達と捉えた。

〇ワトソン(1878〜1958年)

アメリカの心理学者。刺激と反応をセットで行動理解しようとする行動主義の主唱者。恐怖の条件づけ実験を行い，環境条件を操作することで，どんな特性でも獲得できることを主張した。環境優位説の代表的人物である。

〇カナー(1894〜1981年)

アメリカの児童精神科医。「情緒的接触の自閉的障害」という論文で初めて自閉症の症例を報告。アスペルガーと並び，自閉症研究の基礎を作った。また，緘黙(言葉を発しない状態)を①小児分裂病，②小児自閉症，③重度知的障害によるもの，④聾唖によるもの，⑤ヒステリー性のもの，⑥心因性のものに分類した。

〇ウェクスラー(1896〜1981年)

知能を「目的的に行動し，合理的に思考し，環境を効果的に処理する総合的な力」と定義し，ウェクスラー知能検査を開発した。検査は適用する年代別に幼児用(WPPSI)，児童用(WISC)，成人用(WAIS)の3つがある。知能構造を診断する診断的検査であり，知能指数には偏差知能指数(DIQ)が用いられる。

▶ 適応機制

人は欲求不満や葛藤といった現象が起こると，無意識のうちに心の安定を求めるようになる。このはたらきが適応機制であり，その方法にはいくつか種類がある。ただし，適応機制は欲求不満や葛藤そのものを解消するものではない。よって，欲求不満や葛藤が再発することが多い。

〈主な適応機制〉
- **補償**…自分の不得意分野を他の面で補おうとする。
- **同一化**…自分にない名声や権威に自分を近づけることで，自分を高めようとする。
- **合理化**…もっともらしい理由をつけて，失敗等を正当化しようとする。
- **抑圧**…失敗等を心の中に抑え込み，忘れようとする。
- **攻撃**…いわゆる八つ当たりや規則を破ったりすることで不満を解消する。

▶ 専門試験　幼稚園教諭分野

▶▶ 外発的動機付けと内発的動機付け

　動機付け(モチベーション)は「目的や目標に向かって行動を起こし，達成までそれを持続させる心理的過程」を指す。「外発的」はその動機付けを外部環境に求めるもの，具体例として報酬や社会的地位の向上があげられる。一方，「内発的」は自分の心的なものから来るもので，「自分は頼られている」「楽しそうだ」といった認識による。動機付けは変化し得るもので，最初はいやいややっていた作業がやってみると面白く，自分から積極的に行うようになった，といった例が考えられる(外発的→内発的)。

▶▶ ピアジェの認知発達段階説

　ピアジェの認知発達段階説は，子どもは生まれたときから成長に伴い，認知力も発達していくとし，その認知発達を4つの段階に分けて捉えたもの。年齢によって段階を分けており，1段階目(0〜2歳)を感覚運動期，2段階目(2〜7歳)を前操作期，3段階目(7〜11歳)を具体的操作期，4段階目(11歳〜)を形式的操作期としている。幼稚園児が該当する第2段階はイメージや表象を用いて考えて行動したりできるようになるが，論理的・推測的な思考は乏しく，自己中心性(中心化)が抜けていない時期としている。

演習問題

1 次のア〜オは，ピアジェの考えについての記述である。正しく述べられたものの組み合わせを，あとの①〜⑤から1つ選びなさい。

(難易度■■■□□)

ア　子どもの思考は，大人の思考と比較すると，質的な違いがある。

イ　子どもは言語を作り出す能力をもって生まれてくるので，言語は自らの力で獲得するものであり，大人から教えられて身に付けるものではない。

ウ　幼児期に多いひとりごとは，自己中心性の現れであり，社会的言語の発達によって消失する。

エ　子どもの道徳的判断は，動機論的判断から結果論的判断へと移行していく。

オ　人間には，誕生の瞬間から知の働きが存在する。

① イ，ウ，オ　　② ア，ウ，オ　　③ イ，エ，オ
④ ア，イ，エ　　⑤ ウ，エ，オ

174

教育史・教育心理

2 次の学説を唱えたのは誰か。あとの①〜⑤から1つ選びなさい。

(難易度■■□□□)

　乳幼児の発達は，筋肉や神経などが内部で成熟することによって行われるが，年齢をその内的成熟の度合いを表す指標とした。それによって，「一般に，何歳ならこういう行動がとれ，何歳になればこういうこともできるようになる」と，年齢別に典型的な行動が記述できるとした。

①　ピアジェ　　②　ワトソン　　③　ファンツ　　④　フロイト
⑤　ゲゼル

3 学習と動機に関する記述として適切なものを，次の①〜⑤から1つ選びなさい。

(難易度■■■□□)

①　「叱られるといやだから勉強する」というのは，内発的動機づけによる行動である。

②　教師が期待をかけ，優秀な生徒として扱うことでより高い学習効果をあげるようになるのは，アタッチメントによる効果である。

③　運動技能の学習においても，ある程度までできるようになったところで学習が停滞してしまうことを，プラトー(高原現象)と呼ぶ。

④　子どもが楽しんで課題に取り組んでいる時にごほうびを与えることでそのやる気を維持できることを，アンダーマイニング効果と呼ぶ。

⑤　学習課題の達成に競争の要素をもたせ，子どものやる気を引き出す工夫は，内発的動機づけである。

4 幼児期の心理の特徴として適切なものを，次の①〜⑤から1つ選びなさい。

(難易度■■■□□)

①　幼児の心性の特徴である自己中心性は，他人を思いやったり，自分の欲求を抑えて譲ったりすることができず，利己的であることを意味する。

②　幼児が石や木などすべてのものに心があると感じる心性を，人工論という。

③　ピアジェの発達段階論において，幼児期は前操作期であり，数，量，重さなどの保存概念を獲得する。

④　幼児期の心性の特徴として，物事の見かけで判断せず，本質をとらえる直観的思考がある。

⑤　幼児のごっこ遊びは，あるものを別のものに見立てる象徴機能が発達

175

■▶ 専門試験　幼稚園教諭分野

することで生じる重要な発達のしるしである。

5 防衛機制についての記述として適切なものを，次の①～⑤から1つ選び
なさい。　　　　　　　　　　　　　　　　　　（難易度■■■■■）

① 自分にとって認めたくない内的な不安や欲求を，他人の側のものとみ
なすことを，同一化という。

② 自覚すると自我が傷つくような衝動，感情，欲求を抑圧し，正反対の
行動を取ることを，昇華という。

③ 心理的な葛藤が麻痺やヒステリーなどの身体症状などとして表出され
ることを，転換という。

④ 状況にうまく適応できないときに，より幼い発達段階に戻ることに
よって困難な状況を解決しようとすることを，補償という。

⑤ 子どもが，ほしかった玩具が手に入らなかったとき，「あの玩具は面白
くないから，いらない」と言うのは抑圧の防衛機制によるものである。

解 答・解 説

1 ②

解説

　ピアジェは，人間には誕生の瞬間から知の働きがあるとし，環境との相
互作用の中で，環境内の情報に対する認識の枠組み(シェマ)が，質的に変
化していくことを発達ととらえた。よって**ア**と**オ**は適切。**イ**は言語獲得に
おける生得説で有名なチョムスキーの説。**ウ**はピアジェの考えとして適切
であるが，幼児期のひとりごとについては，外言(コミュニケーション手
段)として獲得された言葉が，内言(思考の手段)としても用いられるように
なる過渡期に生じる現象であるというヴィゴツキーの考えが妥当であると
考えられている。**エ**はピアジェは道徳の発達についても言及していて，道
徳的判断は結果のみで判断する結果論的判断から，その動機に着目する動
機論的判断へと発達する，が正しい。

2 ⑤

解説

　ゲゼルは，発達は遺伝的要因で決めるとする成熟優位説を提唱した。レ
ディネスの概念も押さえておきたい。ゲゼルの発達の成熟優位説に対して，

176

教育史・教育心理

環境優位説の代表的人物である②のワトソンもあわせて押さえておきたい。①のピアジェの発達観は，子どもと環境との相互作用を想定しているので，相互作用説の立場である。③のファンツは言語をもたない乳児の視線を，その興味関心の指標として用いた選好注視法を開発した人物で，乳児研究のパイオニアとして有名なので押さえておきたい。

3 ③
解説

① 記述は外発的動機づけの例。内発的動機づけは自分の心的なものに動機づけられている状態。

② アタッチメントは「愛着」のこと。記述は「ピグマリオン効果」の説明である。

③ 適切。プラトー(高原現象)期間は，より高い水準に進むための準備期間であり，この期間を過ぎると，また学習が進行すると考えられている。

④ アンダーマイニング効果は，内発的動機づけに基づいていた行動に，外発的動機づけを与えることでやる気をかえって阻害すること。

⑤ 競争は学習そのものへの好奇心や個人的な達成欲を高めるものではなく，外発的動機づけである。

4 ⑤
解説

① 幼児の自己中心性は，自己の視点と他者の視点が未分化であるために，他者の視点が理解できないという発達的心性である。

② 記述の心性はアニミズムである。人工論は，外界や自然のすべての事象を人間あるいは神が作ったものと考える心性であり，いずれも自己中心性による世界観であると考えられている。

③ 前操作期は2〜7歳で，ものの見え方に左右される直観的思考が特徴。保存概念の獲得とは，見かけが変わってもモノの数量は変化しないと理解することである。前操作期は保存概念をもたず，見かけが変わるとその数量も変化したと考えてしまう。保存概念は前操作期後半から具体的操作期の間に獲得される。

④ 前操作期の後半(4〜7歳頃)は物事の分類分けや概念化が進むが，この時期は物の見かけにとらわれ，直観的に判断しやすい。

⑤ 適切。幼児期には今ここにないものをイメージ(表象)として思い浮か

177

▶ 専門試験　幼稚園教諭分野

べ，別のもので見立てる象徴機能が発達する。言語も象徴の1つであり，言語発達とも関連が深いことを押さえておきたい。

5 ③
解説

① 記述の防衛機制は，投影である。同一化は，不安や劣等感を解消するために，他者の特性を自分に取り入れようとすることである。

② 記述の防衛機制は，反動形成である。昇華は，抑圧した感情や衝動のエネルギーを，社会的に受け入れられる別の活動で表現することである。

③ 適切。例えば，園に通うことが子どもの不安や葛藤のもととなっている場合に，熱が出ることがある。

④ 記述の防衛機制は，退行である。補償は，自分が劣等感をもつ点をカバーし，欲求不満を補うために他の望ましい特性や自らの得意を強調しようとすることである。

⑤ 記述の防衛機制は，合理化である。抑圧は容認しがたい感情や欲求を無意識に抑え込んで気付かないようにすること。抑圧はもっとも基本的な防衛機制であり，爪かみや指しゃぶりの原因になることもある。

発達と実践

発達とは

≡ POINT ≡

▶ 発達とは

　人間は，出生から死にいたるまで，絶えず身体的，精神的にさまざまな変化を遂げるが，中でも成人期に達するまでの恒常的な変化の過程は成長・発達と呼ばれ，教育上特に重視される。古くから，発達は遺伝によるとする先天説と環境に規定されるとする後天説との対立論争があった。しかし1914年シュテルンが「遺伝も環境も」という輻輳（ふくそう）説を提唱して以来，この両者を統合する動きが高まり，相互作用説へと発展していった。人間の発達は複雑で多様な変化を示すが，その中にはいわゆる発達の原理と呼ばれる一般的な法則性が見出される。

▶ 発達の原理

　発達現象について共通に見られる法則性。
① 連続的に一定の順序をたどって進む過程である。
② 連続的でありながら，各時期において特にある領域の変化が顕著に目立つ。
③ 分化と統合の過程である。
④ 各側面は相互に関連しあって発達する。
⑤ 発達には個人差があり，それぞれの領域でそれぞれの速度・限界がある。

▶ 発達に関係した概念

〈発達〉
　体形や行動が，胎児から成人に向かう方向で変化していくこと。
〈成熟〉
　主として遺伝的に既定され，環境条件や後天的経験に左右されることの少ない，年齢にほぼ一定した発達の過程。学習と対比して用いられることが多い。

▶ 専門試験　幼稚園教諭分野

演習問題

1 次のア～カの言葉を幼児語と幼児音に分けたものとして適切なものを，あとの①～⑤から1つ選びなさい。　　　　　　　(難易度■■□□□)

〔言葉〕

ア　ちぇんちぇえ　　イ　おみじゅ　　ウ　わんわん

エ　くっく　　　　　オ　ぽうりゅ　　カ　じろうしゃ

① 幼児語－ア，イ，ウ　　幼児音－エ，オ，カ

② 幼児語－イ，エ，オ　　幼児音－ア，ウ，カ

③ 幼児語－イ，カ　　　　幼児音－ア，ウ，エ，オ

④ 幼児語－ウ，オ　　　　幼児音－ア，イ，エ，カ

⑤ 幼児語－ウ，エ　　　　幼児音－ア，イ，オ，カ

2 幼児期の発達に関する記述として適切なものを，次の①～⑤から1つ選びなさい。　　　　　　　(難易度■■■□□)

① 絵を描くとき，幼児が自分にとって印象の強い部分を大きく描くのは，幼児の象徴機能の発達によるものである。

② 幼児期の記憶の特徴は，意味を理解しながら覚える機械的記憶である。

③ 4～5歳の子どもの遊びは並行遊びが特徴であり，一緒に遊んでいるように見えても相互のやり取りは少ない。

④ 骨格がほぼ完成し，ボール投げ，跳躍などができるようになる。

⑤ 発達のつまずきが見られても，成長とともに消失するものもあり，必ずしも発達障害であるとは限らない。

3 幼児期の心身の諸機能の発達として正しいものの組み合わせを，あとの①～⑤から1つ選びなさい。　　　　　　　(難易度■□□□□)

ア　神経系，リンパ系が顕著に発達する。

イ　身体の急激な発達と性的成熟が進み，心理的離乳に向かう。

ウ　骨格が完成する。

エ　ボール投げ，跳躍などができるようになる。

オ　女子の体位が男子を上回る。

① ア，ウ　　② ア，エ　　③ イ，ウ　　④ ウ，エ

⑤ エ，オ

発達と実践

4 次は，保育における子どもの生活と発達の援助についての記述である。A〜Hにあてはまる語句をア〜ソから選ぶとき，正しい組み合わせを，あとの①〜⑤から1つ選びなさい。　　　　　　　（難易度■■■□□）

　子どもの発達は，様々な側面が絡み合って(**A**)に影響を与え合いながら遂げられていくものであり，子どもの発達を促すためには，大人側からの働きかけばかりでなく，子どもからの自発的・(**B**)な働きかけが行われるようにすることが必要である。したがって，幼稚園においては，一人一人の子どもが，安心して生活でき，また，発達に応じた適切な(**C**)と援助があたえられることにより，(**B**)，意欲的に活動ができるような(**D**)が構成されなければならない。

　このため，家庭や地域と連携を持った安定した子どもの生活と，子どもをありのままに見て，それを深く理解して受容する教師との(**E**)が重要である。

　子どもの活動には，強いて分けてみるならば，(**F**)，衣服の着脱や片付けなどのような生活習慣にかかわる部分と遊びを中心とする部分とがあるが，子どもの主体的活動の中心となるのは遊びである。自発的な活動としての遊びにおいて，幼児は心身全体を働かせ，さまざまな(**G**)を通して心身の調和のとれた全体的な発達の基礎を築いていくのである。この際，教師が遊びにどうかかわるのか，教師の(**H**)の基本を理解することが必要であり，そのために教師には，子どもの主体的な遊びを生み出すために必要な教育環境を整えることが求められる。さらに，教師には，子どもとの信頼関係を十分に築き，子どもと共によりよい教育環境をつくり出していくことも求められている。

ア　能力	イ　心身	ウ　食事	エ　相互
オ　発達	カ　刺激	キ　複雑	ク　環境
ケ　能動的	コ　信頼関係	サ　積極的	シ　遊び
ス　体験	セ　学習	ソ　役割	

① A－イ　　B－サ　　C－カ　　D－セ　　E－ス　　F－ウ
　　G－オ　　H－ソ

② A－キ　　B－ケ　　C－ア　　D－コ　　E－ソ　　F－セ
　　G－ク　　H－ス

③ A－キ　　B－ケ　　C－シ　　D－セ　　E－エ　　F－ウ
　　G－カ　　H－ア

181

▶ 専門試験　幼稚園教諭分野

④　A－サ　　B－ケ　　C－ク　　D－ソ　　E－コ　　F－セ
　　G－オ　　H－ス
⑤　A－エ　　B－ケ　　C－カ　　D－ク　　E－コ　　F－ウ
　　G－ス　　H－ソ

5 幼児期の手腕運動の発達段階を早い順に並べたものとして適切なものを，あとの①～⑤から1つ選びなさい。　　　　　　　　（難易度■■□□□）

ア　円・正方形の模写。はさみが使えるようになる。
イ　手の届くものを持って遊ぶ。
ウ　三角形を模写。箸をうまく使える。積み木を速く正確に揃えて積める。
エ　模倣して縦線を引く。積み木を押し付けるようにして5，6個積める。
オ　ひし形の模写。のこぎりが使える。

　①　イ－エ－ア－ウ－オ
　②　イ－ア－エ－ウ－オ
　③　エ－イ－ア－オ－ウ
　④　エ－イ－ウ－ア－オ
　⑤　イ－ア－ウ－エ－オ

解答・解説

1 ⑤

解説

　幼児語は，子どもが小さいときに親などの養育者が子どもに対して使い，そのために子どもが使うようになる言葉をいい，育児語とも呼ばれる。したがって，幼児語にはその家庭でだけ使われるものも含まれる。一方，幼児音は子どもの音声が発達する途上においてのもので，不明瞭に聞こえるものをいう。発音の発達スピードには個人差があるが，徐々に正しく発音できるようになる。ただし，聴力や口の中の機能・形態，知的発達の遅れが原因であることもあるので，よく観察する必要がある。

2 ⑤

解説

①　幼児期の思考の顕著な特徴として自己中心性がある。印象の強い部分を大きく描くのは，自分から見て目立つ点にのみ注意を集中する中心化

発達と実践

傾向の現れである。

② 幼児期の記憶の特徴は，繰り返されることによって意味と関わりなく覚える機械的記憶である。

③ 並行遊びは2〜3歳頃。4〜5歳頃になるとルールのある集団遊びができるようになる。

④ 幼児期には走行，ボール投げ，跳躍などができるようになるが，骨格が完成するのは青年期である。

⑤ 適切。乳幼児期は認知，知覚，運動機能などが未発達であるため，発達のつまずきが障害であるかどうかの見極めは難しい。家庭環境の聞き取りなどを行いながら慎重に見ていく必要がある。

3 ②
解説

幼児期には神経系，リンパ系が著しく発達する。脳の神経系は6歳頃には成人の90％に達し，リンパ系は7歳頃には成人の水準に達する。また，歩行から走行ができるようになり，ボール投げ，三輪車乗り，跳躍などができるようになる。女子の体位が男子を上回るのは，児童期後半頃の現象である。女子では10〜11歳，男子では12〜13歳頃から身体の急激な発達と性的成熟が進み，思春期(青年期前期)に入る。骨格が完成するのは青年期である。解答は**ア，エ**の②である。

4 ⑤
解説

Aは「絡み合って」ということから，**キ**か**エ**が考えられるが，「与え合いながら」ということから**エ**となる。**B**は前の語に「自発的」とあることから，似た意味の**ケ**となる。**C**と**D**はそれぞれ，「発達を促すためには，(省略)幼児の興味や関心に応じて必要な刺激が得られるような応答性のある環境が必要である」とされていることから**カ**と**ク**。**E**は**コ**が文面から自然と導かれる。**F**は「幼児の生活は，本来，(省略)具体的な生活行動に着目して，(省略)食事，衣服の着脱や片付けなどのような生活習慣に関わる部分と遊びを中心とする部分とに分けられる」ということから**ウ**。**G**は「幼児期は，自然な生活の流れの中で直接的・具体的な体験を通して，人格形成の基礎を培う時期である」とされ，幼児教育では体験が重視されるので，ここは**ス**。**H**はあとに「整えることが求められる」とあることから**ソ**が正解。な

▶ 専門試験　幼稚園教諭分野

お，「　　」内はいずれも，文部科学省が示した『幼稚園教育要領解説』
(平成30年2月，文部科学省)に示された解説である。

5 ①
解説

　幼児期の手腕運動の発達段階について，設問で扱っているのは，**ア**　3歳
児，**イ**　6か月児，**ウ**　5歳児，**エ**　2歳児，**オ**　6歳児の発達段階である。
また，上記以外に，次のような発達段階が認められる。3か月児：静止物に
手が届く。8，9か月児：手指で物を把握。12か月児：クレヨンの握り持ち。
18か月児：なぐりがき。積み木を2，3個積める。4歳児：積み木を押し付け
なしに積める。はさみで形を切り抜く。クレヨンを正しく持てる。教師は，
以上の発達段階を念頭に，子どもの表現する意欲を十分に発揮させられる
ように環境の整備などを図るようにする。

発達理論

▶ 発達理論

〈フロイトの精神分析的発達理論〉
　　人格発達を中心とした理論で，人間の心的エネルギーであるリビドーの向かう方向が人格発達を規定するとし，幼児体験を重視する。

〈エリクソンの心理社会的発達理論〉
　　精神分析的立場に基礎をおきながら，社会・文化的側面を重視し，人格発達の最も重要な課程を青年期の「**自我同一性(アイデンティティ)の発見**」においた。

〈ミラーやバンデューラの社会的学習説〉
　　人格発達を，条件づけやモデリングを中心とした**学習理論**で説明する。

〈ピアジェの発生的認識論〉
　　認知的発達を中心として，科学的思考に関する認識が個人内に発達する過程において，人類にいたる思考の発生の経過との関連で，実証的に明らかにされてきている。

〈ヴィゴツキーの認知発達説〉
　　社会・文化的遺産の蓄積と伝達を発達の主要因と考え，子どもの発達に際しての大人の教化を重視する。この理念が「**発達の最近接領域**」という概念で代表される。

▶ 発達に対する遺伝と環境の影響

　発達を規定する条件を明らかにすることは，心理学のみでなく，生物学などにおいても基本的問題である。古来「遺伝か環境か」について，多くの学説が提唱されてきている。歴史的には，どちらか一方を主として考える立場から，次第に両要因が何らかの形で関与すると考える立場が大勢を占めるようになった。

　両要因の関係について諸説が分かれているのが現状である。
　① 孤立要因説
　　　どちらか一方のみの要因が主であるとする説。遺伝的素質のみに発達が規定されるとする立場を「**生得説**」，主として環境を通しての学習が発達を規定するとの立場を「**経験説**」という。

▶ 専門試験　幼稚園教諭分野

②　加算的寄与説

　　遺伝も環境も発達に関与するが，その影響の度合いが異なるとする説。
シュテルンの「輻輳説」がその先駆。

③　相互作用説

　　遺伝要因と環境要因との相互作用の結果として発達現象が発現すると
の立場。

演習問題

1 ことばの発達に関する記述として適切なものを，次の①～⑤から1つ選
びなさい。　　　　　　　　　　　　　　　　　　（難易度■■■□□）

①　話しことばの習得は青年期以降でも可能であるが，自然な文法に従い
スムーズな会話をすることは難しくなる。

②　ヴィゴツキーによれば，子どものひとりごとは「自己中心的言語」である。

③　児童期には言語能力が著しく発達する。この時期を「ことばの爆発期」
ともいう。

④　1歳頃から「ママ」「ワンワン」などの意味のある語を話せるようにな
り，5歳頃からは3語文を話せるようになる。

⑤　3～4歳頃は命名期と呼ばれ，「これは何？」としきりに訊ね，身のまわ
りの物の名前を知りたがる。

2 発達に関する記述として適切なものを，次の①～⑤から1つ選びなさい。
　　　　　　　　　　　　　　　　　　　　　　　（難易度■■■■□）

①　現在は生後の環境が発達に大きく影響すると考える立場が優勢である。

②　環境閾値説によれば，身長などの身体的発達には環境の影響は小さい
と考えられる。

③　発達とは生後から成人期までの身体的・精神的変化である。

④　ゲゼルの成熟説では，訓練によってレディネスが促進され，成熟が早
まるとされる。

⑤　母親と過ごす時間が長い子どもは，ことばの発達が遅い傾向がある。

3 幼稚園で発音が不明瞭な子どもの指導として適切なものの組み合わせを，
あとの①～⑤から1つ選びなさい。　　　　　　　（難易度■■■□□）

186

発達と実践

ア 本人がはっきりと話すことが大切なので，本人が正しく発音するようになるまで待つ。

イ 友達と遊んでいるところにその子どもを連れていき，混じるようにいう。

ウ その子どもが自ら話したことに関心を寄せ，認め，自信がつくようにする。

エ 発音が不明瞭なままでは教育的な意味がないので，その子どもに話せそうな言葉を使った仕事を与え，とにかく不明瞭に発音する機会をなくす。

オ 耳の聞こえが悪くなるような病気にかかっていないかなど，原因となるものがないか確認する。

① ア，イ　② ア，ウ，オ　③ イ，ウ，エ　④ ウ，エ，オ
⑤ ウ，オ

4 愛着の形成に関する記述として適切なものを，次の①～⑤から1つ選びなさい。　(難易度■■□□□)

① 乳児は自分の生理的欲求を満たしてくれる人物に愛着を持つため，愛着の対象は必ずしも親しい人とは限らない。

② 人見知りは母子間の愛着が十分に形成されなかった子どもに見られる行動であり，愛着形成が十分な子どもは見知らぬ人にもすぐに親しみを持つ。

③ 適切な時期に愛着形成ができなかった子どもには，成長してからも人格的な障害が現れやすい。

④ アタッチメント理論では，乳児は情緒が十分に分化・発達していないため，自ら人に働きかけることができない依存的な存在であると考えられている。

⑤ 人手の少ない施設で育った子どもにはホスピタリズムの症状がみられるが，家庭で育った子どもにはみられない。

5 次の文は，幼稚園教育要領(平成29年3月告示)の安全に関する教師の指導についての記述である。適切な記述を○，不適切な記述を×とした場合の正しい組み合わせを，あとの①～⑤から1つ選びなさい。　(難易度■■■■□)

A 避難訓練などを通じて，災害などの緊急時に適切な行動がとれるように援助をしていくが，交通ルールに関しては，家庭が主体となり子どもが日常生活で身に付けていくべき事項である。

B 安全に関する指導では，危険な場所や事物などが子どもの生活や遊び

▶ 専門試験　幼稚園教諭分野

を通して理解できるように環境を設定していく。

C　幼稚園生活の中では，安全を確保するために，場合によっては厳しく
　指示したり，注意したりすることも必要である。

D　安全に関する指導では，子どもの情緒の安定を図ることが大切である。

　　　　A　B　C　D
①　○　○　×　○
②　○　×　○　×
③　×　○　×　×
④　×　×　○　○
⑤　×　○　○　○

6 次のア～エに記した発達の主な特徴を年齢の低いものから高いものへ並
べたものとして正しいものを，あとの①～⑤から1つ選びなさい。

（難易度■■■■□）

ア　大人のいいつけに従うよりも，自分や仲間の意思を重要視し，それを
　通そうとする。仲間同士の秘密の冒険ごっこなどを喜んでする。

イ　様々なことに興味をもち，「なぜ？」「どうして？」という質問が増える。

ウ　1つの目的に向かって少人数の集団で活動するようになる。互いに自分
　のしなければならないことや，ルールを守る必要性がわかるようにな
　り，集団としての機能を発揮できるようになってくる。

エ　それまでは何かと大人に頼り，大人との関係を中心に行動していた子
　どもも，一人の独立した存在として行動しようとするなど，自我が芽生
　えてくる。

①　イ－エ－ア－ウ
②　エ－イ－ウ－ア
③　エ－ア－イ－ウ
④　エ－ウ－イ－ア
⑤　イ－ア－ウ－エ

7 次の文のうち，入園時の教師の配慮について幼稚園教育要領（平成29年3
月告示）に照らした場合の不適切な記述の組み合わせを，あとの①～⑤から
1つ選びなさい。 （難易度■□□□□）

ア　特に3歳児の入園については，家庭との連携を緊密にする。

188

発達と実践

イ 幼稚園入園までに，排泄の自立と偏食なく食べられる態度を養うよう家庭に協力を依頼する。

ウ 幼稚園入園前に生活していた認定こども園や保育所などの場がある子どもに対しては，そこでの経験に配慮する。

エ 5歳児の入園については，心身の発達に問題のない限り子どもを見守る姿勢に重点を置く。

オ 家庭や幼稚園入園前に生活していた園での生活リズムに十分配慮する。

① イ，エ　　② イ，ウ　　③ エ，オ　　④ ア，エ

⑤ ウ，エ

8 遊びとその意義の組み合わせとして不適切なものを，次の①〜⑤から1つ選びなさい。　　　　　　　　　　　　　　　　　(難易度■□□□□)

① 積み木遊び————共同の用具を公平に使い，友達と協力してつくるなどの態度を養う

② すべり台————いろいろな感覚や運動能力の発達を促す

③ 砂遊び————興味をもって自由にのびのびと表現する力を養う

④ ごっこ遊び————簡単な社会の仕組みや人々の働きに興味をもたせる

⑤ 遠足————数量や図形などに対する興味や関心をもたせる

9 次の文の空欄(A)〜(D)に当てはまる語の組み合わせとして適切なものを，あとの①〜⑤から1つ選びなさい。　　　　(難易度■■■■□)

幼児同士が会話をするときは，その場所に相手がいるからしゃべっているだけであって，互いに正しく伝えたり，分かり合ったりしようという努力はしない。こういう言葉は(A)と呼ばれ，子ども特有の自己中心的思考の表れとみなされている。また，幼児は，困難な場面を切り抜けようと努めているときに(B)がしばしば出現するが，この場合は，幼児は言葉を思考の道具として用いているのである。それは，伝達のための言葉である(C)から，心の中で自問自答をし，考えをまとめていく(D)への過渡的形態とみることができる。(B)がみられなくなっていくのは，学齢期以降である。

① A－自己中心語　　B－ひとり言　　C－幼児音　　D－幼児語

② A－幼児語　　　　B－ひとり言　　C－外言　　　D－内言

③ A－幼児語　　　　B－吃音　　　　C－外言　　　D－内言

189

専門試験　幼稚園教諭分野

④　A－自己中心語　　B－ひとり言　　C－外言　　　D－内言
⑤　A－自己中心語　　B－吃音　　　　C－幼児音　　D－幼児語

10 次の文のうち，幼稚園教育要領(平成29年3月告示)に記載されている教育時間終了後の幼稚園の役割や教師の援助として，適切な記述を○，不適切な記述を×とした場合の正しい組み合わせを，あとの①～⑤から1つ選びなさい。　　　　　　　　　　　　　　　　(難易度■■■■■)

A　教育時間の終了後には，幼児教育の啓発のために保護者や地域の人々に機能や施設を開放する。

B　幼児期の教育に関する相談に応じたり，情報を提供したりする。

C　保護者同士の交流の機会を提供したりする。

D　地域における乳幼児期の教育・保育のセンターとしての役割を果たすよう努める。

	A	B	C	D
①	○	○	×	×
②	○	×	○	○
③	×	○	○	×
④	○	○	○	○
⑤	×	○	×	○

11 次はある実習生の教育実習の記録とそれに対する教師のコメントである。コメントの(A)～(F)に当てはまるものをあとのア～スから選ぶとき，正しい組み合わせを，あとの①～⑤から1つ選びなさい。　　(難易度■■□□□)

〈実習生の記録〉

　「実習3日目で，たくさんの子どもたちと交流するうちに，名前と顔が一致するようになった。

　登園してしょうた君に会ったら，「先生，おはよう」と挨拶されたので，「しょうた君，おはよう」と，名前をつけて言い返した。きのうの挨拶のときは名前が出てこず，「おはよう」と言い返しただけだったが，きょうのしょうた君はにこにこ笑って，きのうよりもうれしそうに感じた。砂場遊びでは，みんながいっしょになって遊ぶなかで，はやと君だけが遊びのなかに入らず，どこか元気がないのが気になった。こういうときに，どんな

190

声を掛けたらいいのだろうか，あとで藤田先生に尋ねることにしよう。積み木あそびのときは，子どもたちと遊ぶのに夢中になって，後片付けの時間になっているのを忘れてしまって，先生に注意されてしまった」。

〈教師のコメント〉

「実習3日目，多くの子どもと関わることができ，しかも名前と顔が一致したというのは，よかったですね。これは，クラスの子どもたちを(A)として見ていたあなたが，子ども一人一人を自立的な存在として，(B)として見るように変化したのです。記録するということは，何気なくやっていることを(C)させ，それまで気付かなかった気付きが与えられます。記録の中で，昨日と今日の違いが明らかになり，何もしていないはやと君のことが気になる，つまり，子どもの目に見えない(D)な状態に気付いたことは進歩です。新任の教師は先輩の先生方の(E)も欠かせませんが，それを積極的に求めていこうという姿勢もいいですね。そして，それを参考にしながら，今後，より具体的に，保育者の(F)も記録していくと，保育を振り返る資料として役に立つでしょう」。

ア 理論化	イ 愛情	ウ 助言	エ 人間	オ 援助
カ 忠告	キ 集団	ク 個人的	ケ 主観的	コ 個人
サ 意識化	シ 指導	ス 内面的		

① A-キ　B-コ　C-ア　D-ケ　E-カ　F-イ
② A-コ　B-エ　C-サ　D-ス　E-ウ　F-オ
③ A-エ　B-キ　C-サ　D-ク　E-シ　F-イ
④ A-キ　B-コ　C-サ　D-ス　E-ウ　F-オ
⑤ A-キ　B-コ　C-ア　D-ケ　E-シ　F-オ

解答・解説

1 ①

解説

① 適切。ことばなどいくつかの能力の習得には適期(敏感期)があり，その時期を逃すと難しくなる。野生児や社会隔離児はことばの習得が非常に困難であった例がある。

② ヴィゴツキーは，ひとりごとは外言(外部への伝達のためのことば)から内言(音声を伴わない思考のためのことば)への移行過程で現われると考え，「自己中心的言語」であるというピアジェの説を批判している。

▶ 専門試験　幼稚園教諭分野

③　児童期には言語能力が著しく発達するが,「ことばの爆発期」は2歳前後の幼児に見られる発達過程である。

④　3語文を話せるようになるのは2～3歳頃からである。

⑤　記述の命名期はおおむね1歳半～2歳頃にみられる。

2　②

解説

①　現在は遺伝と環境の相互作用説が優勢である。

②　適切。ジェンセンの環境閾値説では,特性によって環境要因から受ける影響の大きさが異なり,身長やことばなどはよほど劣悪な環境でない限り発達が進むが,学業成績などには環境が影響しやすいとされる。

③　発達とは生後から老年期までの変化である。

④　レディネス(準備性)促進は学習優位説に立つブルーナーによって提唱されたもの。ゲゼルは一卵性双生児の実験から,訓練が効果をあらわすには学習者の心身の成熟を待たなければならないと考えた。

⑤　ことばの発達は認知の発達と関連が深く,乳幼児期の養育者との応答的なコミュニケーションが重要である。

3　⑤

解説

　発音が不明瞭な子どもは他者との会話が成立しにくく,言語発達が遅れる傾向がある。そのため,他者との関わりの機会が減り,社会性の発達に影響が出る傾向にある。このような子どもの支援の主なポイントとしては,(1)原因を究明し,取り除くようにする,(2)子どもに好きな遊具で存分に遊ばせ,しだいに友だちとの遊びに誘導する,(3)積極的に話したことを認めてやり,自信をもたせる,(4)簡単な言葉を使った課題を与え,やりとげた後にプラスのフィードバックが必要である,などがあげられる。

ア　不適切。放置しているだけである。

イ　不適切。子どもの自由意志を尊重しておらず,友だちとの遊びを強制しているだけである。

ウ　適切。本人の好きなことに共感を示せば,言葉は出やすくなる。

エ　不適切。仕事や課題を与えるまではいいが,やりとげた時にほめてやらなくては,言葉の発達に導けない。

オ　適切。原因となる疾患等がないか確認している。

発達と実践

4 ③
解説
① 愛着は生理的欲求の充足だけでは形成されない。温かく情緒的な接触のある特定の人物に対して形成される。
② 人見知りは特定の人物との間に十分な愛着が形成されている場合に見られやすい行動である。
③ 適切。適時の愛着形成がなかった子どもには，成長後も情愛のなさ，反社会性などの特有の障害が認められる。
④ アタッチメント理論は，ボウルビィが提唱した心理学的概念で，乳児は誕生時から周囲に積極的に働きかける能動的な存在であると考えられている。
⑤ 家庭で育った子どもでも，養育者との間にアタッチメントの形成が不十分な場合はホスピタリズムの症状が現れる。

5 ⑤
解説
A・B・Dは，幼稚園教育要領「第2章 ねらい及び内容」の「健康」の「3 内容の取扱い(6)」に関連している。「安全に関する指導に当たっては，情緒の安定を図り，遊びを通して安全についての構えを身に付け，危険な場所や事物などが分かり，安全についての理解を深めるようにすること。また，交通安全の習慣を身に付けるようにするとともに，避難訓練などを通して，災害などの緊急時に適切な行動がとれるようにすること。」と記述されている。よって，Aは不適切，B・Dは適切。Cは，上記の箇書に関して幼稚園教育要領解説で述べていることなので適切。

6 ②
解説
アは6歳児，イは4歳児，ウは5歳児，エは3歳児の発達の主だった特徴である。幼児期は身体が成長するだけでなく，自我の芽生えから社会性が育つまでと，心も大きく成長する時期であり，その発達の段階に応じた教育指導を行うことが重要である。設問で示された以外の各年齢の特徴は以下の通り。3歳児：食事，排泄，衣類の着脱など基本的生活習慣の点で自立し始める。4歳児：全身のバランスをとる能力が育つ。自意識が芽生える。5歳児：友だちと活動する過程で社会性が育つ。物事の判断ができる基礎が培われる。言葉を介したコミュニケーションがとれるようになる。6歳児：

▶ 専門試験　幼稚園教諭分野

幼稚園で最年長児としての自信と誇りを持つようになる。創意工夫をした遊びを始め，思考力・認識力もついてくる。

7 ①
解説

　イ・エが不適切である。**ア・ウ・オ**については，幼稚園教育要領第1章「総則」第3「教育課程の役割と編成等」4「教育課程の編成上の留意事項」(2)「入園当初，特に，3歳児の入園については，家庭との連携を緊密にし，生活のリズムや安全面に十分配慮すること。また，満3歳児については，学年の途中から入園することを考慮し，幼児が安心して幼稚園生活を過ごすことができるよう配慮すること。」と記述がある。**イ**については，家庭に呼びかけたり，子どもの発達段階を聞き取ったりすることはあるが，必ずしも自立している必要はなく，このような記載もない。**エ**については，入園時の年齢は関係なく，不安が強い子どもであれば，多くの支えを必要としている。子どもの状況に応じて援助することが大切である。

8 ⑤
解説

　①～④の遊びには，設問中のもののほか，次のような意義がある。
① 　集中力，持続力をもたせる。数量や図形に興味をもち，理解する能力の芽生えを促す。
② 　身体を動かす楽しさを満足させる。友だちと仲良く，決まりを守って遊べるようになる。
③ 　解放感を味わい，情緒を満足，安定させる。友だちと喜んで遊んだり，協力したりする習慣や態度を養う。さまざまな感覚刺激を受けたり，道具を使うことの意味を学んだりできる。
④ 　想像力や空想力を豊かにする。友だちとグループを作って協力する態度を養う。
⑤ 　遠足には次のような意義がある。集団での行動の仕方を身に付ける。経験を豊かにし，感動を深める。友だちや保育者に対する親近の情を養う。幼稚園での生活に変化をつけ，生活を楽しくする。

9 ④
解説

　Aの子ども特有の自己中心的な思考の表れと目されているのは，自己中

心語である。これがわかっていれば、選択肢②と③は除外できる。Bの「ひとり言」は幼児期に多くみられ、言語能力・思考力の発達とともにみられなくなっていく。CとDは、文脈から対になっている言葉であることがわかる。Cは自分以外の、外界へ向かって発信する言葉であることから外語と呼ばれ、Dは自分自身の内的世界へ向かっての言葉であることから内語と呼ばれる。幼児語は育児語とも呼ばれ、養育者が幼児に対して使う言葉であり、そのために子どもが使うようになる言葉である。幼児音は音声の発達段階における、不明瞭な発音を伴った言葉をいう。吃音はどもることである。

解説

A 不適切。「幼児教育の啓発」ではなく、「子育て支援」である。保育所保育指針では、子育て支援の章が新たに新設されるなどしており、子育て家庭への支援は幼稚園でも重要である。

B, C 適切。他にも「幼児と保護者の登園を受け入れる」などの記載がある。

D 不適切。正しくは「幼児期の教育のセンター」である。このことについての記載は、「第3章 教育課程に係る教育時間の終了後等に行う教育活動などの留意事項 2」にある。

11 ④

解説

A, B 集団生活のなかで子どもたち一人一人を個人として尊重することが大切であると頭では分かっていても、実習生には学校などで学習してきた理論と実践が一致しない段階であるといえる。

C 記録することによって、自分の何気ない行動を意識化させ、それまで気付かなかったことを認識させることがよくある。

D 保育では、子どもの内面的な状態を適切に理解することも大切である。

E よりよい教師を目指すには、先輩の助言は欠かせない。とくに新任の段階では積極的に助言を求め、それを前向きに捉えて活かそうとすることが重要である。

F 幼稚園は子どもたちが適切な援助を行う教師と共に生活する場である。

第3章

専門試験
保育士分野

▶ 専門試験　保育士分野

専門試験　社会福祉

⊰ POINT ⊱

1. 社会福祉の意義
▶▶ 社会福祉とは何か

　日本国憲法第25条には，「すべて国民は，健康で文化的な最低限度の生活を営む権利を有する」とある。この基本的人権は，すべての国民に保障される「侵すことのできない永久の権利」にして，「現在及び将来の国民に与へられる」(第11条)ものである。

▶▶ 社会福祉の基本理念

　社会福祉は，全ての国民に対して，下記の各種の基本理念を実現する。

〈リハビリテーション〉

　全ての障害者に対して，人間たるにふさわしい状態を回復することである。私たちは，障害があっても，その人らしい生き方が実現できるよう，生活全般にわたって，つまり機能障害や能力障害の可能な限りの回復と同時に，社会的不利の回復を権利として保障しなければならない。

〈ノーマライゼーション〉

　全ての障害者に対して，健常者と同様に普通の生活条件・様式・環境を提供する社会を実現していくこと，誰もがごく当たり前に日常生活を送れることを目指す。

〈メインストリーミング〉

　アメリカにおける障害者福祉の理念として，特に1950年代の教育現場で起こった障害があるために教育の「本流」(mainstream)からはずされることがあってはならないとする考え方である。つまり，「心身に障害のある子どもを可能な限り制約の少ない環境の中で障害のない子どもと共に教育しようという動き」である。

社会福祉

〈自立生活運動〉

　重度の障害者が主体となって，1970年代に展開された障害者の新しい体系的な自立論であり，社会的影響力をもった思想でもある。新しい自立観は，自立困難とされた重度の障害者までもその主たる対象として含み得るような体系的な自立概念を提起した。

〈インクルージョン〉

　障害者(障害児を含む)，つまり特別なニーズをもつ人びとの教育を実現するために必要とされる基本理念。障害者のみならず，特別な教育的ニーズをもつ人びとをも「包含」できるような学校を創設し，そうした学校を含む社会のあり方の基本理念となっているのがインクルージョンである。

〈QOL(quality of life)〉

　生活の質ともいう。自分らしい生活や人生の満足感を高めることであり，より良い生活に焦点をあてた考え方のこと。

〈ウェルビーイング〉

　「個人の権利を保障し，自己実現を目指し，理想的な目標として掲げる福祉」を意味する。「ウェルフェア」が救貧的・慈恵的・恩恵的な思想を背景とし，社会的弱者への制度や援助観を指すのに使用されるのに対して，「ウェルビーイング」は，QOLの豊かさを示す概念としてウェルフェアよりも充実している。

2. 社会福祉の制度と法体系

　社会福祉関連法規は多数ある。ここでは代表的なものだけに限定して取り上げるが，法改正には常に目を配り，またその他の福祉関連法規についても概念や用語をよく理解しておきたい。

〈社会福祉法〉

　日本の社会福祉の目的・理念・原則と対象者別の各社会福祉関連法に規定されている福祉サービスに共通する基本的事項を規定した法律。従来の行政主導により措置の対象者及び内容を判断し，保護・救済を行ってきた仕組みとしての措置制度を一部改正し，社会福祉を利用者本位の制度として確立す

るため，福祉サービスの利用者の利益を保護し，地域福祉を推進することを可能にする目的を有する。1951年に社会福祉事業法として制定され，2000年に名称改正された。

〈生活保護法〉

日本国憲法第25条の生存権の理念に基づいて，国が生活困窮者に対して，その困窮度に応じた必要な保護を行ない，健康で文化的な最低限度の生活維持を保障するとともに，その自立を助長することを目的とした法律。1950年制定。

〈児童福祉法〉

児童の健全育成と福祉の増進を図ることを目的とする法律。1947年制定。その後，法改正により，「全て国民」から「全て児童」に主語が書き換えられた。改正第1条では，「全て児童は，児童の権利に関する条約の精神にのつとり，適切に養育されること，その生活を保障されること，愛され，保護されること，その心身の健やかな成長及び発達並びにその自立が図られることその他の福祉を等しく保護される権利を有する。」と示され，児童の権利として保障されることになった。

〈母子及び父子並びに寡婦福祉法〉

母子家庭の福祉を図るため，母子福祉法として1964年7月に公布・施行された。その後は法改正を行い，母子家庭に加えて，配偶者のない女子(寡婦)に対しても，そして現在では父子家庭にまで福祉の措置を講じるため，現行の名称に改められた。

〈介護保険法〉

要支援や要介護状態の者のために，保健医療サービスや福祉サービスの給付を目的とした法律。1997年12月に制定，2000年4月に施行された。

〈身体障害者福祉法〉

身体障害者の自立と社会経済への参加を促進することを目的とした法律。1949年制定。わが国の法律の名称として初めて「障害者福祉」を用いたのが同法であった。

〈知的障害者福祉法〉
　知的障害者の自立と社会経済への参加を促進することを目的とした法律。1960年に精神薄弱者福祉法として公布，1998年名称変更。

〈障害者総合支援法〉
　障害者の日常生活及び社会生活を総合的に支援するための法律。2005年，障害者自立支援法として制定。2012年に改正・改題。2013年度から難病のある人も同法の対象に含められた。

〈その他の重要な福祉関連法規〉
　日本赤十字社法，民生委員法，子ども・子育て支援法，児童虐待の防止等に関する法律，いじめ防止対策推進法，老人福祉法，高齢者の医療の確保に関する法律，障害者基本法，障害を理由とする差別の解消の推進に関する法律，発達障害者支援法，身体障害者補助犬法などがある。

3. 社会保障の制度

　社会保障制度とは，「社会保険」，「社会福祉」，「公的扶助」，「保健医療・公衆衛生」からなり，国民の生活を生涯にわたって支えるものである。

〈社会保険〉
　国民が病気，けが，出産，死亡，老齢，障害，失業など生活の困窮をもたらすいろいろな事故に遭遇した場合に一定の給付を行い，その生活の安定を図ることを目的とした強制加入の保険制度。病気やけがをした場合に誰もが安心して医療にかかることのできる医療保険，老齢・障害・死亡等に伴う稼働所得の減少を補填し，高齢者，障害者及び遺族の生活を所得面から保障する年金制度，加齢に伴い要介護状態となった者を社会全体で支える介護保険のことである。なお，広義の社会保険は，健康保険，介護保険，厚生年金保険，雇用保険，労災保険の5種類を指すが，狭義では健康保険，厚生年金保険，介護保険の3種類の総称として使われる。

〈社会福祉〉
　生活上の障害や困難を克服したり，緩和・予防することを社会的責任において援助し，社会構成員としての自立的な生活の回復をはかり，維持し，さらには向上させることを目的とした制度・政策・実践などの諸活動の総体。

▶ 専門試験　保育士分野

〈公的扶助〉

　生活に困窮する国民に対して，最低限度の生活を保障し自立を助けようとする制度。

〈保健医療・公衆衛生〉

　公衆衛生は，日本国憲法第25条第1項の生存権(健康で文化的な最低限度の生活を営む権利)を保障するために，同条第2項で規定されている生存権保障の柱の一つである。公衆衛生は個人だけではなく，集団及び社会全体を対象に，①直接国民に健康診断，予防接種，保健指導，特定の疾患の治療の援助，②保健医療従事者の教育体制の整備，保健医療機関の整備，③薬事行政，④食品衛生，⑤上下水道やごみ処理などの生活環境整備，⑥労働衛生，学校衛生，衛生統計など，健康の維持増進に関する活動分野は多岐にわたる。

4. 社会福祉の専門職・従事者

　福祉業務に従事する国家資格や専門職の中で代表的なものを掲載する。なお，国家資格は名称独占(資格を持っている人だけがその名称を名乗ることができる)であることに注意したい。

〈社会福祉士〉

　専門的知識及び技術をもって，身体上もしくは精神上の障害があること，または環境上の理由により日常生活を営むのに支障がある者の福祉に関する相談に応じ，助言，指導，福祉サービスを提供する者，または医師その他の保健医療サービスを提供する者その他の関係者との連絡及び調整その他の援助を行うことを業とする専門職。国家資格。

〈介護福祉士〉

　専門的知識及び技術をもって，身体上または精神上の障害があることにより日常生活を営むのに支障がある者につき心身の状況に応じた介護を行い，並びにその者及びその介護者に対して介護に関する指導を行うことを業とする専門職。国家資格。

〈精神保健福祉士〉

　専門的知識及び技術をもって，精神科病院その他の医療施設において精神障害の医療を受け，若しくは精神障害者の社会復帰の促進を図ることを目的

202

とする施設を利用している者の地域相談支援の利用に関する相談その他の社会復帰に関する相談又は精神障害者及び精神保健に関する課題を抱える者の精神保健に関する相談に応じ，助言，指導，日常生活への適応のために必要な訓練その他の援助を行うことを業とする専門職。国家資格。

〈介護支援専門員(ケアマネージャー)〉

　要介護者や要支援者の相談や心身の状況に応じるとともに，サービス(訪問介護，デイサービスなど)を受けられるようにケアプラン(介護サービス等の提供についての計画)の作成や市町村・サービス事業者・施設等との連絡調整を行う専門職。また，要介護者や要支援者が自立した日常生活を営むのに必要な援助に関する専門的知識・技術を有するものとして介護支援専門員証の交付を受けた者。

5. 援助技術

　社会福祉の援助活動を「ソーシャルワーク(相談援助)」と総称することができる。専門職としての社会福祉援助者には責任をもって職務を遂行するための専門性が求められる。この専門性は，福祉倫理，専門知識，専門技術から構成される。人間のウェルビーイングの増進を目指し，社会変革を進め，人間関係における問題解決を図り，人びとのエンパワメントと解放を促進する。人権と社会正義の原理がソーシャルワークの基本である。

〈バイステックの7原則〉

　バイステックの提唱したケースワークの7原則である。①個別化，②受容，③意図的な感情表出，④統制された情緒的関与，⑤非審判的態度，⑥利用者の自己決定，⑦秘密保持

〈コノプカのソーシャルグループワーク理論〉

　コノプカによれば，ソーシャルグループワークとはソーシャルワークの一つの方法であり，意図的なグループ経験を通じて，個人の社会的に機能する力を高め，また個人，集団，地域社会の諸問題により効果的に対処しうるよう人びとを援助するものである。

〈ロスのコミュニティ・オーガニゼーション理論〉

　ロスは，コミュニティ・オーガニゼーションの実践において，地域住民の

▶ 専門試験　保育士分野

共通の問題を発見し，住民が参加して計画的にその対策を図るプロセスを強調した。加えて，具体的に達成すべきタスク・ゴール(課題目標)とともに，住民参加の自己決定や協力的活動，そしてコミュニティの問題解決能力を向上させるプロセス・ゴール(過程目標)の設定を論及した。

6. 利用者保護制度

〈第三者評価制度〉

社会福祉事業者の提供するサービスの質について，当事者以外の公正・中立な第三者機関が専門的かつ客観的な立場から評価する制度。法的根拠：社会福祉法第78条。

〈苦情解決制度〉

福祉サービスの利用者がより快適なサービスを受けられるようにするため，利用者からの苦情を適切に解決する制度。法的根拠：社会福祉法第82条。

〈運営適正化委員会〉

福祉サービス利用者の苦情などを適切に解決し，利用者の権利を擁護する目的のために設置されている組織。法的根拠：社会福祉法第83条。

Q 演習問題

① 次のア～オのうち，社会福祉法に関する記述として正しいものの組み合わせを，あとの①～⑤から1つ選びなさい。　　　　　　　(難易度■■■■□)

ア　1951(昭和26)年に公布された社会福祉事業法を，2000(平成12)年に改正・改称したものである。

イ　社会福祉法の成立を受けて，2000(平成12)年，介護保険法が成立，施行された。

ウ　社会福祉法は社会福祉基礎構造改革の一環として成立した。

エ　社会福祉法における社会福祉事業とは，第1種社会福祉事業及び第2種社会福祉事業をいう。

オ　赤い羽根共同募金は，社会福祉法の共同募金の規定に基づいて，都道府県が行っている事業である。

①　ア，イ，ウ　　②　ア，オ　　③　ア，ウ，エ

204

社会福祉

④ イ，ウ　　　⑤ イ，エ，オ

2 次のア～オのうち，社会福祉の理念に関する記述として正しいものの組み合わせを，あとの①～⑤から1つ選びなさい。　　(難易度■■■□□)

ア　QOLとは「生活の質」と翻訳され，個人の生活に関する主観的な満足感をいう。

イ　ソーシャルインクルージョンとは，社会の中で孤立しやすい立場にある人々を社会連帯の中へ積極的に組み込もうとする考え方。

ウ　バリアフリーとは，すべての人にとって使いやすい製品，環境，情報づくりをめざす考え方のことである。

エ　ノーマライゼーションとは，発育に遅れがある者に適切な療育を与えることである。

オ　ユニバーサルデザインとは，すべての人に普通の生活を保障しようとする考え方である。

① ア，イ　　② ア，ウ　　③ ア，オ　　④ ウ，エ
⑤ ウ，オ

3 社会福祉の対象と主体に関する記述として適切なものを，次の①～⑤から1つ選びなさい。　　(難易度■■■□□)

①　社会福祉の援助の対象者は健康で文化的な最低限度の生活に欠く者と憲法に規定されている。

②　わが国において社会福祉の対象の拡大にともない，福祉サービスの利用料は応能負担から応益負担へと変わりつつある。

③　社会福祉の対象は，普遍主義から選別主義へと変わってきた。

④　国や地方公共団体は社会福祉の実践主体とされている。

⑤　社会福祉法人や社会福祉の専門職は，社会福祉の運動主体とされている

4 次のア～エのうち，日本の社会福祉にかかわった人物に関する記述として正しいものの組み合わせを，あとの①～⑤から1つ選びなさい。

(難易度■■□□□)

ア　石井十次——日本の「知的障害者教育・福祉の父」と呼ばれる。

イ　留岡幸助——非行少年のための感化教育施設を開設した。

ウ　野口幽香——貧困児童のための幼稚園という名称で保育所を開設した。

205

■▶ 専門試験　保育士分野

エ　石井亮一──岡山に日本最初の孤児院を創設した。

①　ア，イ　　②　イ，ウ　　③　ウ，エ　　④　ア，エ

⑤　イ，エ

5 福祉六法に該当しない法律を，次の①～⑤から1つ選びなさい。

(難易度■■□□□)

①　知的障害者福祉法

②　社会福祉法

③　児童福祉法

④　母子及び父子並びに寡婦福祉法

⑤　生活保護法

6 社会福祉基礎構造改革の目的として適切でないものを，次の①～⑤から1つ選びなさい。

(難易度■■□□□)

①　利用者の立場に立った社会福祉制度の構築

②　サービスの質の向上

③　社会福祉事業の拡充と活性化

④　地域福祉の推進

⑤　介護保険法の成立

7 次のア～オのうち，社会福祉事業の種類に関する記述として正しい記述の組み合わせを，あとの①～⑤から1つ選びなさい。

(難易度■■■□□)

ア　第1種社会福祉事業は，行政及び社会福祉法人が行うのが原則である。

イ　第2種社会福祉事業は，社会福祉法人が行うのが原則である。

ウ　第1種社会福祉事業を経営しようとする時は，都道府県知事等の許可が必要である。

エ　老人居宅介護等事業は，第2種社会福祉事業とされる。

オ　共同募金は，第2種社会福祉事業とされる。

①　イ，ウ　　②　イ，エ　　③　ア，ウ　　④　ア，エ

⑤　ア，オ

206

社会福祉

❽ 次は「全国保育士会倫理綱領」の一部である。空欄(A)〜(C)に当てはまる語句の組み合わせとして正しいものを，あとの①〜⑤から1つ選びなさい。　　　　　　　　　　　　　　　　（難易度■■■□□）

　私たちは，子どもが現在(いま)を幸せに生活し，未来(あす)を生きる力を育てる保育の仕事に誇りと責任をもって，自らの(A)の向上に努め，一人ひとりの子どもを心から尊重し，次のことを行います。

　私たちは，子どもの育ちを支えます。

　私たちは，(B)の子育てを支えます。

　私たちは，子どもと子育てに(C)をつくります。

① A－人間性と専門性　　B－親　　　　C－やさしい社会
② A－倫理観と技術　　　B－保護者　　C－安心できる社会
③ A－倫理観と技術　　　B－親　　　　C－安心できる社会
④ A－人間性と専門性　　B－保護者　　C－やさしい社会
⑤ A－人間性と専門性　　B－親　　　　C－安心できる社会

❾ 社会福祉援助技術を展開した人物とその記述として適切でないものを，次の①〜⑤から1つ選びなさい。　　　　　　　　　　（難易度■■■■□）

① ホリス　―――――　システム論的アプローチを提唱
② ハミルトン　―――　診断主義個別援助技術の理論を体系化
③ リッチモンド　――　友愛訪問員の活動をケースワークとして理論的に体系化
④ パールマン　―――　問題解決アプローチを提唱
⑤ アダムス　――――　ケースワークの要素として4つのPを提唱

❿ 間接援助技術として適切でないものを，次の①〜⑤から1つ選びなさい。　　　　　　　　　　　　　　　　　　　　　　（難易度■■■■□）

① ソーシャルアクション
② ソーシャルアドミニストレーション
③ ソーシャルワーク・リサーチ
④ ケアマネジメント
⑤ ソーシャルプランニング

207

▶ 専門試験　保育士分野

⓫ 次は少子化社会対策基本法第2条(施策の基本理念)の一部である。空欄(Ａ)～(Ｃ)に当てはまる語句の組み合わせとして正しいものを，あとの①～⑤から1つ選びなさい。　　　　　　　(難易度■■■□□)

　少子化に処するための施策は，(Ａ)が子育てについての第一義的(Ｂ)を有するとの認識の下に，国民の意識の変化，生活様式の多様化等に十分留意しつつ，(Ｃ)の形成とあいまって，家庭や子育てに夢を持ち，かつ，次代の社会を担う子どもを安心して生み，育てることができる環境を整備することを旨として講ぜられなければならない。

① Ａ－父母と家族　　　　　Ｂ－権利　Ｃ－持続可能な社会
② Ａ－父母その他の保護者　Ｂ－義務　Ｃ－男女共同参画社会
③ Ａ－父母と家族　　　　　Ｂ－義務　Ｃ－持続可能な社会
④ Ａ－父母その他の保護者　Ｂ－責任　Ｃ－持続可能な社会
⑤ Ａ－父母その他の保護者　Ｂ－責任　Ｃ－男女共同参画社会

―解答・解説―

　③

解説

ア　社会福祉法は日本の社会福祉事業に共通する基本事項を定めており，他の社会福祉に関する法律にも影響を与えることから，改正，改称した。
イ　誤り。社会福祉法の成立と介護保険法は直接的な関係はない。介護保険法の成立は1997(平成9)年，施行が2000(平成12)年。
ウ　少子高齢社会の進展や核家族化による家族機能の低下など，社会状況の変化に対応するため，社会福祉基礎構造改革が実施された。従来の措置制度から，サービス利用者が契約する制度となったことから，権利擁護制度も設けられた。
エ　社会福祉法第2条に規定されている。
オ　誤り。「赤い羽根」として知られる共同募金を行うのは，都道府県ではなく共同募金会である。規定は社会福祉法第113条第2項，第3項による。

　①

解説

ア　正しい。QOL(生活の質)とは，自己の生活に関する主観的な満足感をいい，患者の自立性の尊重や，慢性疾患および障害との共存等の疾病構

208

造の変化を背景に重要な理念となっている。
イ　正しい。ソーシャルインクルージョンとは，すべての人々を孤立や排除等から援護し，社会の構成員として包み，支えあう理念である。EUやその加盟国では社会的排除に対処する戦略として位置づけられ，日本でも社会的に弱い立場にある人々へのソーシャルインクルージョンの必要性が提言されている。
ウ　誤り。バリアフリーとは，障害者の社会参加推進のため，障害のある人の生活に影響を及ぼす障壁を取り除くこと。すべての人にとって使いやすい製品，環境，情報づくりをめざす考え方はユニバーサルデザイン。
エ　誤り。ノーマライゼーションは，障害等の有無に関係なく，すべての人に普通の生活を保障しようとする考え方。
オ　誤り。ユニバーサルデザインについて記述しているのはウである。

解説
①　日本国憲法では社会福祉の援助の対象者は具体的には規定されていない。歴史的には，障害者等の限定された者から社会福祉ニーズのある国民全体へと社会福祉の援助の対象者は拡大してきている。
②　正しい。日本においては，福祉サービスの利用料は，介護保険のように応能負担から応益負担へと変化する傾向が認められる。
③　社会福祉の対象は，世界的にも選別主義から普遍主義へと変わってきている。
④　国や地方公共団体は社会福祉の政策主体として社会福祉政策の形成を担う。社会福祉政策の具体的な行動を担う社会福祉の実践主体は，行政，社会福祉法人，専門職等である。
⑤　社会福祉の運動主体は地域住民等のことであり，制度の改変や改革を求めて，社会福祉政策主体に対し問題提起や各種提案を行う。

解説
ア　石井十次(1865〜1914)は，1887年，岡山に日本最初の孤児院を創立し，1910年には宮崎県に孤児院を移転し孤児の労働による自立を指導した。大阪のスラム街にも保育所や夜間学校を開設した。
イ　留岡幸助(1864〜1934)は，感化院(現在の児童自立支援施設)教育を実践

した日本の社会福祉の先駆者。1899年，東京に非行少年のための感化教育施設を開設した。
ウ　野口幽香(1866～1950)は，1900年に森島美根とともに日本最初の貧民のための保育所二葉幼稚園を創設し，1922年に母子寮を付設した。
エ　石井亮一(1867～1937)は，後の滝乃川学園となる日本最初の知的障害児の教育・福祉施設を創設し，日本の「知的障害児教育・福祉の父」と呼ばれる社会事業家である。

5 ②
解説
　福祉六法とは，現行の生活保護法(1950年)・児童福祉法(1947年)・身体障害者福祉法(1949年)・知的障害者福祉法(1960年に精神薄弱者福祉法として成立。1998年名称変更)・老人福祉法(1963年)・母子及び父子並びに寡婦福祉法(1964年に母子福祉法として成立。2014年名称変更)をいう。
① 該当する。知的障害者福祉法は知的障害者の援助と必要な保護を行うことにより，その福祉の増進を図ることを目的とする法律。
② 該当しない。社会福祉法は1951年制定の社会福祉事業法を前身とし，社会福祉基礎構造改革により2000年に同法が全面改正され法律名が改称された。社会福祉の目的や理念，原則を定め，各種の社会福祉関連法における基本的事項も規定している。
③ 該当する。児童福祉法は児童が心身ともに健やかに生まれると同時に育成されるよう，保育，母子保護，児童虐待防止対策を含むすべての児童の福祉を目的とする法律。
④ 該当する。母子及び父子並びに寡婦福祉法は母子・父子家庭及び寡婦(配偶者と離婚・死別などした女子であって，かつて配偶者のいない女子として民法第877条の規定により児童を扶養していたことのあるもの)の福祉に関する原理を明らかにし，その生活の安定と向上のため必要な援助を目的とする法律。
⑤ 該当する。生活保護法は最低限度の生活を保障し，自立した生活を送るための支援を目的とする。

6 ⑤
解説
　社会福祉基礎構造改革とは，2000年に「社会福祉の増進のための社会福

祉事業法等の一部を改正する等の法律」として成立した福祉分野の法改正を指す。同法の成立前に，児童福祉法の改正(1997年)による新しい保育所利用手続の導入(行政との契約方式)や介護保険法の成立(1997年)が行われているため⑤は誤り。社会福祉基礎構造改革により，社会福祉事業法は社会福祉法へと改められ，また社会福祉各法における措置制度の多くが利用者による契約制度に変えられ，また利用者保護制度(「地域福祉権利擁護事業」「苦情解決システム」)が整えられ，福祉サービスの質の向上のための規定も改正に盛り込まれた。また社会福祉事業活性化のための社会福祉法人設立要件の見直しや，都道府県・市町村が主体となり住民参加のもとで地域福祉計画を作成することを明文化し，地域福祉の推進を企図した。

解説

ア 正しい。第1種社会福祉事業とは，利用者への影響が大きいために，経営安定を通じた利用者の保護の必要性が高い事業(主として入所施設サービス)とされる。経営主体は行政及び社会福祉法人が原則。

イ 誤り。第2種社会福祉事業とは，比較的利用者への影響が小さいために，公的規制の必要性が低い事業(主として在宅サービス)とされる。経営主体に制限はなく，すべての主体が届出をすることにより事業経営が可能。

ウ 誤り。行政および社会福祉法人が施設を設置して第1種社会福祉事業を経営しようとする時は，都道府県知事等への届出が必要になる。その他の者が第1種社会福祉事業を経営しようとする時には都道府県知事等の許可が必要。

エ 正しい。老人居宅介護等事業(ホームヘルプサービス)，老人福祉センター，身体障害者福祉センター等は第2種社会福祉事業とされる。

オ 誤り。共同募金は，社会福祉法第113条にて第1種社会福祉事業と規定されている。

解説

Aには「人間性と専門性」，Bには「保護者」，Cには「やさしい社会」が当てはまる。保育士の倫理については「保育所保育指針」(平成29年3月告示)において，保育士は倫理観に裏付けられた専門的知識，技術及び判断を

▶ 専門試験　保育士分野

もって，子どもを保育する，と明記されていることから，高い専門性と人間性が求められ，子どもの育ちや子育てに対する社会的支援の担い手として，保育士の責務は重要になっている。2003(平成15)年に全国保育士会によって発表された「全国保育士会倫理綱領」は保育士の倫理についての行動規範であり，子どもの最善の利益の尊重，利用者の代弁，地域の子育て支援，チームワークと自己評価等が記されている。

9 ⑤
【解説】
① 適切。ホリス(1907～87)は「状況の中の人」という視点から心理社会的アプローチを提唱した。

② 適切。ハミルトン(1892～1967)はアメリカの社会福祉研究者であり，『ケースワークの理論と実際』を著した。診断主義による個別援助技術の理論を体系化し，その確立と発展に大きく貢献した。

③ 適切。リッチモンド(1861～1928)は，ケースワークという言葉を用い，個別援助技術の過程を，情報の収集・調査，社会診断，社会治療の3つに分け，個別援助技術を専門的・科学的なものへと発展させた。「ケースワークの母」と称される。

④ 適切。パールマン(1905～2004)は問題解決アプローチの提唱者として知られる。4つのPである，Person(利用者)・Problem(問題)・Place(施設・機関)・Process(過程)を提唱し，問題(Problem)を抱えた利用者(Person)に対し面接や指導を行う施設・機関(Place)が必要とし，ワーカーとクライエントが問題解決の過程(Process)を展開するとした。

⑤ 適切ではない。4つのPはパールマンの学説。アダムス(1860～1935)はアメリカのソーシャルワークの先駆者。世界最大規模のセツルメントハウスとなったハルハウスをシカゴに設立した。1931年，ノーベル平和賞を受賞する。

10 ④
【解説】
① 適切。ソーシャルアクション(社会活動法)は，世論の喚起，行政対応の促進や立法を目的に，制度の改善や新たな制度・サービスの拡充を行政や議会に働きかけ，社会福祉を推進する組織的活動。

② 適切。ソーシャルアドミニストレーション(社会福祉運営管理)は社会

212

福祉サービスを合理的・効率的に展開する方法。
③　適切。ソーシャルワーク・リサーチ(社会福祉調査)は社会調査により福祉の実態と問題点を明らかにし，利用者への問題の把握とニーズの発見，援助の評価，援助者への提案を行う。
④　適切ではない。ケアマネジメントは，関連援助技術とされ，最適な社会福祉サービスを効果的・迅速に提供することを目的とした援助技術。
⑤　適切。ソーシャルプランニング(社会福祉計画法)は地域社会のノーマライゼーションを目指し社会福祉を増進するための目標や方法等を設定する。

 ⑤

解説

　Aには「父母その他の保護者」，Bには「責任」，Cには「男女共同参画社会」が当てはまる。2003年7月に「少子化社会対策基本法」及び「次世代育成支援対策推進法」が制定され，保育関係事業のみならず，若者の自立や働き方の見直し，地域の子育て支援を含めた総合的な取組を進める枠組みが作られた。2004年6月には，少子化社会対策基本法に基づき少子化に対処するために政府が講じるべき指針として「少子化社会対策大綱」が閣議決定され，2004年12月には，大綱の具体的な実施計画として，少子化社会対策会議において，新エンゼルプランに代わる「子ども・子育て応援プラン」を作成し，「若者の自立とたくましい子どもの育ち」「仕事と家庭の両立支援と働き方の見直し」「生命の大切さ，家庭の役割等についての理解」「子育ての新たな支え合いと連帯」の4つの重点課題について取組が進められた。さらに，2007年12月には「子どもと家族を応援する日本」重点戦略が取りまとめられるとともに，「仕事と生活の調和(ワーク・ライフ・バランス)憲章」及び「仕事と生活の調和推進のための行動指針」が，仕事と生活の調和推進官民トップ会議で決定された。2010年1月には「子ども・子育てビジョン」が閣議決定された。2012年は，子ども・子育て関連3法と呼ばれる「子ども・子育て支援法」，「認定こども園法の一部改正」，「子ども・子育て支援法及び認定こども園法の一部改正法の施行に伴う関係法律の整備等に関する法律」が成立し，これらに基づく制度を「子ども・子育て支援制度」という。2013年は，「待機児童解消加速化プラン」を策定し，2017年度末までに50万人分の保育の受け皿を確保した。2015年には，「子ども・子育て新制度」が施行され，幼児教育・保育・地域の子ども・子育て支援を

総合的に推進することを目的としている。2016年，「ニッポン一億総活躍プラン」が閣議決定され，少子高齢化の問題に対して，日本経済が更なる好循環を形成するために，三本の矢の経済政策を一層強化するとともに，広い意味での経済政策として，子育て支援や社会保障の基盤を強化し，新たな経済社会システムづくりに挑戦するとした。2019年，「幼児教育・保育の無償化」が始まり，3～5歳までの幼稚園，保育所，認定こども園などを利用する子供たちの利用料が無償化された。なお，0～2歳の住民税非課税世帯の子供たちも対象とされている。2020年は，第4次少子化社会対策大綱が作成され，「希望出生率1.8」の実現に向け，結婚・子育て世代が将来にわたる展望を描ける環境をつくることや，多様化する子育て家庭の様々なニーズに応えることなどが基本的な考え方である。

子ども家庭福祉

POINT

1. 現代社会における子ども家庭福祉の意義

▶ 子ども家庭福祉の理念と概念

　子ども家庭福祉は、社会福祉分野の中でもとくに「子ども」と「家庭」を対象とした福祉を意味している。今日のわが国の子ども家庭福祉は、**ウェルビーイング**という社会福祉の基本理念のもと、**基本的人権の尊重**、**ノーマライゼーション**、**子どもの最善の利益**など、子どもと家庭を取り巻く各種の理念や概念を踏まえた取り組みを目指している。

▶ 現代社会と子ども家庭福祉

〈1.57ショック〉

　1989年に、合計特殊出生率が直近の丙午の年(1966年)の1.58を下回り1.57を記録した際にマスコミ等が中心となって用いた言葉である。その後、合計特殊出生率は下がり続け、2005年には最低の1.26を記録した。2020年は1.34、2021年は1.30、2022年は1.26と低水準の状態が続いていたが、2023年には過去最低の1.20となった。

〈少子化の原因〉

　少子化の原因としては、女性の高学歴化と社会進出による晩婚化、結婚をしない人の増加(非婚化)、夫婦が子どもを産まない選択をするようになったこと(夫婦の出生率の低下)などがある。いずれも、子どもが欲しくても産むことのできない環境の要因が影響しており、単に制度や政策による取り組みだけでなく、民間レベルの取り組みや従来の子育て観の変容など、少子化の原因をめぐる問題には社会全体の取り組みが求められている。

〈家族の規模の縮小〉

　地域社会のつながりが希薄化する中、**核家族化やひとり親世帯**では、かつての三世代家庭のように、子育て経験のある相談相手が身近にいないために、保護者の育児への不安が高い状況を作り出している。

▶ 専門試験　保育士分野

2. 子どもの人権擁護
▶▶ 子どもの人権擁護にかかわる制度
〈第三者評価制度〉

　社会福祉法では，福祉事業者が自らのサービスを自己評価することや，提供するサービスの質を当事者(事業者及び利用者)以外の公正・中立な第三者機関が専門的かつ客観的な立場から評価する**第三者評価**を受けることの努力義務を定めている。

〈子どもの権利ノート〉

　児童養護施設などに入所する子どもが自身に認められている権利を知り，施設生活の中で自分の権利を主張できることが当たり前であることを理解してもらうために活用されるものとして，「**子どもの権利ノート**」がある。

3. 子ども家庭福祉の制度と実施体系
▶▶ 子ども家庭福祉の制度と法体系
〈児童福祉六法〉

　子ども家庭福祉の主要関連法規である

- ・児童福祉法
- ・児童手当法
- ・児童扶養手当法
- ・特別児童扶養手当法
- ・母子及び父子並びに寡婦福祉法
- ・母子保健法

の6つを総称して「**児童福祉六法**」と呼ぶ。児童福祉六法については，それぞれ詳しく学習しておきたい。

〈子ども家庭福祉に関連するその他の法律〉

　子ども家庭福祉に関係する法律としては，児童福祉六法の他に，「障害者基本法」「児童買春，児童ポルノに係る行為等の規制及び処罰並びに児童の保護に関する法律」「児童虐待の防止等に関する法律(児童虐待防止法)」「配偶者からの暴力の防止及び被害者の保護等に関する法律(DV防止法)」「発達障害者支援法」「障害者の日常生活及び社会生活を総合的に支援するための法律(障害者総合支援法)」「障害を理由とする差別の解消の推進に関する法律

(障害者差別解消法)」などがある。それぞれの法律と子ども家庭福祉の関連について，十分に学習しておきたい。

▶ 子ども家庭福祉の実施体系

〈子ども家庭福祉の行政〉

　子ども家庭福祉の行政は，こども家庭庁，都道府県・指定都市，市町村の3つのレベルで実施されている。

　こども家庭庁は，「こどもまんなか」社会を実現することを目標に掲げている。長官官房，成育局，支援局から構成される。長官官房は，こども政策全体の司令塔として，予算編成や政策の立案，広報活動など庁全体の代表窓口的な役割を果たしている。成育局は，保育所や認定こども園などの教育・保育給付の充実等，全てのこどもが健やかで安全・安心に成長できる環境の実現を目指している。支援局は，児童虐待防止対策，社会的養護，こどもの貧困の解消に向けた支援や障害児支援など，様々な困難を抱えるこどもや家庭に包括的な支援を行う。また，都道府県・指定都市は各地方の広域的にわたる行政施策に関する機能を，市町村は地域住民に密着した行政施策を担っている。

〈子ども家庭福祉の実施機関〉

　子ども家庭福祉の実施機関としては「**児童相談所**」「**福祉事務所**」「**保健所・保健センター**」「**児童福祉審議会**」などがある。それぞれ詳しく学習しておきたい。

▶ 児童福祉施設

　児童福祉施設については，児童福祉法第7条に，「この法律で，児童福祉施設とは，助産施設，乳児院，母子生活支援施設，保育所，幼保連携型認定こども園，児童厚生施設，児童養護施設，障害児入所施設，児童発達支援センター，児童心理治療施設，児童自立支援施設及び児童家庭支援センター及び里親支援センターとする」と規定されている。これら施設については，「**児童福祉施設の設備及び運営に関する基準**」なども参照して，その機能や役割，設置基準について十分に理解しておきたい。

▎ 専門試験　保育士分野

4. 子ども家庭福祉の現状と課題
▎▶ 少子化と地域子育て支援

　少子化対策は，核家族化や共働き夫婦の一般化，地域社会の子育て機能の低下等の問題への対応とともに，従来から次のような施策による取り組みが行われている。それぞれについて確認をしておきたい。

- ・エンゼルプラン(1994年)
- ・新エンゼルプラン(1999年)
- ・少子化対策プラスワン(2002年)
- ・少子化社会対策基本法(2003年)
- ・次世代育成支援対策推進法(2003年)
- ・子ども・子育て応援プラン(2004年)
- ・子ども・子育てビジョン(2010年)
- ・子ども・子育て関連3法(2012年)
- ・少子化社会対策大綱〜結婚，妊娠，子供・子育てに温かい社会の実現をめざして〜閣議決定(2015年)
- ・ニッポン一億人総活躍プラン(2016年)
- ・子育て安心プラン(2017年)
- ・新子育て安心プラン(2020年)

▎▶ 母子保健と児童の健全育成

〈母子保健〉

　母子保健は，「母性並びに乳幼児に対する保健指導，健康診査，医療その他の措置を講じ，母子の保健の向上を目指すもの」であり，市町村の保健センターなどがサービスを提供している。母子に関する健康診査，保健指導，療養援護等，医療対策や母子保健関連施策の動向について，それぞれ学習しておきたい。

〈児童の健全育成〉

　児童の健全育成のための施設として児童厚生施設(児童館，児童遊園)が，健全育成にかかる取り組みとして放課後児童健全育成事業(放課後児童クラブ)がある。また，文部科学省と厚生労働省では，新・放課後子ども総合プランを策定し，放課後児童クラブと放課後子供教室の一体的な実施等を推進している。

218

▶児童虐待・DV(ドメスティック・バイオレンス)とその防止

〈児童虐待の動向と種類〉

　児童虐待は増加の一途をたどっている。児童虐待をめぐる動向としては，2000年に「児童虐待の防止等に関する法律(児童虐待防止法)」が成立し，児童相談所を中心に虐待への対応の強化が図られている。

　児童虐待の分類については，児童虐待防止法第2条に次のように定められている。

身体的虐待	児童の身体に外傷が生じ，又は生じるおそれのある暴行を加えること。
性的虐待	児童にわいせつな行為をすること又は児童をしてわいせつな行為をさせること。
ネグレクト	児童の心身の正常な発達を妨げるような著しい減食又は長時間の放置，保護者以外の同居人による前二号又は次号に掲げる行為と同様の行為の放置その他の保護者としての監護を著しく怠ること。
心理的虐待	児童に対する著しい暴言又は著しく拒絶的な対応，児童が同居する家庭における配偶者に対する暴力，その他の児童に著しい心理的外傷を与える言動を行うこと。

〈ドメスティック・バイオレンス(DV)の動向〉

　ドメスティック・バイオレンス(DV)とは「配偶者など親密な関係にある者から振るわれる暴力」のことで，DVの被害は近年高水準で推移している。

〈DVの形態と対応〉

　DVの形態について内閣府は，①身体的暴力，②精神的暴力，③性的暴力の3つの形態を示している。近年ではこのほかにも④経済的暴力，⑤社会的暴力(社会的隔離)などの形態がある。

　DVの被害にあっている場合，恐怖や不安のため自ら相談できなくなることが少なくない。保育所等においてDVの被害を確認した場合は，福祉事務所，配偶者暴力相談支援センター，警察など関連機関との連携をとり対応することが大切である。

▶ 専門試験　保育士分野

▶ 少年非行等への対応

〈少年法による少年の定義〉

　少年法では「少年」を満20歳未満としている(令和4年度から成年年齢が18歳に引き下げられた後も，18，19歳の者は少年の定義に含まれるが「特定少年」の扱いとなり，検察官送致(送検)後の対応が原則20歳以上の者と同様になるなど，17歳以下の者とは異なる取り扱いがなされる)。

〈非行少年の種類〉

- ・犯罪少年：罪を犯した14歳以上20歳未満の少年
- ・触法少年：犯罪に触れる行為をした満14歳未満の少年
- ・虞犯少年：その性格又は環境に照らして，将来，罪を犯し，または刑罰法令に触れる行為をする恐れのある少年

〈家庭裁判所の対応〉

　少年の非行に対して家庭裁判所では以下のような判断が行われる。

審判による決定事項	内容
保護処分	・保護観察所による保護観察 ・児童自立支援施設・児童養護施設への送致 ・少年院への送致
児童相談所送致	・「児童福祉法」に基づく支援が相当と判断された場合
試験観察	・処分の決定のために家庭裁判所調査官が適当な期間観察すること
不処分	・保護処分が必要ないと認められた場合

▶ 貧困家庭，外国籍の子どもとその家庭への対応

〈貧困家庭への対応〉

　厚生労働省の調査によると，2021年のわが国の子どもの貧困率は11.5％，さらにひとり親家庭の貧困率は44.5％と子どもの貧困が問題となっている。なお，2014年には，「子どもの貧困対策の推進に関する法律」が施行されている。

〈外国籍の子どもへの対応〉

　グローバル化が進む今日のわが国では，あらゆる地域で外国人の姿が見ら

子ども家庭福祉

れるようになった。こうした中で，保育士にも外国籍の子どもや保護者と身近にかかわる機会が増え，とくに，日本語を母語としない子ども・保護者との意思疎通の問題や，文化や教育方法の違いなどに対応する力が求められている。

▶▶ 地域における連携・協働とネットワーク

〈要保護児童対策地域協議会〉

2004年の児童福祉法改正により法定化された，要保護児童の適切な保護を図るために，関係機関等により構成される協議会。

〈次世代育成支援対策地域協議会〉

2003年に制定された次世代育成支援対策推進法に基づき，地方公共団体等が「次世代育成支援対策の推進に関し必要な措置についての協議会を組織する」ものである。2015年までの時限立法であったが，2025年3月まで延長されることになった。

Q 演習問題

1 次の文は，「児童虐待の防止等に関する法律」の第1条である。（　ア　）〜（　オ　）に当てはまる語句の組み合わせを，あとの①〜⑤から1つ選びなさい。
（難易度■■□□□）

この法律は，児童虐待が児童の（　ア　）を著しく侵害し，その心身の成長及び（　イ　）に重大な影響を与えるとともに，我が国における将来の世代の育成にも懸念を及ぼすことにかんがみ，児童に対する虐待の禁止，児童虐待の予防及び（　ウ　）その他の児童虐待の防止に関する国及び地方公共団体の責務，児童虐待を受けた児童の保護及び（　エ　）のための措置等を定めることにより，児童虐待の防止等に関する施策を促進し，もって児童の権利利益の（　オ　）に資することを目的とする。

	ア	イ	ウ	エ	オ
①	人権	発達	通告	自立の支援	監護
②	身体	人格の形成	早期発見	保護者	擁護
③	人権	人格の形成	通告	自立の支援	監護
④	身体	発達	早期発見	保護者	擁護
⑤	人権	人格の形成	早期発見	自立の支援	擁護

221

▶ 専門試験　保育士分野

2 次は「児童虐待の防止等に関する法律」の「第5条　児童虐待の早期発見等」に関する条文である。(Ａ)～(Ｄ)に当てはまる語句を語群から選ぶとき，正しい組み合わせを，あとの①～⑤から1つ選びなさい。

（難易度■■□□□）

　　(Ａ)，児童福祉施設，病院，都道府県警察，女性相談支援センター，教育委員会，配偶者暴力相談支援センターその他児童の(Ｂ)に業務上関係のある団体及び学校の教職員，児童福祉施設の職員，医師，歯科医師，(Ｃ)，助産師，看護師，弁護士，警察官，女性相談支援員その他児童の福祉に職務上関係のある者は，児童虐待を発見しやすい立場にあることを自覚し，児童虐待の(Ｄ)に努めなければならない。

〔語群〕

ア　保育所	イ　地域	ウ　学校
エ　福祉	オ　保育	カ　教育
キ　保育士	ク　保健師	ケ　民生委員・児童委員
コ　学校の教職員	サ　防止	シ　早期発見
ス　通告		

① Ａ－ウ　　Ｂ－エ　　Ｃ－ク　　Ｄ－シ
② Ａ－ウ　　Ｂ－カ　　Ｃ－キ　　Ｄ－サ
③ Ａ－イ　　Ｂ－オ　　Ｃ－ケ　　Ｄ－ス
④ Ａ－イ　　Ｂ－エ　　Ｃ－コ　　Ｄ－シ
⑤ Ａ－ア　　Ｂ－オ　　Ｃ－キ　　Ｄ－サ

3 次は「児童憲章」の一部である。空欄(Ａ)～(Ｃ)に当てはまる語句を語群から選ぶとき，正しい組み合わせを，あとの①～⑤から1つ選びなさい。

（難易度■■□□□）

　　われらは，(Ａ)の精神にしたがい，児童に対する正しい観念を確立し，すべての児童の幸福をはかるために，この憲章を定める。

　　児童は，(Ｂ)として尊ばれる。

　　児童は，社会の一員として重んぜられる。

　　児童は，よい(Ｃ)の中で育てられる。

〔語群〕

ア　家庭	イ　人	ウ　児童福祉法
エ　環境	オ　国民	カ　児童の権利に関する条約
キ　地域社会	ク　子ども	ケ　日本国憲法

222

子ども家庭福祉

① A-ウ   B-ク   C-キ
② A-カ   B-イ   C-ア
③ A-ケ   B-オ   C-ア
④ A-ウ   B-オ   C-エ
⑤ A-ケ   B-イ   C-エ

④ 子どもの権利を定めた条約や法律について適切でないものを，次の①〜
⑤から1つ選びなさい。　　　　　　　　　　　　(難易度■■■■□)

① 児童憲章は，すべての児童の幸福が図られるよう，1951年5月5日に制
　定されたものである。
② 児童憲章の前文には，児童が「人として尊ばれる」「社会の一員とし
　て重んぜられる」「よい環境の中で育てられる」ことが述べられている。
③ 「児童の権利に関する条約(子どもの権利条約)」は，1989年に国際連合総
　会で採択された，子どもの人権に関する世界で最初の国際的な条約である。
④ 「児童の権利に関する条約(子どもの権利条約)」では，15歳未満を「児
　童(子ども)」と定義している。
⑤ 「児童の権利に関する条約(子どもの権利条約)」全体では，「生きる権
　利」「守られる権利」「育つ権利」「参加する権利」が守られることが述
　べられている。

⑤ 「児童の権利に関する条約」について，条約の内容として適切でないもの
を，次の①〜⑤から1つ選びなさい。　　　　　　　(難易度■■■□□)

① 18歳未満の人を子どもとする。
② 全ての子どもは人種，皮膚の色，性，言語，宗教，出身，財産，心身
　の障害などによって差別されない。
③ 国は，18歳未満の子どもを戦争に参加させてはならない。
④ 子どもが身体的にも精神的にも，いかなる暴力や虐待を受けないよう，
　国が対策をとらなければならない。
⑤ 子どもは無理矢理働かされたり，そのために教育を受けられない仕事
　や健康を害する仕事をさせられたりしない。

⑥ 次の記述に該当する児童福祉の実施機関を，あとの①〜⑤から1つ選び
なさい。　　　　　　　　　　　　　　　　　　　(難易度■■■□□)

223

児童及び妊産婦の福祉に関し，家庭その他からの相談に応じ，必要な調査及び指導を行うこと並びにこれらに付随する業務を行う。

① 保健所　② 都道府県　③ 児童相談所　④ 市町村
⑤ 児童福祉審議会

7 次の文は，児童相談所に関わる「児童福祉法」第12条の記述である。（　）にあてはまる語句として正しいものを，あとの①〜⑤から1つ選びなさい。　(難易度■■□□□)

（　）は，児童相談所を設置しなければならない。
① 市町村　② 市町村長　③ 都道府県　④ 都道府県知事
⑤ 保健所

8 「児童福祉法」に規定されている保育士の業務として適切なものを，次の①〜⑤から1つ選びなさい。　(難易度■■■□□)
① 保育士は，児童の健康相談に応じ又は健康診査を行い，必要に応じ保健指導を行う。
② 保育士は，その担当区域内における児童に関し，その担当区域を管轄する児童相談所長又は市町村長にその状況を通知し，意見を述べる。
③ 保育士は，児童及び妊産婦の福祉の増進を図るための活動を行う。
④ 保育士は，児童の保護その他児童の福祉に関する事項について，相談に応じる。
⑤ 保育士は，児童の保育及び児童の保護者に対する保育に関する指導を行う。

9 次の文は，専門職者に関する「児童福祉法」第13条第4項の記述である。（　）にあてはまる語句として正しいものを，あとの①〜⑤から1つ選びなさい。　(難易度■■■□□)

（　）は，児童相談所長の命を受けて，児童の保護その他児童の福祉に関する事項について，相談に応じ，専門的技術に基づいて必要な指導を行う等児童の福祉増進に努める。
① 民生委員　② 児童委員　③ 保育士　④ 社会福祉士
⑤ 児童福祉司

子ども家庭福祉

⑩ 2019(令和元)年6月に改正された児童福祉法の「児童相談所の体制強化及び関係機関間の連携強化等」に当てはまらないものを，次の①～⑤から1つ選びなさい。　　　　　　　　　　　　　　　　(難易度■■■■□)

①　都道府県は，児童相談所が措置決定その他の法律関連業務について，常時弁護士による助言・指導の下で適切かつ円滑に行うため，弁護士の配置又はこれに準ずる措置を行うものとするとともに，児童相談所に医師及び保健師を配置する。

②　児童福祉司の数は，人口，児童虐待相談対応件数等を総合的に勘案して政令で定める基準を標準として都道府県が定めるものとする。

③　児童虐待を行った保護者について指導措置を行う場合は，児童虐待の再発を防止するため，医学的又は心理学的知見に基づく指導を行うよう努めるものとする。

④　児童福祉司及びスーパーバイザーの任用要件の見直し，児童心理司の配置基準の法定化により，職員の資質の向上を図る。

⑤　都道府県は，児童相談所の行う業務の質の評価を行うことにより，その業務の質の向上に努めるものとする。

⑪ 児童福祉施設の設備及び運営に関する基準において，保育士の設置が義務づけられていない施設を，次の①～⑤から1つ選びなさい。

(難易度■■■□□)

①　障害児入所施設
②　児童養護施設
③　児童発達支援センター
④　児童心理治療施設
⑤　児童厚生施設

⑫ 次の説明の(　　)にあてはまる名称として正しいものを，あとの①～⑤から1つ選びなさい。　　　　　　　　　　　　　　　　(難易度■■■□□)

　待機児童の解消を目指し，女性の就業率の上昇を踏まえた保育の受け皿整備，幼稚園やベビーシッターを含めた地域の子育て資源の活用を進めるため，(　　)が取りまとめられた。

　(　　)では，4年間で約14万人の保育の受け皿を整備するほか，「地域の特性に応じた支援」「魅力向上を通じた保育士の確保」「地域のあらゆる子

▶ 専門試験　保育士分野

育て資源の活用」を柱として，各種取組を推進している。

① 次世代育成支援対策推進法
② 新子育て安心プラン
③ 少子化社会対策基本法
④ 新エンゼルプラン
⑤ 緊急保育対策等5か年事業

⑬ 次の文は，児童福祉施設の設備及び運営に関する基準に定められる，認可保育所に関する児童福祉施設最低基準についての記述である。（　A　）〜（　D　）にあてはまる数字として正しいものを，あとの①〜⑤から1つ選びなさい。　　　　　　　　　　　　　　　　　（難易度■■■□□）

保育士の数は，乳児おおむね（　A　）人につき1人以上，満1歳以上満（　B　）歳に満たない幼児おおむね6人につき1人以上，満3歳以上満4歳に満たない幼児おおむね（　C　）人につき1人以上，満4歳以上の幼児おおむね（　D　）人につき1人以上とする。ただし，保育所1につき2人を下ることはできない。

① A－2　　B－2　　C－10　　D－20
② A－2　　B－3　　C－10　　D－25
③ A－3　　B－3　　C－15　　D－25
④ A－3　　B－2　　C－15　　D－20
⑤ A－3　　B－3　　C－30　　D－25

⑭ 児童生活支援員の任用資格として適切なものを，次の①〜⑤から1つ選びなさい。　　　　　　　　　　　　　　　　　　　　　　（難易度■■■□□）

① 保育士の資格を有する者
② 都道府県知事の指定する児童福祉施設の職員を養成する学校その他の養成施設を卒業した者
③ 学校教育法の規定による大学において，社会福祉学，心理学，教育学若しくは社会学を専修する学科又はこれらに相当する課程を修めて卒業した者
④ 3年以上児童福祉事業に従事した者であって，都道府県知事が適当と認めた者
⑤ 医師であって，精神保健に関して学識経験を有する者

子ども家庭福祉

15「子供の貧困対策に関する大綱」が令和元年11月29日に閣議決定された。その中に示されている基本的な方針として誤っているものを，次の①〜⑤から1つ選びなさい。　　　　　　　　　　（難易度■■■■□）

① 貧困の連鎖を断ち切り，全ての子供が夢や希望を持てる社会を目指す。
② 親の妊娠・出産期から子供の社会的自立までの切れ目のない支援体制を構築する。
③ 支援が届いていない，又は届きにくい子供・家庭に配慮して対策を推進する。
④ 経済的な支援では，世帯の経済的自立につながる保護者の就労支援を中心に位置付け，金銭等の給付は行わないこととする。
⑤ 地方公共団体による取組の充実を図る。

解答・解説

1 ⑤

解説

児童虐待事件の増加に伴い，2000年に「児童虐待の防止等に関する法律」が制定された。この法律では，児童虐待を明確に定義し，虐待の防止と早期発見，虐待を受けた子どもの適切な保護などが定められた。また，その後の改正で，国及び地方公共団体の責務の強化，児童虐待にかかわる通告義務の範囲の拡大などの規定が整備された。2007年の改正では，立ち入り調査の強化，保護者に対する面会・通信等の制限の強化がなされた。2017年の改正で，児童の保護に関して司法関与の強化が行われ2019年の改正では，親による体罰も禁止された。

2 ①

解説

児童相談所は児童の福祉増進のため，児童福祉法に基づいて指定都市及び児童相談所設置市に設置され，児童の生活全般に関して保護者や学校からの相談に応じ，児童や家庭について調査や判定を行って，必要な指導や措置をとる機関である。児童虐待の防止等に関する法律第6条第1項で「児童虐待を受けたと思われる児童を発見した者は，速やかに，これを市町村，都道府県の設置する福祉事務所若しくは児童相談所又は児童委員を介して市町村，都道府県の設置する福祉事務所若しくは児童相談所に通告しなけ

▶ 専門試験　保育士分野

ればならない。」とされていることについての出題が多い。

 ⑤
解説

　児童憲章は1951(昭和26)年5月5日に制定された。5月5日はこどもの日(1948〈昭和23〉年の国民の祝日に関する法律で制定)であり，児童憲章制定記念日でもある。制定したのは，当時の厚生省中央児童福祉審議会の提案に基づき日本国民各層・各界の代表で構成された児童憲章制定会議である。法令ではないものの，一定の公的規範としての性格を有している。引用文は前半部分で，後半は「すべての児童は」で始まる一から十二までの文章が列記されている。児童憲章は，わが国で最初の子どものための権利宣言である。Aにはケの日本国憲法が当てはまる。Bにはイの人が当てはまる。Cには，エの環境が当てはまる。

 ④
解説

　「子どもの権利条約」では，児童は，18歳未満のすべての人としている。なお，この条約は，平成元(1989)年に国際連合で採択され，日本が批准したのは，平成6(1994)年である。

5 ③
解説

　「児童の権利に関する条約」(子どもの権利条約)は，世界的な視野から，児童の人権の尊重，保護の促進を目指し54の条項から成り立っている。その内容は，生きる権利(生存権)，育つ権利(発達権)，保護される権利(虐待・放任・搾取からの保護)，参加する権利(自由に意見を表明したり活動したりする権利)に分類することもできる。なお，①は第1条(子どもの定義)，②は第2条(差別の禁止)，④は第19条(虐待放任からの保護)，⑤は第32条(経済的搾取・有害労働からの保護)に規定されている。

6 ④
解説

①　保健所は，相談に関しては，児童福祉法第12条の6第1項第二号において「児童の健康相談に応じ，又は健康診査を行い，必要に応じ，保健指

228

導を行うこと」と規定されている。
②，③　都道府県は，児童福祉法第11条第1項第二号のロにおいて「専門的な知識及び技術を必要とするものに応ずる」とされている。また同法第12条で都道府県は児童相談所を設置することを規定している。
④　児童福祉法第10条第1項第三号の規定である。同条第1項第一号では「児童及び妊産婦の福祉に関し，必要な実情の把握に努めること」，同条第1項第二号では「児童及び妊産婦の福祉に関し，必要な情報の提供を行うこと」とされる。
⑤　児童福祉審議会は，児童・妊産婦等の福祉，母子保健等に関して調査・審議し，行政庁に答申や意見具申を行う。

解説

児童相談所は，児童福祉行政の第一線の専門行政機関であり，児童福祉法第12条及び第59条の4により，都道府県・指定都市には義務設置され，市町村は任意設置できると規定されている。2006年から中核市等も設置できることになった。児童相談所の業務は，市町村や家庭からの相談に応じて，調査・診断・判定の上で，効果的な援助を行うことであり，児童の一時保護，児童福祉施設入所，里親等委託等の措置を実施したり，民法上の業務である，親権者の親権喪失宣告請求，児童の後見人の選任等も行う。児童福祉司，児童心理司，児童指導員，保育士，医師等の専門職のチームによって業務にあたる。

解説

①　保健所の業務(第12条の6第1項第二号)。
②　児童福祉司の業務(第14条第2項)。
③　児童委員の業務(第17条第1項第六号)。
④　児童福祉司の業務(第13条第4項)。
⑤　保育士の業務(第18条の4)。児童福祉法第18条の4において，保育士とは，「第18条の18第1項の登録を受け，保育士の名称を用いて，専門的知識及び技術をもつて，児童の保育及び児童の保護者に対する保育に関する指導を行うことを業とする者」と規定されている。2001年の児童福祉法改正によって名称独占の資格として法制化された。保育所勤務のほか

には，乳児院，児童養護施設，知的障害児施設等の児童福祉施設に配置されている。

 ⑤
解説

児童福祉法第13条第4項の規定。児童福祉司は，児童の福祉に関して，親や児童からの相談業務にあたる。任用の要件は，(1)都道府県知事の指定する児童福祉司若しくは児童福祉施設の職員を養成する学校その他の施設を卒業し，又は都道府県知事の指定する講習会の課程を修了した者，(2)学校教育法に基づく大学又は旧大学令に基づく大学において，心理学，教育学若しくは社会学を専修する学科又はこれらに相当する課程を修めて卒業した者であつて，内閣府令で定める施設において1年以上相談援助業務(児童その他の者の福祉に関する相談に応じ，助言，指導その他の援助を行う業務をいう)に従事したもの，(3)医師，(4)社会福祉士，(5)精神保健福祉士，(6)公認心理士，(7)社会福祉主事として，2年以上相談援助業務に従事した者であって，内閣総理大臣が定める講習会の課程を修了した者，(8)その他内閣府令で定めるもの。

 ③
解説

児童福祉法は昭和22(1947)年に公布され，平成16(2004)年の改正では児童虐待に対応するための措置が盛り込まれた。また，平成28(2016)年に行われた改正では，第1条及び第2条が大幅に改正され，さらに，第1条及び第2条は「児童の福祉を保障するための原理」であり，児童に関する全ての法令の施行に当たって，常に尊重されなければならない，という条文が同法第3条として加えられた。令和元(2019)年の改正では，国，都道府県及び市区町村における体制の強化を進めるための改正が行われた。③は，同じく改正された「児童虐待の防止等に関する法律」に当てはまるものである。

 ⑤
解説

児童福祉施設の設備及び運営に関する基準とは児童福祉法第45条に基づいて制定された厚生省令で，児童福祉施設の設備・運営に関する最低基準が規定されている。この最低基準が遵守されるよう，行政による監査が実施される(最低基準の遵守は当然のことであり，基準を上回るように努める必

要がある)。同基準の第38条において，児童厚生施設には児童の遊びを指導する者の設置が義務化され，児童の遊びを指導する者の任用要件として第38条第2項第二号に保育士があげられているが，社会福祉士等でも可能であるため義務づけられているとまでは言えない。この他には，児童自立支援施設，母子生活支援施設では，保育士の設置が義務づけられていない。

 ②
解説

① 次世代育成支援対策推進法により，101人以上の労働者を雇用する事業主は，従業員の仕事と家庭の両立を図るために必要な雇用環境の整備などについて「一般事業主行動計画」を策定し届けることになった。
② 2020(令和2)年12月に発表された新子育て安心プランは，女性の就業率の上昇を踏まえた保育の受け皿整備，幼稚園やベビーシッターを含めた地域の子育て資源の活用。
③ 2003(平成15)年7月制定された少子化社会対策基本法は，子育て支援のため，雇用環境の整備，保育サービスの充実，地域社会の子育て支援の強化等を定めた。
④ 新エンゼルプランは2000(平成12)年度から5か年の少子化対策。
⑤ 緊急保育対策等5か年事業は1994(平成6)年のエンゼルプランの一環として策定された。

 ③
解説

児童福祉施設の設備及び運営に関する基準第33条第2項によると，認可保育所における保育士の数は，乳児が3人に対して保育士が1人以上，1〜2歳児が6人に対して保育士が1人以上，3歳児が15人に対して保育士が1人以上，4歳以上児が25人に対して保育士が1人以上とされている。職員はこの保育士の他に嘱託医，調理員を置かなければならない。保育所における保育時間は，1日に8時間が原則とされ，その地方における乳児又は幼児の保護者の労働時間その他家庭の状況等を考慮して，保育所の長がこれを定めるとしている(同法第34条)。

 ①
解説

児童自立支援施設は，犯罪などの不良行為を行い，または行うおそれが

ある児童や，生活指導を要する児童を入所・通所させて，必要な指導を行い自立を支援する児童福祉施設。児童福祉施設の設備及び運営に関する基準第83条において，児童生活支援員は，保育士の資格を有する者，社会福祉士の資格を有する者，3年以上児童自立支援事業に従事した者のいずれかに該当する者でなければならないと規定されている。②，③，④は，児童指導員の任用資格の条件の一部であり，⑤は児童自立支援専門員の任用資格の条件の1つである。

解説

出題の資料では，「経済的支援に関する施策は，様々な支援を組み合わせてその効果を高めるとともに，必要な世帯への支援の利用を促していく」とされており，経済的支援についても，母子父子寡婦福祉資金貸付金等や養育費の確保に関する支援などが示されている。

保育の心理学

POINT

1. 子どもの発達と理解

子どもに対してより良い保育を行うためには，目の前の子どもの発達についての見通しをもつことが不可欠である。そのためには，乳幼児期はもちろん老年期までの各発達段階の特徴や課題について理解をしておく必要がある。

また，発達を取り巻く環境についても把握をし，子どもの理解に役立てていくことが大切である。

▶ 発達

発達とは，出生から死に至るまでの身体的・精神的機能を変えていく過程である。

発達の考え方には

成熟優位説(遺伝の影響を重視)——ゲゼル
環境有位説(環境の影響を重視)——ワトソン
相互作用説(遺伝と環境両方の影響を重視)——ジェンセン

がある。代表的な研究者とあわせて覚えておきたい。

▶ 発達理論

〈ピアジェの認知発達段階説〉

子どもは生まれたときから環境と相互作用しており，環境に対する認識の枠組みが段階的に(質的に)変化していくという説。

第1段階(0～2歳)を感覚運動期
第2段階(2～7歳)を前操作期
第3段階(7～12歳)を具体的操作期
第4段階(12歳～)を形式的操作期

と分けられる。幼児期に該当する第2段階は表象(イメージ)を用いて頭の中で考えることができるようになるが，論理的思考はまだ難しく，自己中心性(自分と他人の視点を区別できず，自分の視点からしか物事を理解できない性質)が強い時期としている。

▶ 専門試験　保育士分野

〈エリクソンの心理社会的発達段階説〉

　生涯発達の観点で乳児期から老年期までを8つの段階に区分し，各段階の発達課題(心理社会的危機)を乗り越えることが次の課題に向かう力になるという説。各段階に直面する発達課題は次のように整理される。

発達段階	発達課題
乳児期(0〜1歳)	基本的信頼 対 不信
幼児前期(1〜3歳)	自律性 対 恥・疑惑
幼児後期(3〜6歳)	自主性 対 罪悪感
学童期(6〜12歳)	勤勉性 対 劣等感
青年期(12〜22歳)	同一性 対 同一性拡散
成人前期(22〜35歳)	親密性 対 孤立
成人後期(35〜65歳)	生殖性 対 自己陶酔
老年期(65歳〜)	統合性 対 絶望

　そのほかの発達理論として，**ヴィゴツキーの発達理論**や**バルテスの生涯発達理論**，また，発達を取り巻く環境については**ブロンフェンブレンナーの生態学的システム理論**なども覚えておきたい。

2. 各発達段階の特徴

　ここでは大まかな内容とキーワードのみ記すが，各発達段階の特徴や課題について，実際の子どもの姿や他者との関わりを含めて理解をしておきたい。また，発達の連続性を意識することも大切である。

〈新生児期・乳児期〉

・誕生時の視力は0.02程度，複雑な図形，顔図形への選好注視
・世界中の音韻に対する弁別能力(〜生後6ヶ月)➡母語への適応(〜1歳)
・物理的環境との関わり(原始反射➡循環反応)，対象の永続性の理解
・他者との関わり(共鳴動作，エントレインメント)
・愛着の形成(安全基地の確立・基本的信頼感の獲得)
・二項関係➡三項関係(共同注意)の成立(9ヶ月革命)，社会的参照

〈言語発達の目安〉

泣き・叫喚(1ヶ月)➡クーイング(2〜3ヶ月)➡過渡的喃語(4ヶ月)➡規準喃語(6ヶ月)➡会話様喃語(10ヶ月)➡初語(1歳)

保育の心理学

〈幼児期〉
・自我の芽生えと第一反抗期，基本的生活習慣の獲得
・表象(イメージ)の使用，ふり遊び，見立て遊び，ごっこ遊びの展開
・内的作業モデル(愛着表象)の発達，分離不安の低下と探索活動の活発化
・言葉によるコミュニケーションの確立，内言の発達(ひとり言)
・心の理論の獲得(4〜5歳)，社会的な遊びの発達(パーテンによる分類)

〈学童期・青年期〉
・学校社会への適応(一次的ことば→二次的ことば)，小1プロブレム
・認知発達(前操作期→具体的操作期→形式的操作期)，メタ認知の発達
・仲間集団の形成と発達(ギャングエイジ，チャムグループ→ピアグループ)
・他者視点の取得，自己意識の高まり，社会的比較，9歳(10歳)の壁
・思春期(第二次性徴に伴う心理的変化の時期)，第二反抗期，心理的離乳
・アイデンティティの探索，モラトリアム

〈成人期・老年期〉
・他者やパートナーとの親密性の確立(就職や結婚，子育て)
・社会的役割と責任，ライフスタイルの確立(燃え尽き症候群)
・社会的な役割の変化に伴うアイデンティティの再構成(空の巣症候群)
・身体機能の低下と喪失経験，サクセスフルエイジング

3. 現代の子どもを取り巻く環境の理解と家庭支援

　子どもを理解し，適切な援助をするためには，家庭との連携が重要であるが，現代社会は価値観やライフスタイルが多様化し，家庭のあり方は一様ではない。また，子育てをめぐる社会的状況が変化する中で，子育てに悩み，苦しむ家庭も少なくない。保育者は，子どものより良い援助のためにもそうした家庭の理解や支援をしていくことが求められている。

▶ 家族関係や親子関係の理解

　家族関係や親子関係は社会的な文脈の中に埋め込まれていて，ダイナミックに(動的に)変化するものであることをについて，以下のキーワードを押さえておきたい。

▶ 専門試験　保育士分野

・発達の相乗的相互作用モデル，気質と環境の適合の良さ
・養育行動のプロセスモデル(親要因，子ども要因，社会文化的要因)
・システムとしての家族(直線的因果律ではなく，円環的因果律での理解)
・ブロンフェンブレンナーによる生態学的システム理論(マイクロシステム，
　メゾシステム，エクソシステム，マクロシステム)

▶▶ 子育て家庭に関する現状や課題

　女性の就業率の高まりにより共働き家庭が増える一方で，いまだ子育ての
負担は女性に偏っているのが現状である。子育ては性別ではなく，経験によ
るところが大きい。また，ヒトという種はそもそも血縁に関わらずさまざま
な個体が協力して子育てをする性質をもっている，ということを念頭に家庭
の子育て支援をしていく必要がある。ここでは，以下のキーワードをぜひ押
さえておきたい。

・共働き世帯の増加と性別役割分業の問題，M字カーブ，3歳児神話
・少子化に伴う親準備性の不足と孤立した育児→育児不安
・マタニティーブルーズと産後うつの特徴と違い
・虐待とマルトリートメントについての理解と，保育士としての対応
・多様な家族(ひとり親家庭，貧困家庭，ステップファミリー，里親家庭，
　外国にルーツをもつ家庭)の理解と必要な支援

4. 子どもの発達の理解に基づく保育

　子どもの発達は個人差が大きく，また，子どもが生まれもつ気質や家庭の
状況によっても異なる。また，実際の子どもの発達は連続したものであり，
理論は参考にはなるが，そのまま当てはまるものではない。さらに，一人ひ
とりに向き合うだけでなく，子ども同士の関わりを促していくことも保育者
の役割である。

　そうした保育の実践には正解と呼べるものはなく，保育者は自らの保育実
践を常に振り返り，評価していくことが必要である。そのためには，他の保
育者との協働，対話も欠かすことができないだろう。

　ここでは，そうした実際の保育場面における子どもの姿や保育士としての
役割を意識したキーワードを記す。

236

保育の心理学

▶▶ 子ども相互の関わり・集団での育ち
・集団で過ごすことの意義(観察学習，発達の最近接領域を刺激する存在としての仲間)
・いざこざやけんかの意味，自己制御能力(自己主張・自己抑制)の発達，いざこざやけんかへの介入

▶▶ 保育実践とその評価
・保育士の役割(安全基地として，子どもの環境から学びを促す環境設定)
・発達の連続性を意識した援助，小学校との連携と接続
・カリキュラムマネジメント，PDCAサイクル，全体的な計画
・保護者や他の保育者との対話，協働

Q演習問題

❶ 発達について述べた記述として不適切なものを，次の①〜⑤から1つ選びなさい。　　　　　　　　　　　　　　　　　(難易度■■□□□)

① ポルトマンによれば，ヒトは進化の過程で大脳が発達した一方，直立二足歩行によって骨盤の形状が変化し，産道が狭くなったため，未熟な状態で子どもを出産するようになった。

② バルテスによれば，発達は生涯にわたる獲得と喪失のダイナミックな相互作用であり，加齢とともに獲得はなくなり，喪失のみとなる。

③ エリクソンやピアジェは，発達には量的な変化だけでなく，質的な変化があると考え，発達段階を設定している。

④ 発達には遺伝要因と環境要因がともに関わるが，近年，特定の遺伝的傾向をもつ人は，特定の環境にさらされやすいという遺伝・環境間相関を考える必要性も指摘されている。

⑤ ヴィゴツキーは，子どもに対する教授・学習においては，子どもが自力で達成できる水準だけでなく，子どもが他者との共同や，他者からの援助によって達成できる水準を把握する必要性を指摘し，発達の最近接領域という概念を提唱した。

❷ 次の0歳児クラスの事例と特に関連が深い用語の組み合わせとしてもっとも適切なものを，あとの①〜⑤から選びなさい。　　(難易度■■■□□)

237

▶ 専門試験　保育士分野

【事例】

　　保育士の膝に座って絵本を読んでいたAちゃんは，絵本の中に描かれ
たごみ収集車を指さしながら保育士の顔を見上げた。保育士は「ごみ収
集車あったね」と応じてから，ついさっき保育所の前にごみ収集車が止
まっていたことを思いだし，「ごみ収集車，Aちゃん，さっき見たねえ」
と声をかけると，Aちゃんはにっこり笑って絵本に視線を戻した。

【語群】

　　選好注視　　　共同注意　　　三項関係　　　二項関係

　　叙述の指差し　　　要求の指差し

① 　選好注視，三項関係，叙述の指差し

② 　選好注視，二項関係，要求の指差し

③ 　共同注意，三項関係，叙述の指差し

④ 　共同注意，二項関係，要求の指差し

⑤ 　共同注意，三項関係，要求の指差し

❸ ピアジェの認知発達段階説に関するA～Eの年齢と，ア～オの発達段階の
組み合わせとして正しいものを，あとの①～⑤から1つ選びなさい。

（難易度■■□□□）

A　0～2歳　　　　　　　B　2～4歳　　　　　　　C　4～7，8歳

D　7，8～11，12歳　　E　11，12～14，15歳

　　ア　前概念的思考期　　　イ　感覚運動期

　　ウ　具体的操作期　　　　エ　形式的操作期

　　オ　直観的思考期

① 　A-イ　　　B-ア　　　C-エ　　　D-オ　　　E-ウ

② 　A-オ　　　B-ウ　　　C-エ　　　D-ア　　　E-イ

③ 　A-オ　　　B-ア　　　C-イ　　　D-ウ　　　E-エ

④ 　A-イ　　　B-ア　　　C-オ　　　D-ウ　　　E-エ

⑤ 　A-イ　　　B-ウ　　　C-オ　　　D-エ　　　E-ア

❹ 言葉の発達に関する記述として不適切なものを，次の①～⑤から1つ選
びなさい。
（難易度■■■■□）

① 　新生児期は不快を表す泣き声が主であるが，生後2ヶ月頃から機嫌のよ
い時にクーイングと呼ばれる，「アー」「クー」とのどの奥を鳴らすよう

保育の心理学

な音を出すようになる。

② 生後6ヶ月頃には，規準喃語と呼ばれる，「マンマンマン…」のように子音と母音を組み合わせたリズミカルな発声ができるようになる。

③ 生後1歳になるまでには，「バブバブ」のように異なる音を組み合わせ，母語のイントネーションを備えた会話様喃語(ジャーゴン)を発するようになり，その中に特定の意味を伴う語が現れるようになる。

④ 初語が出現して半年ほどは語の獲得速度が遅く，過大汎用(動物はすべて「ワンワン」と呼ぶ)や過大縮小(自分の家の犬だけを「ワンワン」と呼ぶ)といった現象が見られる。

⑤ 多語文が話せるようになると，遊び場面ではひとりごとが増える。ピアジェはこの現象を，コミュニケーション手段として獲得された言葉が，思考の手段としての機能をもつようになる過程で生じるものと考え，理論化した。

5 排泄の自立に関する記述として不適切なものを，次の①〜⑤から1つ選びなさい。　　　　　　　　　　　　　　　(難易度■■■□□)

① 排泄の自立には，尿を膀胱に2時間以上ためておけるようになっていること，歩けること，言葉で尿意を知らせることができるようになっていることなど，一人ひとりのレディネスを見極め，無理なく進めることが必要である。

② 排泄の自立に向けては，絵本を読んだり，動物の排泄を観察したり，生活の中で排泄やトイレに対する興味関心をもつところから始め，トイレに行き，次に便器に座るなど，スモール・ステップで進めることが大切である。

③ 保育者が子どもの好きなシールと台紙を用意して，子どもが便器で排泄できたらシールを貼れるようにするのは，子どもの便器での排泄に対する内発的動機づけを高めるための正の強化子である。

④ 他児が自分からトイレに行き，排泄を済ませてすっきりした様子で戻ってくる姿を見ることは，子どもにとって観察学習のモデルになる。

⑤ 排泄の自立の過程において，子どもは自らの主体感や有能感とともに，時には甘え，受容される経験を通して，他者への基本的信頼感を深めていると考えられる。

239

▶ 専門試験　保育士分野

6 学童期から青年期の発達に関する記述として不適切なものを，次の①～
⑤から1つ選びなさい。　　　　　　　　　　　　（難易度■■■□□）

① 学童期は対人関係において友人の比重が高まり，中・高学年の頃には
ギャングエイジと呼ばれる同年代，同性からなり，役割分担のはっきり
した排他的な仲間集団を形成する。

② 割り算や小数・分数など，具体的に操作しづらい学習が始まることで
「9歳の壁」などと呼ばれるように，学習へのつまずきが増えてくる時期
である。

③ 第二次性徴など身体的な成熟とともに，心理的変化を経験する思春期
は，親からの心理的離乳を試みる時期であり，不安なことにもひとりで
立ち向かうことが必要である。

④ 青年期において，友人は親に代わる重要な存在となるが，青年期前期
は同調性が高く，互いの異なる部分を積極的に理解し合うことが難しい
ため，いじめの問題も起こりやすい。

⑤ メタ認知とは，自らの認知活動を客観的にとらえ，評価したり，修正
したりする機能であるが，これは学童期から青年期を通して発達する。

7 多様な家庭・配慮の必要な家庭とその支援に関する記述として不適切な
ものを，次の①～⑤から1つ選びなさい。　　　　　（難易度■■■■□）

① マルトリートメント(不適切な養育)とは，虐待を含め，それが子ども
のためであるという認識に基づくものであっても，子どもの心やからだ
を傷つけるような行為すべてを指す。

② ステップファミリーとは，主に子どもを連れた再婚などで血縁関係の
ない親子関係やきょうだい関係を含む家庭のことであるが，大人に比べ
て子どもは適応が早いため，新しい家族を受け入れ，家族としての一体
感を感じられるようになるまでほとんど時間を要さない。

③ 虐待を受けている子どもが無気力で抑うつ的になってしまうメカニズ
ムは，不快な状況から逃げ出そうとしても逃げ出せない状況に長くいる
と，そこから逃げ出そうとする努力さえしなくなってしまう学習性無力
感が考えられる。

④ 近年，外国にルーツをもつ子どもが増えているため，保育者が積極的
に異なる文化に関心や学ぶ姿勢をもち，異なる文化的背景をもつ者同士
が尊重し合える保育の場を作る必要がある。

240

保育の心理学

8 子どもの心の健康に関わる問題に関する記述として適切なものを，次の
①～⑤から1つ選びなさい。　　　　　　　　　　（難易度■■■■■）

①　選択性緘黙とは，他の状況では年齢相当に話せるのに対し，特定の社
会状況で一貫して話をすることを自らの意志で拒否する状況が，1ヶ月
以上持続している状態をいう。

②　性器いじりは，性器に刺激を与えて身体的快感を得る行為のことであ
るが，習慣化しないように厳しく制止しなくてはいけない。

③　自閉スペクトラム症は社会的なコミュニケーションの難しさがその中
核症状であり，対人的な交流に対して関心を示すことはない。

④　逆境でも良好な発達や社会適応を達成する人はレジリエンス(精神的回
復力)が高いと考えられるが，このレジリエンスは個人のもって生まれた
ものであり，発達の過程で獲得されることはない。

⑤　乳幼児期は発音が未熟でもあまり気にする必要はないが，周囲の大人
が噛む・吹く・吸う・舌を動かすといった遊びや活動を楽しめるような
工夫をすることで，子どもの発音の発達を支援することは可能である。

9 エリクソンの心理社会的発達段階説に関する記述として不適切なものを，
次の①～⑤から1つ選びなさい。　　　　　　　　（難易度■■■□□）

①　アイデンティティとは，自分で斉一性と連続性が感じられるとともに，
他者がそれを認めてくれているという両方の自覚であり，両者の合致に
よって生じる自信がアイデンティティの感覚といえる。

②　人生は8つの段階に区分され，各段階にはその時期に達成されるべき課
題(心理社会的危機)があり，それを乗り越えることが次の段階の発達課
題に立ち向かう力となる。

③　乳児は自身の欲求が満たされる中で，世界に対する基本的信頼感を獲
得するため，周囲の大人は乳児の欲求をすべて完璧に満たしてやらなけ
ればならない。

④　幼児期前期は「自分でやりたい」気持ちと「やりたいけれどできない」
という葛藤を経験しているため，大人はやろうとした気持ちを認め，尊

241

■▶ 専門試験　保育士分野

重し，次にまた挑戦できるよう支援する必要がある。

⑤　幼児期後期は子どもの興味の対象が広がり，「なぜ？」「どうして？」と質問を積極的にするが，そうした質問が許されない環境では，子どもは好奇心をもつこと自体に「罪悪感」を感じるようになってしまう。

⑩ 次のア～オは，乳幼児期の遊びの形態である。発達のより早い時期に観察されるものを左から順に並べたものとして適切なものを，あとの①～⑤から1つ選びなさい。　　　　　　　　　　　　　　　　（難易度■■□□□）

ア　協同遊び　　　イ　傍観的行動　　ウ　連合遊び　　エ　並行遊び
オ　ひとり遊び

① オ－イ－エ－ア－ウ
② オ－イ－エ－ウ－ア
③ オ－エ－イ－ア－ウ
④ エ－オ－イ－ウ－ア
⑤ エ－イ－ウ－ア－オ

⑪ 就学の援助に関する記述として適切でないものを，次の①～⑤から1つ選びなさい。　　　　　　　　　　　　　　　　　　　　（難易度■■■□□）

①　読み書きの習得には音韻意識が必要であるが，これは4歳頃から学童期を通して遊びの中で育まれる。

②　就学に伴い，子どもたちは場を共有していない人でも理解できるような二次的ことばの習得を求められるが，二次的ことばの習得に際しては生活経験と切り離した内容で他者に伝える訓練が必要である。

③　小学校では，幼児期に自発的な遊びを通して育まれてきたことが各教科の学習に円滑に接続され，主体的に学びに向かえるようスタートカリキュラムが行われている。

④　子どもたちは生活や遊びの中で自らの必要感に基づいて，数量の感覚や文字の読み書きを身に付けるため，日常的に保育者が数量や文字を効果的に活用する姿は子どもたちの就学の援助につながる環境設定の1つといえる。

⑤　小学校における交流会は，小学生にとっても幼児と接する経験の中で責任感や表現力が育まれるなど，メリットがあるといえる。

242

保育の心理学

12 保育士としての心構えに関する記述として不適切なものを，次の①〜⑤から1つ選びなさい。　　　　　　　　　　　　　　　　（難易度■■■■□）

① 平成29年に改訂された保育所保育指針では，保育所は児童福祉施設であると同時に，幼児教育を行う施設であることが明記されている。保育士は子どもたちの遊びの援助を通して教育を行っているという意識が必要である。

② 「学びに向かう力，人間性等」のような非認知能力(社会情動的スキル)を育むためには，大人が指示を出したり知識を与えたりする教育ではなく，子ども自身が主体となって正解のない遊びのような活動の中で試行錯誤する経験が必要である。

③ ピグマリオン効果は，子どもに対するはたらきかけが期待に沿ったものになるというメカニズムであることから，どの子どもにも期待をもって関わることが大切である。

④ 否定をせずに肯定的な態度で保護者の話を傾聴するカウンセリングの技法は，保護者との信頼関係の構築においても有用である。

⑤ 子どもが不安になっている時は，子どもがその不安に注意を向けることのないように，笑顔で励ましたりポジティブなことばかけをしたりすることが大切である。

13 子ども理解のための方法や保育所における評価に関する記述として不適切なものを，次の①〜⑤から1つ選びなさい。　　　　　　　（難易度■■■■□）

① 子どもがスプーンを投げた時，スプーンを投げる行動に反応するのでなく，「なぜスプーンを投げたのか」という行動の背後にある心理や発達状態に踏み込んで理解することが，子どもに必要な援助につながる。

② 省察とは，記録を通じ，実践の中でとらえきれなかった子どもの姿や出来事の意味を振り返ることである。

③ カリキュラムマネジメントとは，計画を作り(P)，実行して(D)，うまくいっているか評価して(C)，計画を改善する(A)という一連の流れであり，こうしたサイクルは目の前の子どもの実態に合わせながら，個々の保育者だけでなく園全体でも行う必要がある。

④ 他の保育者と保育の記録を共有することで，子どもの姿を多面的にとらえ，理解を深めることにつながる。

⑤ 人には避けられない認知的バイアスがあるため，子ども理解のために

は，その子どもの目に見える行動のみを客観的にかつ注意深く記録することが必要である。

1 ②
解説
① 適切。生理的早産と呼ばれる。
② 適切ではない。生涯にわたって獲得と喪失の両方が生じる。例えば，生後半年頃まで子どもは非母語の子音も聞き分けができるが，1歳頃にはそうした能力は失われることが分かっている。
③ 適切。エリクソンは心理社会的発達段階説，ピアジェは認知発達段階説を提唱した。
④ 適切。例えば，外向性が高い場合は社会的な活動に積極的に参加することでさらに外向性が高まることが考えられる。
⑤ 適切。ヴィゴツキーは子どもの精神発達は社会生活に起源があると考え，他者の存在を重視した。

2 ③
解説
共同注意とは，他者と同じ対象に注意を向け合うことであり，これによって，「自己－他者－対象」の三項関係を成立させることができる。三項関係によって他者から対象について学べるようになることで，認知発達や言語発達が飛躍的に向上する。共同注意が可能になる時期から「9ヶ月革命」と呼ばれる。なお，選好注視法はファンツによって開発された言語をもたない乳児の興味を測定する方法である。

3 ④
解説
A 0～2歳(感覚運動期)は，身体的な動作の繰り返し(循環反応)を通じて運動と感覚の関係を理解し，目の前にあるものをだんだんとうまく操作できるようになる時期。
B 2～4歳(前概念的思考期)は，表象を用いて頭の中での思考が可能になるが，まだ表象が概念化されていない時期。

保育の心理学

C 4～7，8歳(直観的思考期)は，知覚情報に影響されやすく，論理的判断は難しいが，概念操作が可能になる時期。

D 7，8～11，12歳(具体的操作期)は，具体的に存在するものについては表象を操作して論理的思考が可能になる時期。

E 11，12～14，15歳(形式的操作期)は，現実から離れた抽象的な概念や表象に関しても，論理的思考が可能になる時期。実際の子どもの姿とも結びつけて理解してほしい。

4 ⑤
解説

① 適切。生後4ヶ月頃には音の高さや強さを変えながら長めに発声し，笑い声も出るようになる。

② 適切。規準喃語は聴覚障害児ではまれにしか見られない。

③ 適切。意味をもつ最初の語を初語と呼ぶ。

④ 適切。一語発話の時期である。1歳半を過ぎて発語が50語を超えるあたりから語彙爆発が訪れる。

⑤ 適切ではない。外言(コミュニケーションのための言葉)と内言(思考のための言葉)を区別して理論化したのはヴィゴツキーである。ピアジェはひとりごとを自己中心性の現われととらえ，自己中心語と呼んだ。

5 ③
解説

① 適切。レディネスはゲゼルの成熟優位説とセットで確認すること。

② 適切。オペラント条件づけによる行動形成である。

③ 適切ではない。正しくは外発的動機づけである。正の強化子はオペラント条件付けの用語であるが，オペラント条件付けは，行為者の外発的動機づけを利用したものといえる。内発的動機づけを高めるためには，例えば，便座で排泄した際に「すっきりしたね！」と子どもの内的状態に言及することで，その行動自体の価値に気づいてもらう方法があるだろう。

④ 適切。観察学習とは自分が直接経験しなくても，他者が行動した結果を観察することで，新たな行動を習得することである。

⑤ 適切。排泄の自立に限らず，基本的生活習慣の獲得全般にいえることである。

6 ③
解説

① 適切。仲間集団に適応する中で，他者の思考や感情，視点を理解する力が発達する。
② 適切。学童期の心理社会的危機は「勤勉性対劣等感」であり，つまずきにより劣等感を感じやすくなるが，挫折し，それを乗り越える経験が，その後の人生の糧になるという理解も重要である。周囲の大人には，子どもがつまずきや困難と向き合えるようサポートすることが求められる。
③ 適切ではない。青年期前期の愛着対象者は友人や恋人というより身近な大人である。不安定な時期ゆえ，反抗的な態度が見られるが，周囲の大人はその発達の過程を理解し，何かあった時の安全基地として機能できるよう，子どもを受容し，見守ることが大切である。
④ 適切。近年はSNSが友人との親密性を確認するために利用されているため，返信しないことで自分が仲間外れにされてしまうのではないかという不安から，SNSの過剰利用も問題となっている。
⑤ 適切。形式的操作もできるようになり，自己や他者を客観的に見ることにより，自己矛盾で葛藤したり，大人に対する反発心をもったりする。

7 ②
解説

① 適切。虐待した保護者が「しつけ」を理由とすることもあるが，「子どもにとって心身ともに健康，安全で情緒の安定した生活が少しでも脅かされれば，それは虐待」という子ども側に立った判断をすべきと考えられている。
② 適切ではない。ステップファミリーが一体感を確立するにはおよそ5～7年かかると指摘されている。実際にコミュニケーションを重ねて適切な距離感(子どもが安心・安全を感じられる距離感)を形成する必要があり，大人だけでなく子どもにも多大な労力，努力が求められる。
③ 適切。どう頑張っても保護者に愛してもらえない経験は，子どもの自己肯定感や自尊心の低下をもたらす。保育者としては子ども自身の言動を受け止め，子どもの安全基地となること，「あなたは大切な存在なのだ」と根気強く伝えていくことが大切である。
④ 適切。外国にルーツをもつ家庭に限らず多様な家庭がある中で，保育

保育の心理学

者は自分がもつ価値観を大切にしながらも，他者の価値観を否定せず受け止め，子どもの保育の必要に応じて折り合いをつけていく柔軟な姿勢が求められている。

⑤　適切。日本では生存の維持に困難が生じる絶対的貧困の状態にある子どもは少ない一方，標準的な生活水準が維持できない相対的貧困の状態にある子どもは多くなっている。そうした家庭の保護者は仕事で忙しく，子どもに十分に手をかけられていないことも多いため，保育者は子どもとの一対一の関わりの中で愛着形成をはかりながら，基本的生活習慣の獲得を丁寧にサポートしていくことなどが求められる。

8 ⑤

解説

①　選択性緘黙は自分の意志で話さないことを選択しているという誤解を生じやすいために，当事者，保護者や支援者の間では「場面緘黙」を用いることが多い。実際には，子どもにとって話したいのに話せない状況であることに留意したい。

②　不安や葛藤を落ち着けるための行為であるとすれば，大人がびっくりして叱ることはかえって子どもの行為を助長するので，スキンシップをとるなどできる限り別のところで欲求不満が解消できるようにしていく。

③　自閉スペクトラム症で社会的コミュニケーションが難しい理由は「心の理論」が活用できず，他者の行動の背後にある心の世界を推測することが難しいからである。したがって，他者との接触を積極的に図ろうとするケースもあるが，他者の心的状態を配慮したものではないため，コミュニケーションの観点で違和感が生じることがある。

④　レジリエンスは，ストレスの影響の受けやすさの個人差を説明する概念。もともと備わる気質的な要素と，ソーシャルサポートの状況，他者との関係の中で育まれる社会的スキルもレジリエンスを構成する大切な要素である。

⑤　適切。発音は構音とも呼ばれ，およそ6歳頃完成する。風車を強く早く吹く，笛をゆっくり優しく吹く，食事をゆっくりよく噛んで食べる，棒付きキャンディーをぺろぺろなめるといったことが口や舌を動かす練習になる。また，発音の間違いを指摘したり，笑ったりして，子どもの自尊心を傷つけることがないように気を付けたい。

専門試験　保育士分野

9 ③
解説
① 適切。アイデンティティは自己に関する感覚であるが，他者との関係の中で形成されるものであるということを確認しておきたい。
② 適切。発達は連続しているという視点が重要である。
③ 適切ではない。エリクソンによれば，欲求が満たされない不信を体験しながらも，それを上回る信頼の体験があれば，世界に対する基本的な信頼感は獲得されるとされている。
④ 適切。「自律性対恥・疑惑」が発達課題である。自分でやろうとする気持ちを尊重することが，基本的生活習慣の獲得にもつながる。
⑤ 適切。質問に限らず，好奇心のもとに，いわゆる「いたずら」をして大人に注意されることも増えるが，そうした子どもの好奇心や疑問をもつ態度は積極的に歓迎し，好奇心を満たせる環境を用意したい。

10 ②
解説
　これらの遊びは，パーテンが子どもの社会的参加に注目して自由遊びを観察，分類したものである。特に同じもので遊んでいるが相互のやりとりのない並行遊び，物の貸し借りや会話などやりとりのある連合遊び，明確なルールや目標があり，それにしたがって役割分担をする協同遊びの違いを整理しておきたい。また，4・5歳児クラスになると友だちと遊ぶ姿が多くなる一方で，自分のやりたいことに没頭し，ひとり遊びをする姿も見られる。ひとり遊びは決してレベルが低いものではないという点に留意したい。保育者は子どもの「自分の世界」も「友だちとの世界」も大事に，一人ひとりの成長に寄り添う姿勢が必要である。

11 ②
解説
① 適切。「うさぎ」と聞いて文字にするためには「う」と「さ」と「ぎ」に音韻を分解し，1音ずつ抽出する力が必要である。
② 適切ではない。文脈を共有しない人にことばだけで伝えることは負担が高いため，「伝えたい」と思える充実した生活経験の方が求められるといえる。
③ 適切。保育所側で行われるのはアプローチカリキュラム。小学校との

保育の心理学

交流活動や，協同的な活動・話し合いなどの保育内容を工夫する形で行われている。

④ 適切。小学校教育の先取りが求められているわけではない。

⑤ 適切。保幼小連携において互恵性(双方に意味のある関係であること)はポイントの1つである。

12 ⑤
解説

① 適切。幼児教育を行う施設として幼稚園，子ども園と「育みたい資質・能力」と「幼児期の終わりまでに育ってほしい姿(10の姿)」が共有された。

② 適切。非認知能力(社会情動的スキル)には好奇心や集中力，自己制御能力や自己肯定感などが含まれる。

③ 適切。ピグマリオン効果とは，期待をするとその通りに子どもが伸びるというものである。

④ 適切。受容と共感を基本とするカウンセリングの技法は，保育や保護者支援においても有用である。

⑤ 適切ではない。ネガティブな気持ちをないものにせず，それを当たり前と受容してから「先生が一緒にいるよ」「大丈夫だよ」など情動調整する方が感情制御の発達を促すことができる。

13 ⑤
解説

⑤ 保育においては目に見える行動を観察，記録するだけではなく，当事者の目線に立ち，当事者の気持ちになってその行動に対して考察を行っていくことが大切である。

249

▶ 専門試験　保育士分野

専門試験 子どもの保健

≣ POINT ≣

1．子どもの保健の意義
▶ 子どもの保健の意義

　子どもの命を護り，子どもの発育(成長・発達)を見守り，健康を保持増進させることは，保育士の大切な役割である。子どもの保健では，

　子どもの体のしくみや疾病の正しい知識を身につけ，疾病の早期発見・早期対応および疾病予防の他，子どもの事故予防や救急対応だけではなく，子育て支援や地域連携

について活用していかなければならない。

▶ 健康の定義

　「健康」は，WHO(世界保健機構)によると，以下のように定義されている。

「健康とは，病気でないとか弱っていないということではなく，肉体的にも精神的にも，社会的にもすべてが満たされた状態である。」

　この条文にあるように，ただ病気でない，弱っていないというだけではなく，心身ともに，また社会生活においてもすべてが満たされている状態である。子どもの虐待や社会情勢も含めた子どもの健康全般について，理解を深めておきたい。

　また，親の喫煙など生活習慣が子どもに影響を与えることも多々ある。**乳幼児突然死症候群(SIDS)**についても，原因や予防をしっかり理解しておきたい。

2．子どもの発育と成長・発達

　子どもの発達や発育，運動機能等について正しく理解し，評価することが大切である。

▶ 小児期の区分

　発育とは，成長と発達の両方を含めたものをあらわす用語として使われる。子どもは成長・発達の段階により，いくつかに区分される。一般的な小児期の区分は，以下の通りである。

- 新生児期：生後4週目未満の時期
- 乳児期　：生後1年未満(新生児期を含む)の時期
- 幼児期　：1歳以上小学校就学前まで
- 学童期　：小学校入学から満18歳まで

▶ 成長・発達

　成長は，量的増大をいい，乳幼児では身長，体重，頭囲，歯の本数が増えていく状態などがあたる。

　発達は，臓器の持つ機能を発揮していく過程，未熟な状態から成熟する過程を言う。例えば運動機能においては，脳が成熟していく過程で首がすわり，お座りをして，1歳から1歳半ころまでに立って歩けるようになる過程をいう。

　成長・発達の原則は，
①頭部から尾部へ　②中心から末梢部へ　③全体から特殊へ
の3つを頭に入れておくとよい。また，子供の成長・発達は個人差が大きいが，発育は身体の各部が一様に進むのではなく，速度も一定ではない。身長や体重は乳児期に著しく伸び，臓器別では，脳神経系と免疫系の発育が乳児期に著しく，生殖系は12歳以降に進むことを覚えておくと子どもを理解しやすい(スキャモンの発達・発育曲線参照)。

〈スキャモンの発達・発育曲線〉

▶ 発育評価

　身体発育評価の基準は，乳幼児では10年に一度厚生労働省が実施している乳幼児身体発育調査に基づく男女別の乳児身体発育パーセンタイル曲線が用

▶ 専門試験　保育士分野

いられる。パーセンタイルとは，データを小さい順に並べ，最小値から数えて何パーセント目に位置するかを表す値である。母子健康手帳などに乳幼児身体発育パーセンタイル曲線などは掲載されているため，確認しておきたい。

　そのほか，肥満とやせの判断の指標として，肥満度の計算や身長体重曲線，指数を用いるカウプ指数，ローレル指数などによって評価する。

・肥満度：肥満度$(\%) = \dfrac{実測体重〔kg〕- 身長別標準体重〔kg〕}{身長別標準体重〔kg〕} \times 100$

(評価：[乳幼児]±15%が「ふつう」

[学童以降]±20%が「ふつう」)

・身長体重曲線：横軸に身長(cm)縦軸に体重(kg)

(評価：-15%超+15%未満が標準)

・カウプ指数：体重$(g) \div$身長$(cm)^2 \times 10$

(評価：15以上19未満が標準)

・ローレル指数：体重$(kg) \div$身長$(m)^3 \times 10$

(評価：115以上145未満が標準)

　精神発達については運動発達以上に個人差が大きい。言葉の発達は，DENVER II (発達判定法)などを参考にして，発達の基本を理解していくことが大切である。

3. 子どもの生理機能の発達

〈脳〉

　出生時の体重は約3000g，3カ月で2倍，1歳で3倍になる。身長は50cm，1歳で1.5倍になる。脳の重量は出生時は大人の25%(350g)で，3歳で約80%，6歳で大人の90%に達する。

　脳は大脳，間脳，下垂体，脳幹(中脳・橋・延髄)，小脳からなる。出生時，乳幼児期は未熟で，5つの感覚器官(耳，眼，皮膚，舌，鼻)を通し情報を入力し，大脳はその情報を識別統合し，それに応じた行動を起こす。乳幼児期の脳の発達や情報処理に関しては，よく理解しておきたい。

〈呼吸・循環〉

　生後肺呼吸が開始され臍帯が結紮されると，次第に胎児期特有の循環経路である静脈管，卵円孔，動脈管が閉鎖し，成人循環に移行する。1回の拍出量，呼吸量が少なく，その分数を多くして循環・呼吸を維持するため，年齢

が低いほど心拍数(脈拍数)，呼吸数は多い。新生児期から2歳ころまでは腹式呼吸，2歳ころより胸腹式呼吸になり，7歳ころになると胸式呼吸になる。

〈水分代謝〉
　新生児，乳児期の腎臓は未熟であり，成人の機能に達するのは2～3歳ころである。小児は体重に占める水分の割合が成人に比べ多い。新生児では80%，乳児前期で75%，乳児後期で70%，成人では60%である。

〈体温調節機能〉
　子どもは体温調節機能が未熟なため，環境温度により体温は上昇しやすい。高温・多湿などでは熱の放散が容易に妨げられるため体温は上昇しやすく，夏季熱やうつ熱を起こしやすい。そのため環境温度に注意して衣服の調節をする必要がある。

〈免疫機能〉
　免疫グロブリンには，IgA, IgG, IgM, IgD, IgEの5種類ある。IgGは胎盤を通過できるため，新生児は母子免疫としてIgGを持って生まれる。また母乳にはIgAが含まれており，感染症の予防に有効である。

〈骨と歯〉
　新生児の脳頭蓋は6種8個の骨からできている。前側前頭骨と頭頂骨の間隙を大泉門，後側後頭骨と頭頂骨の間隙を小泉門という。小泉門は生後間もなく閉鎖する。大泉門は1歳6カ月頃までに閉鎖する。
　乳歯は，生後6カ月～8カ月頃，下の中央(乳中切歯)から生えはじめ，1歳半くらいになると第一乳臼歯が，2歳ごろまでに乳犬歯が生え，最後に第2乳臼歯が2歳半から3歳ころに生え，乳歯20本が揃う。

4. 子どもの健康観察，疾病の予防および適切な対応
▶ 健康観察
　平常時の子どもの健康観察のポイントをしっかり頭に入れておくことが必要である。「いつもと違う」「何か変」ということに早期に気づき対応できる能力が，保育者には必要不可欠である。
　また，子どもが罹患しやすい疾病の症状を見分けるポイント，体調不良時

▶ 専門試験　保育士分野

の対応について理解しておくことが大切である。

【体調不良時の対応】

・発熱

熱の放散が上手くいかないうつ熱と，細菌やウイルスに感染することによって発熱物質がプロスタグランジンを産生させ体温が上昇する発熱がある。むやみに解熱剤を使用して熱を下げない。

・けいれん

意識はないことが多い。子どもは熱性けいれんが一番多い。発熱がない場合はてんかんが代表的な病気である。けいれんがおきた場合は，発熱の有無，どこからおきたか，左右差，持続時間などを観察する。

・嘔吐・下痢

発熱や腹痛，その他の症状を伴う場合，感染症を疑う。その場合の吐物・排泄物の処理を適切に行う。また，イオン水や経口補水液などの水分が摂れない場合は，医療機関を受診する。

・咳・呼吸困難・喘鳴

気道感染症や喘息などで空気の通り道が狭くなった時にゼーゼーなど雑音が見られる。これを喘鳴という。この場合，横にさせるより縦抱きや座らせる姿勢を取らせた方が呼吸しやすい。顔色や口唇の色がすぐれなかったりするときは医療機関を受診する。

▶ 感染症や予防接種

子どもが罹患しやすい疾患(感染症や消化器疾患など)について理解を深めておくとよい。また感染の予防と対策として，感染源対策，感染経路対策(飛沫感染，空気感染，接触感染，経口感染)，感受性対策(予防接種)があり，特に予防接種スケジュールについても理解しておくとよい。生ワクチンか不活化ワクチンか，定期接種か任意接種かなど基本的なことも覚えておくとよい。

【子どもが罹りやすい感染症・疾病】

麻疹(はしか)，風疹(三日はしか)，流行性耳下腺炎(おたふくかぜ)，伝染性膿痂疹，手足口病，伝染性紅斑(リンゴ病)，RSウイルス，ロタウイルス感染症，突発性発疹，溶連菌感染症

▶ 発達障害

自閉スペクトラム症やADHDなどの特徴，診断基準などはよく理解してお

子どもの保健

きたい。また，心の病気と言われる反応性愛着障害や脱抑制型対人交流障害，愛情遮断症候群等についても，症状に気づき障害に合わせた対応ができるよう学びを深めておくとよい。

5. 環境および衛生管理・安全管理

▶ 環境・衛生管理

　室内の環境や室外の環境，温度(夏期26〜28℃，冬期20〜23℃)や湿度(50〜60%)を目安にする。玩具や器具は，水洗いおよびアルコールや次亜塩素酸ナトリウムなどで拭く。

▶ 安全管理

　災害時の対応，顕在危険，潜在危険についても理解を深めておく。教育・保育施設等における事故防止及び事故発生時の対応のためのガイドラインに沿って出題されることが増えてきている。誤嚥や窒息，食物アレルギーに関するマニュアル等，ガイドラインで確認しておくとよい。ヒヤリハット報告やPDCAサイクルなどについても理解を深めておくことが大切である。

6. けがの手当と応急処置

　創傷の手当，打撲時の対応(RICE)，鼻血や熱傷時の対応など基本的なことをしっかり覚えておくことが大切である。誤飲・誤嚥，窒息時の対応なども出題されている。心肺蘇生法やAEDの使用方法も動画で検索し，視覚から理解することも有効である。

　個別的な配慮を要するアレルギーの疾患をもつ子ども，食物アレルギーを持つ子どもへの対応などやアナフィラキシーショックの原因と対応についても理解を深めておく必要がある。

Q 演習問題

❶ 子どもの欲求と防衛機制に関する記述として適切なものを，次の①〜⑤から1つ選びなさい。　　　　　　　　(難易度■■■■□)
① 子どもが自分のほしいおもちゃを買ってもらえないとき，「あのおもちゃは面白くない」というのは「補償」の防衛機制である。
② 子どもがTVのヒーローになりきって高い所から飛び降りたり，乱暴

255

な遊びをしたりするのは，「同一視」の防衛機制である。

③　弟や妹が生まれたとき，上の子に幼いころの行動が現われ，親に甘えたりするのは「置き換え」の防衛機制である。

④　子どもが自分の願いをなかなか言い出せず，我慢しているのは「抑圧」による防衛機制である。

⑤　幼い妹や弟に対して，自分の母親にそっくりな様子で世話をしたり叱ったりするのは「投影」の防衛機制である。

2 次の文は，自閉スペクトラム症に関する記述である。適切な記述を○，不適切な記述を×とした場合の正しい組み合わせを，あとの①〜⑤から1つ選びなさい。　　　　　　　　　　　　　　　　(難易度■■■■■)

ア　自閉スペクトラム症の症状には，「社会的コミュニケーションおよび対人的相互反応における持続的な欠陥」と「行動，興味，または活動の限定された反復的な様式」がある。

イ　2歳6カ月男児。友達や保育士と話すことはするが，会話が一方通行で目が合いにくい。母親との関係は良好である。砂場での泥遊びを極端に嫌がる。パチパチ手を打ち鳴らす。

ウ　自閉スペクトラム症は，自閉症，アスペルガー症候群，広汎性発達障害などを含む疾患概念で，発達障害のひとつである。

エ　自閉スペクトラム症は，知的障害は持っていないことが多く，てんかんを合併することがある。

オ　自閉スペクトラム症は，発達障害の中でももっとも頻度が高く，発症率は約100人に1人いるといわれている。また，女性よりも男性のほうが約2倍多い。

	ア	イ	ウ	エ	オ
①	○	×	○	○	×
②	○	×	○	×	×
③	○	×	×	○	×
④	○	○	○	×	×
⑤	×	×	○	○	○

3 子どもの障害や問題行動に関する記述として適切なものの組み合わせを，あとの①〜⑤から1つ選びなさい。　　　　　　　　(難易度■■□□□)

子どもの保健

ア 衝動的で攻撃的な子どもは，家庭で虐待を受けている可能性など家庭
環境を含めて考える。

イ 子どもの爪かみ，指しゃぶりは内因性の神経性習癖と考えられる。

ウ 夜尿はトイレトレーニングが不十分なことが原因と考えられる。

エ 吃音は正しく言えるまで根気よく繰り返し発音させる。

オ ADHDの子どもには，医師によって薬剤が処方されることがある。

① ア，オ　② イ，ウ　③ イ，エ　④ ウ，エ
⑤ ウ，オ

4 次の文は，「保育所におけるアレルギー対応ガイドライン(2019年改訂
版)」(厚生労働省，平成31年4月)による子どものアレルギーに関する記述
である。適切な記述を○，不適切な記述を×とした場合の正しい組み合わ
せを，あとの①～⑤から1つ選びなさい。　(難易度■■□□□)

ア 生まれ持ったアレルギーの症状は年齢によって変化することはない。

イ 乳幼児期で起こるアナフィラキシーの原因のほとんどは食物アレル
ギーである。

ウ 乳幼児期早期に発症する子どもの食物アレルギーのうち，鶏卵，牛乳，
小麦などについては，かなりの割合の子どもが就学前に耐性化すると考
えられている。

エ 通年性アレルギー性鼻炎は主に動物(猫や犬など)のフケや毛などが原
因で生じる。

オ 気管支ぜん息のときに聞かれる音(喘鳴)は，気道が広くなることで起
こりやすくなる。

```
    ア イ ウ エ オ
①  ○ × ○ ○ ×
②  ○ ○ × × ○
③  ○ × × ○ ×
④  × ○ ○ × ×
⑤  × × ○ ○ ○
```

5 「健やか親子21」に関する記述として正しい記述を，次の①～⑤から1つ
選びなさい。　(難易度■■■■□)

① 2015年に策定された「健やか親子21」(第2次)は，2015年から5年間の

257

▶ 専門試験　保育士分野

国民運動計画である。

② 2013年に発表された第1次計画の最終評価報告書によると，10代の性感染症罹患率は確実に減少している。

③ 2013年に発表された第1次計画の最終評価報告書によると，低出生体重児の割合は減少している。

④ むし歯のない3歳児の割合は，2012年現在80％を切っている。

⑤ 児童虐待による死亡数の最終評価目標は，心中以外・心中それぞれ50人以下である。

6 2023年の「人口動態調査」に関する記述として適切なものを，次の①〜⑤から1つ選びなさい。　　　　　　　　　(難易度■■□□□)

① 「人口動態統計」(厚生労働省)によると，2023年の母親の年齢階級別合計特殊出生率で最も高い母親の年齢は30〜34歳となっている。

② 2023年の人口動態統計において，乳児の男児における死因は先天奇形，変形及び染色体異常で約半数を占める。

③ 2023年の合計特殊出生率(総数)は，前年を上回った。

④ 2019年の出生数が100万人を下回り，その後2020年から2022年にかけて低下していたが，2023年は若干増加した。

⑤ 母親の年齢(5階級)別出生数は，全ての年齢で前年より減少した。

7 身体発育(身体発育曲線，カウプ指数)に関する記述として適切なものを，次の①〜⑤から1つ選びなさい。　　　　　　(難易度■■□□□)

① カウプ指数は，乳幼児の身体バランスを見る指標で，その計算方法は体重$(g)÷$身長$(m)^2×10$で示される。

② 出生率は，人口100人に対する出生数である。

③ 児童福祉法では，生後1年未満(新生児期を含む)の子どもは乳児に区分される。

④ 児童福祉法では，幼児は2歳以上就学前までである。

⑤ 新生児期の生理的体重減少は，通常，出生体重の15％程度減少する。

8 生理機能の発達について正しい記述を，次の①〜⑤から1つ選びなさい。　　　　　　　　　　　　　　　　　　　　　(難易度■□□□□)

① 脳細胞は出生後もしばらくは増え続け，それによって脳の重量が増える。

子どもの保健

② 小児は一般に，大人より平熱が高い。

③ 乳児のうちは胸式呼吸だが，成長とともに腹式呼吸になる。

④ 乳児の脈拍は成人よりも多く，血圧も成人より高い。

⑤ 新生児が緑色の便をした場合は異常と考えられる。

9 精神運動機能の発達について正しい記述の組み合わせを，あとの①〜⑤から1つ選びなさい。　　　　　　　　　　　　　　　（難易度■■□□□）

ア　1〜2か月 ─────── あやすと声を出して笑う。

イ　5〜6か月 ──── 首がすわる。

ウ　9〜10か月 ────── ハイハイをする。

エ　11〜12か月 ──── 二語文を話す。

オ　1歳6か月〜2歳 ── おしっこを教える。

　① ア，イ　　② イ，ウ　　③ イ，エ　　④ ウ，エ

　⑤ ウ，オ

10 精神運動機能の発達について正しいものを，次の①〜⑤から1つ選びなさい。　　　　　　　　　　　　　　　　　　　（難易度■■□□□）

① 原始反射は生後3か月〜1歳頃まで見られる。

② 目の前に出されたものを唇と舌でくわえ，吸う運動が反射的に起こることを哺乳反射という。

③ 手のひらを強く握ると反射的に強く握り返すことを把握反射という。

④ 緊張性頸反射は，ハイハイをするのに都合のよい反射である。

⑤ 緊張性頸反射は，伝い歩きをするのに都合のよい反射である。

11 小児期に見られる疾患に関する記述として正しい組み合わせを，あとの①〜⑤から1つ選びなさい。　　　　　　　　　　　　（難易度■■■□□）

ア　SIDS(乳幼児突然死症候群)── うつぶせ寝

イ　アトピー性皮膚炎 ───── 細菌感染

ウ　周期性嘔吐症 ─────── 過食

エ　熱性けいれん ─────── 脳神経の働きの異常

オ　てんかん発作 ─────── 光の点滅

　① ア，イ　　② ア，オ　　③ イ，ウ　　④ ウ，オ

　⑤ エ，オ

259

▶ 専門試験　保育士分野

⓬ けがの応急処置について適切な記述の組み合わせを，あとの①〜⑤から1つ選びなさい。　　　　　　　　　　　　(難易度■■■□□)

ア　鼻出血　───　仰向け
イ　溺水　────　人工呼吸
ウ　やけど　───　衣服を脱がし洗面器に溜めた水に患部を浸す
エ　ねんざ　───　固定
オ　熱中症　───　真水を与える

①　ア，イ　　②　イ，ウ　　③　イ，エ　　④　ウ，エ
⑤　ウ，オ

⓭ 小児の予防接種に関する記述として適切なものを，次の①〜⑤から1つ選びなさい。　　　　　　　　　　　　(難易度■■■□□)

①　保護者は，予防接種を受けるときは母子手帳を持参し，予防接種記録の記載を受けなければならない。
②　3種混合ワクチンは，ジフテリア，結核，破傷風に対するワクチンである。
③　流行性耳下腺炎の予防接種は，任意予防接種である。
④　予防接種は，ワクチンの種類によって一定の間隔をあけて接種するが，注射生ワクチンは次回接種までに20日間以上あける。
⑤　ポリオワクチンとBCGワクチンは，2012年より不活化ワクチンに変更になった。

⓮ 事故防止並びに安全管理等に関する記述として適切なものを，次の①〜⑤から1つ選びなさい。　　　　　　　　　　　　(難易度■■■■■)

①　通常の条件下では危険ではないが，何らかの条件の変化で危険となって現れる危険を顕在危険という。
②　「令和5年教育・保育施設等における事故報告集計」によると，教育・保育施設等の事故が一番起こりやすい場所は，施設内の屋内である。
③　教育・保育施設等で発生した死亡事故や治療に要する期間が30日以上の負傷や疾病を伴う重篤な事故等(令和5年1月1日から令和5年12月31日の期間内)に国に報告のあった事故負傷等のうち7割以上が骨折によるものであった。
④　「児童福祉施設の設備及び運営に関する基準」(昭和23年厚生労働省令

第63号)第6条第2項において，避難訓練は少なくとも1年に1回は行わなくてはならないと規定されている。
⑤ 教育・保育中の事故の場合，事故に遭った子ども以外の子どもを事故が発生した場所と別の職員室等に移す。事故発生場所については，二次的な事故が発生する可能性があるためその場の片付け，物の移動等を行う。

15 気道異物による窒息の子どもを発見した場合の対応として適切な記述の組み合わせを，あとの①〜⑤から1つ選びなさい。　　（難易度■■■□□）
ア　意識があり咳き込んでいる場合は，咳を止めるように促す。
イ　苦しそうにして反応がある場合は，背部叩打法または腹部突き上げ法を行う。
ウ　異物が取れるか反応がなくなるまで，背部叩打法または腹部突き上げ法を繰り返す。
エ　意識がなく呼吸をしていない場合は，直ちに心肺蘇生法を行う。
オ　心肺蘇生の途中で口の中をのぞき込み異物が見えたら，胸骨圧迫を中断し指を入れて異物を探り異物を取り出す。
① ア，イ，エ
② ア，ウ，オ
③ イ，エ，オ
④ イ，ウ，エ
⑤ イ，ウ，オ

解答・解説

1

解説
① もっともらしい理由で自分を納得させるのは「合理化」。「補償」はある対象に劣等感を抱くとき，ほかのことで優位に立とうとする防衛機制。
② 適切。「同一視」は重要あるいは望ましい他者を自己と同一のものとみなす防衛機制である。
③ 記述は「親に構ってほしい」などの欲求が挫折したことによる「退行」

▶ 専門試験　保育士分野

である。「置き換え」はある物事への関心を別のものに置き換えて充足させようとする防衛機制。

④　「抑圧」とは，願望や衝動を自分自身が受け入れ難い，あるいは実現困難なために，それを意識に上らせないようにしている防衛機制。記述は本人が願望をはっきりと意識している。

⑤　母親を有能で優れた存在と感じ「同一視」している。「投影」は望ましくない自分の感情や考えを他人のものであると考える防衛機制。

2　④
解説

ア　正しい。自閉スペクトラム症の2つの中心症状は，1つは社会的コミュニケーションの障害，もう一つは，反復的で常同的である。

イ　正しい。社会的コミュニケーション及び対人的相互反応における持続的欠陥と反復常同性(パチパチ手を打ち鳴らす)などの症状が見られる。

ウ　正しい。現在の医学の動向としては，アスペルガー症候群と自閉症は区別することなく，広汎性発達障害などを含め自閉スペクトラム症という。

エ　自閉スペクトラム症は，約半数が知的障害を持っており，てんかんを合併することも多い。

オ　自閉スペクトラム症は，女性よりも男性のほうが約4倍多い。

3　①
解説

ア　適切。虐待を受けた子どもは精神面にもその影響が見られ，自己評価の低さ，衝動性，攻撃性，表面的で無差別な愛着などの特徴がある。

イ　爪かみ，指しゃぶり，吃音，緘黙，チック，夜驚症などの神経性習癖は，内因性ではなく心因性の適応障害と考えられる。

ウ　夜尿は排泄の自立後に起きる神経性習癖であり，ほとんどは自然に消失していく。昼間の緊張状態が原因となっていることがあり，子どもをリラックスさせるような働きかけが有効である。

エ　吃音は本人が強く意識して不安や緊張を感じると症状が悪化しやすいため，言い直しなどはさせない。

オ　適切。ADHDにより極度の興奮状態にある子どもには，医師の指示で薬剤が使われることがある。

262

子どもの保健

4 ④
解説
ア 「変化することはない」が誤り。アレルギー症状は年齢によって変化し，次から次へと発症・軽快・再発する。
エ 「動物(猫や犬など)のフケや毛など」が誤り。主な原因はハウスダストやダニであるとされる。
オ 「広くなる」が誤り。気道(空気の通り道)での炎症が生じた結果，気道が狭くなることで起こりやすくなる。

5 ②
解説
① 「健やか親子21」は，女性と子どもの健康，思春期の健やかな体と性を目指して，NPO，関係機関・団体，地方，国が連携して支援しているもので，第1次計画が2001年度〜2014年度，第2次計画が2015年度〜2025年度までの国民運動計画である。
③ 増加している。従来死産となっていた児が出生となること等もあり，この指標が高いことは必ずしも悪いことを示してるわけではないという指摘もある。
④ 第2次計画によれば，2012年現在，81％である。5年後に85％，10年後に90％を目標としている。
⑤ 第2次計画では，心中以外，心中それぞれ一人でも減少することを目標としており，具体的な数値は掲げられていない。

6 ①
解説
① 適切。
② 2023年の乳児死亡(男児)の主な死因の構成割合では，先天奇形，変形及び染色体異常によるものは33.5％である。
③ 2023年の合計特殊出生率は，1.20であり，前年(2022年)の1.26より下がり，過去最低である。
④ 出生数は2016年以降毎年減少傾向である。
⑤ 45歳以上で前年より増加している。

263

▶ 専門試験　保育士分野

　③

解説

① カウプ指数の計算式は，体重(g)÷身長(cm)^2×10，もしくは体重(kg)÷身長(m)^2×10である。
② 出生率は，人口1000人に対する一定期間，特に1年間の出生数である。
③ 適切。「乳児」は1歳未満の子どもを指す。児童福祉法と母子保健法で規定されており，生まれてから1歳の誕生日を迎える前日までは乳児として扱われる。
④ 幼児は，1歳以上小学校就学前までをいう。
⑤ 生理的多重減少は，通常4〜5％前後であり，10％を上回ることはないとされている。

　②

解説

① 脳細胞の数が出生後に増えることはないが，グリア細胞が増えるとともに，脳細胞間の連絡網が密になるため，脳の重量が増える。
② 正しい。小児は一般に，大人より平熱が高く，ちょっとしたことで発熱しやすい。
③ 乳児のうちは胸郭の広がりが小さいため腹式呼吸だが，成長とともに胸郭を広げることができるようになるため，胸式呼吸になる。
④ 乳児の脈拍は120〜140で成人の60〜80よりも多いが，乳児の血圧は100/60で，成人の120〜130/80よりも低い。
⑤ 新生児は生後24時間以内に黒緑色の便をしたり，授乳が進んでから黄色や緑色の便をすることがあるが，異常ではない。

9　⑤

解説

1〜2か月：明るい方を見る，あやすと笑う。　3〜4か月：首がすわる，あやすと声を出して笑う。　5〜6か月：寝返りをする。　7〜8か月：一人で座れる，「いないいないばあ」を喜ぶ。　9〜10か月：ハイハイをする，つかまり立ちをする。　11〜12か月：マンマ，パパなどの声を出す。　1歳〜1歳6か月：話す単語の数が増える。　1歳6か月〜2歳：二語文を話す，後追いが見られる，おしっこを教える。　2歳〜2歳6か月：走る。　2歳6か月〜3歳：ごっこ遊びをする，「これなあに？」を繰り返す。　4歳：自分で排

264

便する。 5歳：ブランコをこぐ，でんぐり返しができる。
したがって，解答はウとオの⑤である。

解説

① 正しい。原始反射は生後3か月～1歳頃まで見られ，大脳の発達とともに消失する。
② 哺乳反射は，口の周りに指が触れると，触れたものを探して唇と舌でくわえ，吸う運動が反射的に起こるものをいう。授乳の際に役立つ反射である。
③ 把握反射は，手のひらに物が触れた時に強く握りしめる運動が反射的に起こるものをいう。
④，⑤ 緊張性頸反射は，頭を一方に向けると，弓を引くように向けた側の手足を伸展し，反対側の手足を屈曲するもので，寝返りするのに都合のよい反射である。この反射が見られない場合や，極端に体を反らせてしまう場合は，神経系に異常があることも考えられる。

解説

ア SIDS(乳幼児突然死症候群)の原因はまだはっきりとはわかっていないが，うつぶせ寝は発生頻度を高める要因の1つであることがわかっている。
イ アトピー性皮膚炎はアレルギー疾患の1つで，遺伝的体質に環境因子やアレルゲンが加わって発症する。
ウ 周期性嘔吐症は2～10歳の小児に多く，体質的なものに感染症や疲労，緊張，興奮などが誘因となって発症する。
エ 熱性けいれんは発熱によって起こるけいれん発作をいう。
オ てんかんとは，発作的に起こる脳の律動異常に対して，けいれんや意識障害などの症状が現れるもの。光の点滅が誘因となることがある。
したがって，解答はアとオの②である。

解説

ア 誤り。鼻出血の場合，血液がのどへ流れないよう，上を向いたり仰向けにしたりしないことが原則。軽い出血ならティッシュで押さえるだけで止まるが，多い場合は首の付け根部分を冷やす。

▶ 専門試験　保育士分野

イ　正しい。溺水した場合，呼吸をしていないようなら人工呼吸を行う。
無理に吐かせようとすると胃の水が肺に入ることがあるので，あわてて
吐かせなくてよい。

ウ　誤り。やけどは衣服を着せたまま流水で十分に冷やすことが原則。衣
服を脱がせると皮膚がはがれる恐れがある。

エ　正しい。ねんざや骨折をした場合は，その部分が動かないように，添
え木と包帯で固定する。

オ　誤り。熱中症の場合はただちに涼しい場所へ移動させ，体を冷やす。
脱水を伴っていることが多いため，真水ではなくナトリウムイオンを含
むスポーツドリンクなどを与える。

⑬ ③
解説

① 　予防接種記録の交付は，母子健康手帳への記載又は予防接種済証の交
付であり，母子手帳に記載を受けなければならないは誤り。

② 　3種混合ワクチンは，ジフテリア，百日咳，破傷風に対するワクチンで
ある。

③ 　適切。

④ 　注射生ワクチンの接種後，次の注射生ワクチンの接種を受けるまでは
27日以上の間隔をおくこと。2020年10月から経口生ワクチンや不活化ワ
クチンの接種間隔は同じワクチンを複数接種する場合を除き，原則制限
がなくなっている。

⑤ 　ポリオワクチンは，2012年より不活化ワクチンに変更になったが，結
核の予防接種であるBCGワクチンは，生ワクチンであり，不活化ワクチ
ンに変更されてはいない。

⑭ ③
解説

① 　通常の条件下では危険ではないが，何らかの条件の変化で危険となっ
て現れる危険は潜在危険と言われ，1：環境の潜在危険，2：服装の潜在
危険，3：行動の潜在危険，4：心理状態の潜在危険などに分類できる。

② 　負傷等の事故の発生場所は，施設内が2,481件〔90％〕，そのうち1,387件
〔56％〕は施設内の室外で発生している。

③ 　適切。死亡及び負傷集計2,772のうち2,189が骨折によるものである。

266

④　児童福祉施設の設備及び運営に関する基準第6条においては，「児童福祉施設においては，軽便消火器等の消火用具，非常口その他非常災害に必要な設備を設けるとともに，非常災害に対する具体的計画を立て，これに対する不断の注意と訓練をするように努めなければならない。」とするとともに，避難及び消火に対する訓練は「少なくとも毎月1回」は行わなければならないとされる。

⑤　「教育・保育施設等における事故防止及び事故発生時の対応のためのガイドライン【事故発生時の対応】〜施設・事業所，地方自治体共通〜」(平成28年3月　厚生労働省)では，事故直後についてはまずは事故に遭った子どもの応急処置を行う。施設・事業所の長，他の職員と連絡をとり，緊急時の役割分担表等に基づき各職員について事故対応に係る役割を分担する。また，事故が発生した現場を，現状のまま保存しておく。教育・保育中の事故の場合，事故に遭った子ども以外の子どもを事故が発生した場所と別の保育室等に移す。事故発生場所については，二次的な事故が発生する可能性がある場合を除き，片付け，物の移動等を行わない，と記載されている。

 ④

解説

ア　誤り。強いせきをしているときは，自力で異物を排出できることもあるため，咳を止めさせない方がよい。

イ，ウ　正しい。どちらかの方法を数回行い，効果がなければもう1つの方法に切り替え，両方を交互に繰り返す。異物が取れるか，反応がなくなるまで，または救急隊の到着まで続行する。

エ　正しい。

オ　誤り。心肺蘇生の途中で異物が見えたら，指で取り除くようにする。見えない場合はやみくもに口の中を探らず，そのために胸骨圧迫を長く中断してはいけない。

▶ 専門試験　保育士分野

保育原理

≡ POINT ≡

1. 保育に関連する法規

　法規関係は，自治体によって出題される・されないが明確に分かれる。しかし，試験で出題されなくても保育に携わる人物として基礎的な法規は把握しておきたい。ここでは特に保育所・保育士に関連する法規について掲載する。

▶ 児童福祉法（抜粋）

(児童の権利)

　第1条　全て児童は，児童の権利に関する条約の精神にのつとり，適切に養育されること，その生活を保障されること，愛され，保護されること，その心身の健やかな成長及び発達並びにその自立が図られることその他の福祉を等しく保障される権利を有する。

(保育の実施)

　第24条　市町村は，この法律及び子ども・子育て支援法の定めるところにより，保護者の労働又は疾病その他の事由により，その監護すべき乳児，幼児その他の児童について保育を必要とする場合において，次項に定めるところによるほか，当該児童を保育所(認定こども園法第3条第1項の認定を受けたもの及び同条第10項の規定による公示がされたものを除く。)において保育しなければならない。(省略)

　そのほか，第2条(国民等の責務)，第4条(児童・障害児の定義)，第18条の4(保育士)等は把握しておきたい。

▶ 児童の権利に関する条約（抜粋）

(子どもの最善の利益)

　第3条　1　児童に関するすべての措置をとるに当たっては，公的若しくは私的な社会福祉施設，裁判所，行政当局又は立法機関のいずれによって行われるものであっても，児童の最善の利益が主として考慮されるものとする。
　2　締約国は，児童の父母，法定保護者又は児童について法的に責任を有

保育原理

する他の者の権利及び義務を考慮に入れて，児童の福祉に必要な保護及び養護を確保することを約束し，このため，すべての適当な立法上及び行政上の措置をとる。

3　締約国は，児童の養護又は保護のための施設，役務の提供及び設備が，特に安全及び健康の分野に関し並びにこれらの職員の数及び適格性並びに適正な監督に関し権限のある当局の設定した基準に適合することを確保する。

そのほか，第1条(児童の定義)，第6条(生命・生存の権利)，第17条(情報の利用)，第29条(教育の目的)等は把握しておきたい。

▶ 児童憲章（抜粋）

われらは，日本国憲法の精神にしたがい，児童に対する正しい観念を確立し，すべての児童の幸福をはかるために，この憲章を定める。

児童は，人として尊ばれる。

児童は，社会の一員として重んぜられる。

児童は，よい環境の中で育てられる。

一　すべての児童は，心身ともに健やかにうまれ，育てられ，その生活を保障される。

五　すべての児童は，自然を愛し，科学と芸術を尊ぶように，みちびかれ，また，道徳的心情がつちかわれる。

六　すべての児童は，就学のみちを確保され，また，十分に整つた教育の施設を用意される。

児童憲章は分量が多くないため，そのほか大事なキーワードはすべて覚えるように努めたい。

2. 教育思想

教育史に登場する代表的な人物は，西洋も東洋も区別することなく把握しておきたい。ここでは出題頻度の高い人物とその業績について，掲載をする。

○ロック（1632～1704年）

イギリスの思想家・哲学者。イギリス経験論の大成者で，すべての知性は経験から得られるという「精神白紙説〈タブラ＝ラサ〉」は，人の発達における環境優位説につながった。主著に『人間悟性(知性)論』がある。

▎専門試験 保育士分野

○ルソー(1712〜78年)

　フランスの思想家。教育的主著『エミール』の冒頭「造物主の手から出るときはすべて善いものである」という信念のもと，自然に従う教育(自然主義教育)や，自然に先立って教育をしてはいけないという消極的教育を主張した。児童中心主義の立場から，注入より自発性を，言語より直観や経験を重視した。

○ペスタロッチ(1746〜1827年)

　スイスの教育思想家・実践家。言語中心の主知主義教育を批判し，知的・道徳的・技能的な能力の調和的な発達を目指し，直接経験や感覚を通じた教授(直観教授)を展開した。また，幼児教育における家庭の役割を重視し，「生活が陶冶する」教育の原則を示した。主著に『隠者の夕暮』などがある。

○フレーベル(1782〜1852年)

　ドイツの教育家で，世界最初の幼稚園の創設者。子どもの本質を神的なものとし，不断の創造によってその本質が展開されると考え，子どもの遊戯や作業を重視した。また，そのための教育遊具として「恩物」を考案した。主著に『人間の教育』がある。

○エレン＝ケイ(1849〜1926年)

　スウェーデンの婦人思想家。主著『児童の世紀』では，20世紀は子どもが幸福になり，解放される時代と主張し，20世紀初頭の児童中心主義保育を求める新教育運動に大きな影響を与えた。

○デューイ(1859〜1952年)

　アメリカのプラグマティズムの代表的哲学者。シカゴ大学に実験学校(デューイ・スクール)を開設し，実生活における必要性から子どもが自発的に問題を発見し，解決していく問題解決学習を考案，実践した。また，個人の環境との相互作用を経験と呼び，教育において，経験が連続的に再構成されていく過程を教育の本質ととらえた。主著に『学校と社会』『民主主義と教育』がある。

○モンテッソーリ(1870〜1952年)

　イタリアの医師であり幼児教育の実践家・思想家。幼児教育施設「子ども

の家」での経験を活かし，感覚重視の幼児教育法(モンテッソーリ・メソッド)を確立した。主著に『子どもの発見』がある。

○松野クララ(1853〜1941年)

　ドイツ人。フレーベル創設の養成校で保育の理論や実践を学んだ。日本人と結婚して日本に居住し，東京女子師範学校附属幼稚園創設当時の首席保母として「恩物」の使い方や遊戯など，日本に初めてフレーベルの教授法を導入した。

○倉橋惣三(1882〜1955年)

　日本において児童中心主義を提唱し，幼稚園教育の基礎を築いた幼児教育研究者。1917年に東京女子高等師範学校附属幼稚園の主事となった。フレーベルの教育精神のもと，子どもの自発性を尊重し，自由な遊びの中で子どもの自己充実を援助できる環境を構築する「誘導保育」を提唱した。

3．保育所保育指針

　保育所保育指針は，保育所など多くの保育を実践する施設における重要な指針である。そのため，試験では多数出題されるのはもちろん，保育士として勤務し始めた後も常に目を通しておく必要のあるものである。ここでは目次のみ掲載しておくが，全文に目を通し，実際の保育の場面をイメージしながら理解を深めておきたい。

(目次)
第1章　総則
第2章　保育の内容
第3章　健康及び安全
第4章　子育て支援
第5章　職員の資質向上

4．幼保連携型認定こども園教育・保育要領

　2018(平成29)年に改訂された幼保連携型認定こども園教育・保育要領は，総則で，幼保連携型こども園における教育及び保育の基本が示されている。また，幼保連携型認定こども園の教育及び保育において育みたい資質・能力の明確化や小学校教育との接続の推進なども示されている。

▶ 専門試験　保育士分野

（目次）

第1章　総則

第2章　ねらい及び内容並びに配慮事項

第3章　健康及び安全

第4章　子育ての支援

Q 演習問題

1 保育所と幼稚園に関する記述として正しいものを，次の①～⑤から1つ選びなさい。　(難易度■■■□□)

① 保育所も幼稚園も乳児や就学前の幼児を対象としており，ともに根拠となる法律は児童福祉法であって，所管官庁は厚生労働省である。

② 保育所の設置者は地方公共団体と社会福祉法人等となっているが，一方，幼稚園はこれらに加えて国も設置者となる。

③ 保育所，幼稚園ともに保育料は保護者負担となっているが，公私で保育料の格差が生じないように保育所，幼稚園とも国が単価についてのガイドラインを示している。

④ 2009(平成21)年の政権交代により，保育所と幼稚園の抱える問題点を解決するため，保育所と幼稚園を一体化する幼保一体化の検討化が始まった。

⑤ 保育と教育を一体的に提供する認定こども園には，幼保連携型，保育所型，幼稚園型，地方裁量型の4つのタイプが認められている。

2 次のA～Eの人物と関係の深い用語の組み合わせを語群から選ぶとき，正しい組み合わせを，あとの①～⑤から1つ選びなさい。

(難易度■■□□□)

A　野口幽香　　B　筧雄平　　C　石井十次　　D　赤沢鐘美

E　渡辺嘉重

〔語群〕

ア　子守学校

イ　二葉幼稚園

ウ　岡山孤児院

エ　農繁期託児所

272

保育原理

　　オ　守孤扶独幼稚児保護会

① A-ア　　B-エ　　C-オ　　D-ウ　　E-イ
② A-ア　　B-イ　　C-ウ　　D-エ　　E-オ
③ A-イ　　B-エ　　C-ウ　　D-オ　　E-ア
④ A-イ　　B-ウ　　C-ア　　D-オ　　E-エ
⑤ A-ウ　　B-ア　　C-オ　　D-イ　　E-エ

❸ 「保育所保育指針解説」(平成30年2月)の「第1章　総則」の「1　保育所保育に関する基本原則」の「(1)保育所の役割 」で「保育士に求められる主要な知識及び技術」としてあげられている内容として誤っているものを，次の①～⑤から1つ選びなさい。　　　　　　　(難易度■■■□□)

① これからの社会に求められる資質を踏まえながら，乳幼児期の子どもの発達に関する専門的知識を基に子どもの育ちを見通し，一人一人の子どもの発達を援助する知識及び技術

② 子どもの発達過程や意欲を踏まえ，子ども自らが生活していく力を細やかに助ける生活援助の知識及び技術

③ 保育所内外の空間や様々な設備，遊具，素材等の物的環境，自然環境や人的環境を生かし，保育の環境を構成していく知識及び技術

④ 子ども一人一人の健康と安全がしっかりと守られるとともに，保育所全体で子どもの健康を増進させるための知識と技術

⑤ 子ども同士の関わりや子どもと保護者の関わりなどを見守り，その気持ちに寄り添いながら適宜必要な援助をしていく関係構築の知識及び技術

❹ 次の(a)～(e)は「児童の権利に関する条約」の条項である。空欄(A)～(E)に当てはまる語句を語群から選ぶとき，正しい語句の組み合わせを，あとの①～⑤から1つ選びなさい。　　　　　(難易度■■■□□)

　　締約国は，児童の教育が次のことを指向すべきことに同意する。

(a) 児童の人格，才能並びに精神的及び身体的な能力をその可能な(A)まで発達させること。

(b) 人権及び基本的自由並びに(B)にうたう原則の尊重を育成すること。

(c) 児童の父母，児童の文化的同一性，言語及び価値観，児童の居住国及

273

専門試験　保育士分野

び出身国の国民的価値観並びに自己の(C)と異なる(C)に対する尊重を育成すること。

(d)　すべての人民の間の，種族的，国民的及び宗教的集団の間の並びに原住民である者の間の理解，平和，寛容，両性の平等及び友好の精神に従い，(D)社会における責任ある生活のために児童に(E)させること。

(e)　自然環境の尊重を育成すること。

〔語群〕

ア	範囲	イ	最大限度	ウ	理想
エ	国際連合憲章	オ	世界人権宣言	カ	児童権利宣言
キ	文明	ク	国民	ケ	社会
コ	発展ある	サ	持続可能な	シ	自由な
ス	努力	セ	準備	ソ	訓練

① A－ウ　B－カ　C－ケ　D－コ　E－ソ
② A－イ　B－エ　C－キ　D－シ　E－セ
③ A－イ　B－オ　C－キ　D－サ　E－ソ
④ A－ア　B－エ　C－ク　D－コ　E－セ
⑤ A－ア　B－カ　C－ケ　D－シ　E－ス

5 次の【Ⅰ群】の法律(条約を含む)の条文と【Ⅱ群】の法律(条約名を含む)の呼称を結びつけた場合の正しい組み合わせを，あとの①～⑤から1つ選びなさい。　　　　　　　　　　　　　　　　　（難易度■■■■□）

【Ⅰ群】

A　締約国は，自己の意見を形成する能力のある児童がその児童に影響を及ぼすすべての事項について自由に自己の意見を表明する権利を確保する。この場合において，児童の意見は，その児童の年齢及び成熟度に従って相応に考慮されるものとする。

B　児童は，人種的，宗教的その他の形態による差別を助長するおそれのある慣行から保護されなければならない。児童は，理解，寛容，諸国民間の友愛，平和及び四海同胞の精神の下に，また，その力と才能が，人類のために捧げられるべきであるという充分な意識のなかで，育てられなければならない。

C　すべての児童は，家庭で，正しい愛情と知識と技術をもつて育てら

274

保育原理

　　れ，家庭に恵まれない児童には，これにかわる環境が与えられる。
　　D　全て国民は，児童が良好な環境において生まれ，かつ，社会のあらゆる分野において，児童の年齢及び発達の程度に応じて，その意見が尊重され，その最善の利益が優先して考慮され，心身ともに健やかに育成されるよう努めなければならない。

【Ⅱ群】
　　ア　児童の権利宣言(国連)
　　イ　児童福祉法(日本)
　　ウ　児童憲章(日本)
　　エ　児童の権利に関する条約(国連)
　　オ　日本国憲法(日本)

　　　　A　B　C　D
　①　エ　ア　ウ　イ
　②　イ　エ　ア　オ
　③　ウ　ア　オ　エ
　④　オ　ア　エ　イ
　⑤　ア　エ　ウ　イ

6 保育の本質について適切でないものを，次の①～⑤から1つ選びなさい。
　　　　　　　　　　　　　　　　　　　　　(難易度■■■□□)
　①　保育については，子どもの最善の利益が優先されるべきである。
　②　近年，核家族化などのさまざまな社会事情により，家庭や地域社会の子育て機能の低下が指摘されている。
　③　2006(平成18)年に改正された教育基本法において，はじめて「父母その他の保護者は，子の教育について第一義的責任を有する」と明記された。
　④　家庭のもつ養護的機能とは，身辺自立に対するしつけを行い，その家族が属している社会の言葉や文化を伝え，子どもの発達課題を達成させていく機能である。
　⑤　保育の場には「家庭」，保育所などの「保育施設」，在宅で個別あるいは小集団で行う保育形態の「家庭的保育」がある。

7 次の【Ⅰ群】の記述と【Ⅱ群】の人物を結びつけた場合の正しい組み合わせを，あとの①～⑤から1つ選びなさい。
　　　　　　　　　　　　　　　　　　　　　(難易度■■□□□)

275

専門試験　保育士分野

【Ⅰ群】
　A　初期の教育は純粋に消極的でなければならない。
　B　教師は子どもの環境である。
　C　私の家塾で放任主義を行うということは畢竟独立心を養うためである。

【Ⅱ群】
　ア　シュタイナー　　イ　ルソー　　ウ　広瀬淡窓　　エ　津田梅子

　　　A　B　C
① ア　ウ　エ
② ア　エ　イ
③ イ　エ　ウ
④ イ　ア　エ
⑤ ア　ウ　イ

8 次の文は，「児童福祉法」第18条の5に規定される保育士資格欠格事由の一部である。(Ａ)〜(Ｃ)にあてはまる語句の正しい組み合わせを，あとの①〜⑤から1つ選びなさい。　　　　　　（難易度■■■□□）
一　(Ａ)の故障により保育士の(Ｂ)を適正に行うことができない者として内閣府令で定めるもの
二　(Ｃ)以上の刑に処せられた者
三　この法律の規定その他児童の福祉に関する法律の規定であつて政令で定めるものにより，罰金の刑に処せられ，その執行を終わり，又は執行を受けることがなくなつた日から起算して3年を経過しない者

　　　　A　　　B　　　C
① 心身　　任務　　懲役
② 身体　　業務　　禁錮
③ 精神　　業務　　懲役
④ 身体　　任務　　懲役
⑤ 心身　　業務　　禁錮

9 次は「保育所保育指針解説」(平成30年2月)が示す「養護」と「教育」に関わる内容である。このうち，「養護」に関わる内容の組み合わせとして正しいものを，あとの①〜⑤から1つ選びなさい。　　　（難易度■■■□□）
ア　生命　　イ　環境　　ウ　健康　　エ　情緒　　オ　表現

276

保育原理

① ア，ウ，エ　② ア，エ　③ イ，ウ，オ　④ イ，エ，オ
⑤ ウ，エ

10　「保育所保育指針」(平成29年3月)の「第1章　総則」のなかで述べられている「保育の目標」に関する記述として正しいものを，次の①～⑤から1つ選びなさい。　（難易度■■■□□）

① 十分に教育の行き届いた環境の下に，くつろいだ雰囲気の中で子どもの様々な欲求を満たし，生命の保持及び情緒の安定を図ること。

② 人との関わりの中で，人に対する愛情と信頼感，そして環境を大切にする心を育てるとともに，自主，自立及び協調の態度を養い，道徳性の芽生えを培うこと。

③ 生命，自然及び社会の事象についての興味や関心を育て，それらに対する豊かな心情や思考力の芽生えを培うこと。

④ 生活の中で，コミュニケーションへの興味や関心を育て，話したり，聞いたり，相手の話を理解しようとするなど，言葉の豊かさを養うこと。

⑤ 様々な指導を通して，豊かな感性や表現力を育み，創造性の芽生えを培うこと。

11　次は，「保育所保育指針」(平成29年3月)の「第1章　総則」から，「保育の環境」を構成するために留意することについて述べた文である。空欄（ A ）～（ D ）に当てはまる語句を下の語群から選ぶとき，正しい語句の組み合わせを，あとの①～⑤から1つ選びなさい。

（難易度■■■□□）

・人，物，（ A ）などの環境が相互に関連し合い，子どもの生活が豊かなものとなるよう，計画的に環境を構成する。

・子ども自らが（ B ）に関わり，自発的に活動し，様々な経験を積んでいくことができるよう配慮する。

・子どもの活動が豊かに展開されるよう，保育所の設備や環境を整え，保育所の保健的環境や（ C ）の確保などに努める。

・子どもが（ D ）と関わる力を育てていくため，子ども自らが周囲の子どもや大人と関わっていくことができる環境を整える。

〔語群〕

ア　自然　　イ　社会事象　　ウ　保育士等　　エ　場

▶ 専門試験　保育士分野

	オ	環境	カ	計画	キ	安心	ク	衛生
	ケ	協力者	コ	安全	サ	人	シ	地域社会

① A－ア　　B－カ　　C－コ　　D－ウ
② A－ア　　B－オ　　C－ク　　D－シ
③ A－イ　　B－エ　　C－キ　　D－カ
④ A－エ　　B－オ　　C－コ　　D－サ
⑤ A－エ　　B－カ　　C－ケ　　D－サ

⑫ 次のA～Eは「保育所保育指針」(平成29年3月)の「第2章　保育の内容」から，乳児期，1歳児から3歳児未満，3歳児以上のそれぞれの発達段階における基本的事項を抜粋したものである。また，ア～ウは3つの発達段階である。基本的事項と発達段階の組み合わせとして適切なものを，あとの①～⑤から1つ選びなさい。　　　　　　(難易度■■■□□)

A　仲間と遊び，仲間の中の一人という自覚が生じ，集団的な遊びや協同的な活動も見られる。

B　視覚，聴覚などの感覚や，座る，はう，歩くなどの運動機能が著しく発達する。

C　自分の意思や欲求を言葉で表出できるようになる。

D　食事，衣類の着脱なども，保育士等の援助の下で自分で行うようになる。

E　特定の大人との応答的な関わりを通じて，情緒的な絆が形成される。

　　ア　乳児期
　　イ　1歳以上3歳未満児
　　ウ　3歳以上児

	A	B	C	D	E
①	ア	イ	ウ	ウ	ア
②	イ	ア	イ	ウ	ア
③	イ	ウ	ア	ウ	イ
④	ウ	ア	イ	イ	ア
⑤	ウ	イ	ア	イ	ア

⑬ 「保育所保育指針解説」(平成30年2月)に示されている保育所での健康，安全に関して適切なものを，次の①～⑤から1つ選びなさい。

(難易度■■■□□)

278

① 毎日の健康観察では，機嫌，食欲，顔色，活動性などどの子どもにも共通した事項の観察より，子ども特有の所見・病気等に伴う状態の観察に重点を置く。
② 心身の機能の発達は，脳神経系の成熟度合や疾病，異常によるところが大きく，出生前及び出生時の健康状態や発育及び発達状態，生育環境などの影響は受けない。
③ 心身の状態を把握することは，不適切な養育等の早期発見にも有効である。
④ 保育所は児童福祉施設であるが，感染症対策は学校保健安全法に準拠して行われる。
⑤ 保育所における食育は，健康な生活の基本としての「食を楽しむ力」の育成に向け，その基礎を培うことを目標としている。

解答・解説

1 ⑤

解説

① 保育所は「保育を必要とする」乳幼児が対象，根拠法は「児童福祉法」。所管官庁は厚生労働省であったが，2023(令和5)年4月よりこども家庭庁に移管された。一方，幼稚園は満3歳から小学校就学前までの幼児が対象，根拠法は学校教育法，所管官庁は文部科学省。
② 幼稚園の設置者は国，地方公共団体と学校法人等であり，社会福祉法人等ではない。
③ 保育所は記述のとおりだが，幼稚園は公私間の格差が大きいため，保護者の所得をもとに私立幼稚園就園児に対し，就園奨励金を出し，是正を図っている。
④ 幼保一体化ということばは，民主党政権が使っていたものだが，政権交代以前から，幼保一元化といわれて検討されている課題であった。2010年1月には「子ども・子育てビジョン」が閣議決定され，新たな制度構築が模索されている。
⑤ 正しい。地方裁量型とは認可のない地域の保育・教育施設が認定こども園として機能するタイプ。

専門試験　保育士分野

2 ③
解説

A　野口幽香は1900(明治33)年，森島美根の協力で，貧民のための保育所二葉幼稚園を，東京の麹町に日本で最初に設立し，その後，東京のスラム街に移転した。

B　筧雄平は，1890(明治23)年，農繁期の農家のための託児所を日本で最初に設立した。このような季節託児所(保育所)は，昭和に入って全国的に普及した。

C　石井十次は，1887(明治20)年，日本で最初の孤児院(のちの岡山孤児院)を設立した。

D　赤沢鐘美は妻仲子と1890(明治23)年，日本最初の保育所(のちの守孤扶独幼稚児保護会)を設立した。

E　渡辺嘉重は1883(明治16)年，日本で最初の子守学校を設立した。子守学校は子守などの理由で学校へ通えない就学期の子どものために，明治政府が全国に設置を命じたもの。

3 ④
解説

保育士に求められる主要な知識及び技術は6項目ある。出題された①，②，③，⑤の他には，「子どもの経験や興味や関心に応じて，様々な遊びを豊かに展開していくための知識及び技術」「保護者等への相談，助言に関する知識及び技術」が挙げられている。関連する事項として，同解説の「第5章　職員の資質向上」の「1　職員の資質向上に関する基本的事項(1)保育所職員に求められる専門性」も確認しておきたい。

4 ②
解説

「児童の権利に関する条約」(児童の権利条約)は1989年，国連総会で採択され，日本は1994年に批准した。前文と54の条文で構成されており，設問部分は第29条第1項(教育の目的)である。Aには「最大限度」が入る。Bには「国際連合憲章」が入る。Cには「文明」が入る。Dには「自由な」が入る。「自由な社会」と，これに続く「責任ある生活」が対の関係にある。Eには「準備」が入る。したがって解答は②である。

5 ①
解説

　日本国憲法の第3章には「国民の権利及び義務」が列挙されているが、この中で「児童」は「その保護する子女に普通教育を受けさせる義務を負ふ」(第26条)と「児童は、これを酷使してはならない」(第27条)の二度しか登場しない。しかし、第3章には児童が享有する権利も含まれているので、「すべて国民」の読み方に注意したい。「児童福祉法」には、児童(乳児、幼児、少年、障害児を含む)の定義、児童福祉施設、児童福祉審議会、児童相談所、児童福祉司、そして保育士についても詳細な規定がある。「児童福祉法」で初めて「福祉」が法令名に登場したことも覚えておきたい。「児童憲章」は、「児童福祉法」の制定後、さらにその法理を国民に浸透させる目的から起草されたものである。他方、国際的視点から、児童の権利の普及及び定着には国際連合の存在が必要だった。「児童の権利宣言」(1959年)では、その出生の時から姓名及び国籍をもつ権利(第3条)、社会保障の恩恵を受ける権利(第4条)、健康に発育し、かつ成長する権利(第4条)、教育を受ける権利(第7条)、その他、障害のある児童への配慮(第5条)、可能な限り両親の愛護と責任の必要性(第6条)、放任、虐待及び搾取からの保護(第9条)、あらゆる差別からの保護(第10条)などが列挙され、その上で児童は、「理解、寛容、諸国民間の友愛、平和及び四海同胞の精神の下に、また、その力と才能が、人類のために捧げられるべきであるという十分な意識のなかで、育てられなければならない」としている。「児童の権利に関する条約」(1989年)は、わが国では、「世界の多くの児童が今日なお貧困や飢餓などの困難な状況に置かれていることにかんがみ、世界的視野から、児童の人権の尊重、保護の促進を目指したもの」(文部次官通知)として受け入れられた。

6 ④
解説

① 適切。「児童の権利に関する条約」(児童の権利条約)は子どもの最善の利益が優先されるべきとしている。
② 適切。
③ 適切。改正前の教育基本法には「家庭教育」の条項はなかった。改正法において第10条を「家庭教育」とし、その第1項で「父母その他の保護者は、子の教育について第一義的責任を有する」と明記している。
④ 適切ではない。家庭には養護的機能、教育的機能の2つがあり、記述に

▶ 専門試験　保育士分野

あるのは教育的機能にあたる。養護的機能とは、基本的生活を保つための機能であり、衣・食・休息などの生理的欲求の充足や精神的安定、あるいは衛生や健康を保つ機能である。

⑤　適切。「家庭的保育」の代表的なものにベビーシッター、ファミリー・サポート・センター、保育ママ(家庭福祉員)などがあり、これらのなかには国や自治体による公的補助があるものもある。

7 ④

解説

高名な教育思想家の名言からの出題である。

A 「消極(的)教育」は、ルソーの教育論を象徴する。ルソー『エミール』(1762年)は時間があれば目を通しておきたい。なお、消極教育に与する教育思想書としては、フレーベル『人間の教育』(1826年)やエレン・ケイ『児童の世紀』(1900年)などがあるが、消極とは何かは決して簡単な問題ではない。

B 「環境」は、シュタイナーにとって教師は子どもの環境でしかなかった。つまり、子どもが誕生以来、出会うものの一つにすぎない。その子の親、兄弟姉妹、近所の人、そして就学後は学校の先生や友達だ。また、シュタイナーは、「子どもを畏敬の念で受け入れ、愛によって育み、自由の中へ解き放つ」という言葉を残している。

C 「放任主義」は、津田梅子が創立した女子英学塾(1900年)で採用された。津田は女子英学塾の教育目的を「allround woman」＝「完(まっ)たい女性」として、英語による職業教育を目指した。それは、わが国の女性の独立心の欠如を専門教育によって打破しようとした先進的な試みであった。「日本の女性は自分の頭で考え、行動する力を欠いている」(中嶋みさき)ため、津田は放任主義によって若い女性を家父長的支配から解放し、自己に立ち返らせようとした。

なお、広瀬淡窓は、江戸時代に私塾咸宜園を創設した儒学者・教育学者である。

8 ⑤

解説

保育士は、「児童福祉法」第18条の4によれば、保育士の名称を用いて、専門的知識及び技術をもって、児童の保育及び当該児童の保護者に対する

保育に関する指導を行うことを業とする者を指す。保育士には，保育士資格欠格事由が存在する。同法第18条の5には，上記のほか，同法の規定その他児童の福祉に関する法律の規定であって政令で定めるものにより，罰金の刑に処せられ，その執行を終わり，または執行を受けることがなくなった日から起算して3年を経過しない者などが規定されている。さらに，「保育士の信用を傷つけるような行為」(同法第18条の21)や「正当な理由がなく，その業務に関して知り得た人の秘密を漏ら」す行為(同法第18条の22)が禁止されている。しかも，「保育士でなくなつた後においても」この禁止規定は適用される。このように責任や倫理が求められる専門職だからこそ，保育士はその名称を独占できる。同法第18条の23は，保育士でない者に「保育士又はこれに紛らわしい名称」の使用を禁止する。

9 ②

解説

「養護とは，子どもの生命の保持及び情緒の安定を図るために保育士等が行う援助や関わり」であり，「教育とは，子どもが健やかに成長し，その活動がより豊かに展開されるための発達の援助」である(『保育所保育指針解説』)。**ア**の生命，**エ**の情緒が養護に関わる内容である。なお，正しくは「生命の保持」「情緒の安定」。保育所保育指針が示す養護に関わる内容はこの2つである。**イ**の環境，**ウ**の健康，**オ**の表現は，それぞれ教育に関わる内容である。教育に関わる内容にはこのほか，人間関係，言葉があり，合わせて5つの領域で構成される。

10 ③

解説

① 「教育の行き届いた環境の下」でなく「養護の行き届いた環境の下」である。それによって，生命の保持，情緒の安定を図る。
② 「環境を大切にする心」ではなく「人権を大切にする心」である。
③ 正しい。
④ 「コミュニケーション」でなく「言葉」である。
⑤ 「指導を通して」でなく「体験を通して」である。

「保育所の保育」は，保育の目標として，①〜⑤のほか，「健康，安全など生活に必要な基本的な習慣や態度を養い，心身の健康の基礎を培うこと」を加え，6つを目指して行うこととされている。

専門試験　保育士分野

11 ④
解説
　Aには「場」が当てはまる。人とは保育士等や子どもなどの人的環境，物は施設や遊具などの物的環境などである。さらには自然や社会の事象などがあり，こうした人，物，場などの環境が相互に関連し合い，子どもの生活が豊かになるよう計画的に環境を構成していく。その留意点として4つあげている。Bには「環境」が当てはまる。留意点の1つは子ども自ら関わる環境である。Cには「安全」が当てはまる。留意点の2つ目は安全で保健的な環境である。3つ目は暖かな雰囲気と生き生きとした活動の場(本問では略)。Dには「人」が当てはまる。留意点の4つ目として，人との関わりを育む環境の重要性を指摘している。したがって解答は④である。

12 ④
解説
B，E　乳児期の発達に関する基本的事項である。出題の他には，乳児期の保育は愛情豊かに，応答的に行われることが特に必要であることなどに留意する。
C，D　1歳以上3歳未満児の発達に関する基本的事項である。出題の他には，歩き始めから，歩く，走る，跳ぶなどへと，基本的な運動機能が次第に発達し，排泄の自立のための身体的機能も整うようになることなどに留意する。
A　3歳以上児の発達に関する基本的事項である。出題の他には，運動機能の発達により，基本的な動作が一通りできるようになるとともに，基本的な生活習慣もほぼ自立できるようになることや，理解する語彙数が急激に増加し，知的興味や関心も高まってくることなどに留意する。

13 ③
解説
①　機嫌，食欲，顔色，活動性なども重要な観察事項である。
②　出生前及び出生時の健康状態や発育及び発達状態，生育環境などの影響も大きい。
③　適切。定期的・継続的に把握することによって不適切な養育等のほかにも，慢性疾患や障害の早期発見につなげることが期待される。
④　従来，学校保健安全法に準拠して行われていたが，保育所保育指針の

改定(平成20年3月)により，新たに「保育所における感染症対策ガイドライン」が策定され(平成21年8月。30年3月改訂)，このガイドラインに基づくこととなった。なお，保育所の管轄が厚生労働省からこども家庭庁に移管されたため，こども家庭庁で修正され，2023(令和5)年5月一部改訂，10月一部修正されたものが最新である。乳幼児は学童・児童と比較して抵抗力が弱いことなどの特性を踏まえた対応が必要なためである。

⑤　「食を楽しむ力」ではなく，「食を営む力」である。

▶ 専門試験　保育士分野

専門試験

社会的養護

≧ POINT ≧

1．社会的養護の意義
▶ 社会的養護とは何か
社会的養護とは

　保護者のない児童や，保護者に監護させることが適当でない児童を，公的責任で社会的に養育し，保護するとともに，養育に大きな困難を抱える家庭への支援を行う

こと。

▶ 社会的養護の基本理念
　社会的養護は「こどもの最善の利益」と「社会全体でこどもを育む」という考え方を基本理念としている。

2．社会的養護の基本
▶ 子どもの人権擁護と社会的養護
　古代や中世の社会で子どもは，大人の所有物や小さな大人などとして認知され，「安価な労働力」として扱われるなど，今日的な人権思想とはかけ離れた扱いがなされていた。その後，子どもの権利を守ろうとする国際的な動きが活発となり，1989年には国連が「児童の権利に関する条約」(子どもの権利条約)を採択している(わが国は1994年に同条約に批准)。2016年には児童福祉法が大改正され，児童の権利に関する条約との関連性が明記されるようになった。なお，児童福祉法は2024年4月に施行されたものが最新の改正となっている。子育て世帯に対する包括的な支援のための体制強化及び事業の拡充として，こども家庭センターの設置や，自立支援の強化として児童養護施設，障害児入所施設の入居者を22歳までの入所継続を可能とする他，虐待や性犯罪から児童を守るための取り組みなどがある。
　今日のわが国の社会的養護では，児童の権利に関する条約に基づき，保護者に養護される権利を持つ子どもの権利が保障されない場合の代替的養護の実施など，子どもの権利が明確に示されている。虐待問題や特別なニーズ(個

286

別のニーズ)に応じたケアや支援，家庭環境の調整など，さまざまな支援や特別な配慮に関する子どもの権利についても押さえておきたい。

▶ 社会的養護の基本原則

社会的養護の基本理念である「こどもの最善の利益」と「社会全体でこどもを育む」という考え方をもとに，

① 家庭的養護と個別化
② 発達の保障と自立支援
③ 回復をめざした支援
④ 家族との連携・協働
⑤ 継続的支援と連携アプローチ
⑥ ライフサイクルを見通した支援

という6つの原理が示されている。

▶ 社会的養護における保育士等の倫理と責務

社会的養護に携わる保育士等には，専門職としての倫理が求められる。これら倫理は，**全国保育会倫理綱領**や**全国児童養護施設協議会倫理綱領**など，各種団体の倫理綱領により定められている。

また，保育士には児童福祉法において，信用失墜行為の禁止，守秘義務，自己研鑽の努力義務などが規定されている。

3. 社会的養護の制度と実施体系施設における児童養護
▶ 社会的養護の制度と法体系

児童福祉法をはじめとする社会的養護の関連法規や制度は，社会的養護に関する各種の施策の実施に関する基本事項を定めている。これら基本事項の理解は社会的養護の理解のための基礎となるため，確実に押さえておきたい。

▶ 社会的養護の仕組みと実施体系

社会的養護の基本的な流れとして，児童相談所への相談・通告・送致から始まり，受理会議や調査，一時保護を経て施設や里親等への措置までの経緯を押さえておきたい。また，委託された子どもの支援には，アドミッションケア(施設入所前の支援)，インケア(施設入所中の支援)，リービングケア(施設退所直前の支援)，アフターケア(施設退所後の支援)といった一連の流れがあることを理解しておきたい。

4. 社会的養護の対象と形態

社会的養護の対象

社会的養護の対象については，その対象となる子どもや家庭等の状況から，

① 予防的支援の対象
② 在宅措置の対象
③ 代替養育の対象
④ アフターケアの対象

という4つの視点の理解が大切である。それぞれの対象についてどのような支援が行われているのかを整理しておきたい。

家庭養護と施設養護

わが国の社会的養護は，施設で子どもたちの養育を行う「**施設養護**」と里親等の家庭における養育である「**家庭養護**」の2つに大きく分けられる。また，児童福祉法改正後の「**新しい社会的養育ビジョン**」に基づいた取り組みが進められており，社会的養護の実施体系は

① 施設
② 良好な家庭的環境【施設(小規模型)】
③ 家庭と同様の養育環境【小規模住居型児童養育事業，里親，養子縁組】
④ 家庭【実親による養育】

の4つに整理されている(下図参照)。

社会的養育の推進に向けて(令和5年4月 こども家庭庁支援局家庭福祉課)

社会的養護に関わる専門職

社会的養護に関わる専門職員の職種や人員の規定は，「児童福祉施設の設備及び運営に関する基準」に定められている。各種資格の要件やそれぞれの専門性，また，職種間の連携の在り方等についても理解しておきたい。

社会的養護

5. 社会的養護の現状と課題
▶ 社会的養護に関する社会的状況

　社会的養護の対象となる子どもの大半は施設で生活をしている。近年は特に虐待により措置される子どもが継続して増加傾向にあり，児童養護施設を利用する子どもの約65％程度が虐待を受けた経験を有している。

▶ 施設等の運営管理

　社会的養護の施設は，要保護児童に対する適切な支援や援助を提供するために，子どもの人権や最善の利益を保障できる運営管理が求められている。各施設の運営管理に関する具体的な方針として，運営指針やガイドラインがこども家庭庁などにより定められているので，確実に理解しておきたい。

▶ 被措置児童等の虐待防止

　社会的養護の施設や里親委託先で子どもが職員(里親)から虐待を受けること(被措置児童等虐待)を防止するための取り組みとして，**第三者評価制度**や**苦情解決制度**に関して理解をしておきたい。また，「**被措置児童等虐待対応ガイドライン**」など各種指針やガイドラインについても把握しておくことが大切である。

▶ 社会的養護と地域福祉

　社会的養護の対象は，要保護児童や家庭に限定されるものではなく，児童相談所や施設には地域の中での子育て相談や社会的養護への理解や啓発の活動も行われている。それら取り組みについても理解しておきたい。

Q 演習問題

❶ 民間の児童福祉事業の代表的施設と，その創設者の組み合わせとして適切なものを，次の①〜⑤から1つ選びなさい。　　　　(難易度■■□□□)
① 滝乃川学園——石井十次
② 家庭学校——石井亮一
③ 岡山孤児院——留岡幸助
④ 整肢療護園——柏倉松蔵
⑤ 二葉幼稚園——野口幽香

▶ 専門試験　保育士分野

2 社会的養護の体系における施設養護として適当でないものを，次の①〜⑤から1つ選びなさい。　　　　　　　　　　　（難易度■■■□□）

① 乳児院
② グループホーム
③ ファミリーホーム
④ 児童自立支援施設
⑤ 児童心理治療施設

3 里親制度に関する記述として適切なものを，次の①〜⑤から1つ選びなさい。　　　　　　　　　　　　　　　　　（難易度■■■□□）

① 里親には，養育里親，専門里親，親族里親，短期里親，養子縁組里親の5種類がある。
② 全ての里親になろうとする者には，必要な研修を受講することが義務づけられている。
③ 里親への委託が可能な子供の年齢は原則として15歳未満までとされている。
④ ファミリーホーム(小規模住居型児童養育事業)は，社会福祉法に定める第二種社会福祉事業である。
⑤ 里親及びファミリーホームは，社会的養護を必要とする子どもを，養育者の家庭に迎え入れる「家庭的養護」である。

4 児童福祉施設に関する記述として正しいものを，次の①〜⑤から1つ選びなさい。　　　　　　　　　　　　　　　（難易度■■■■□）

① グループホームは原則6人までの少人数で，一般住宅などを利用して本来育つべき家庭や地域に近い形態で子どもを養育する家庭養護の一形態である。
② 児童養護施設で養育されるのは父母が死別，または遺棄された子どもであり，虐待を受けている子どもは母子生活支援施設で保護される。
③ 乳児院では，1歳未満の乳児の養育を行い，1歳以上になった子どもは両親，里親，親戚などの元へ引き取られるか，または児童養護施設に措置変更となる。
④ 児童自立支援施設は，非行児童を教護する児童福祉施設で，市区町村の決定によって措置を行っている。

290

社会的養護

⑤　福祉型障害児入所施設では，障害のある児童の保護，日常生活の指導
及び独立自活に必要な知識技能の付与を目的としている。

5 児童養護施設の日常生活援助に関する記述として適切なものを，次の
①〜⑤から1つ選びなさい。　　　　　　　　　　（難易度■■□□□）

①　子どもの社会性を育てるため，地域の子どもたちとの友達関係を大切に
し，友人の家に遊びに行ったり，施設に招いたりできるよう援助していく。
②　児童養護施設では生活面や心理面の援助を行い，個別の学習指導は行
わないことが原則である。
③　服装・髪型・ファッションなどは，職員が子どもに合うものや適切だ
と思うものを選び，買い与える。
④　食事は各自の好みや習慣を重視し，調理員が提供する。
⑤　集団生活では私物の管理についてのトラブルが起こりやすいので，貴
重品などは職員が一括で管理する。

6 「児童福祉法」に関する記述として正しいものを，次の①〜⑤から1つ選
びなさい。　　　　　　　　　　　　　　　　　（難易度■■□□□）

①　「児童福祉法」では，児童が心身ともに健やかに生まれかつ育成される
よう努める責務はその保護者にあることを明記している。
②　「児童福祉法」には，乳児家庭全戸訪問事業についての規定が加えられ
ている。
③　「児童福祉法」には，児童福祉施設の設備や職員配置などの最低基準が
示されている。
④　「児童福祉法」は障害児を対象としておらず，その療育やサービスにつ
いての基本原則は「障害者総合支援法」に定められている。
⑤　保育所への入所要件である「保育を必要とする乳児または幼児」かど
うかを決めるのは，市町村である

7 虐待に関する記述として正しいものを，次の①〜⑤から1つ選びなさい。
　　　　　　　　　　　　　　　　　　　　　　（難易度■■□□□）

①　虐待を受けた子どものほとんどは，虐待を行った養育者ともう一度一
緒に生活したいとは考えられず，養護施設の援助者や里親との関係に依
存する傾向がある。

291

▶ 専門試験　保育士分野

② 虐待を行う保護者が，保護した子どもに面会や通信を求めた場合，家庭裁判所の命令がない限り拒否することはできない。

③ 子どもの前でDV行為を行うことや，放置，好ましくないしつけなどは虐待ではなく家庭環境問題として扱われる。

④ 子どもの両親，家族からの暴力だけでなく，同居人や婚姻関係のないパートナーなどからの暴力も虐待通報することができる。

⑤ 「小さな子どもを残して親が度々外出している」，「子どもの泣き声が頻繁に聞こえる」などの理由だけでは，他人が関係機関や専門家に通報することはできない。

8 社会的養護に関連する用語について述べた文として正しいものを，次の①〜⑤から1つ選びなさい。　　　　　　　　(難易度■■■□□)

① パーソナルスペースとは，他人に近づかれると不快に感じる空間・対人距離のことである。近年，社会的養護関連施設における子ども間の性的問題等とも関連して，その教育・対応が重要視されている。

② スーパービジョンとは，子どもに役割を与えることで責任や達成感などを学ばせる指導法のことである。

③ ホスピタリズムとは，相手の立場に立って考え，心地よさや喜びを提供しようと努める姿勢のことである。

④ ノーマライゼーションとは，子どもの個性やニーズを認識し，個別に対応するよう心がける姿勢のことである。

⑤ アタッチメントとは，乳幼児期に関わるさまざまな養育者との間に形成される愛着関係のことである。

9 次のア〜エの記述は，乳幼児期におけるアタッチメントの形成過程に関するものである。ア〜エを形成過程の順に並べたものとして適切なものを，あとの①〜⑤から1つ選びなさい。　　　　　　　　(難易度■■■□□)

ア いつも世話をしてくれる人を識別する。その人がいないと不安になったり，人見知りをしたりする。

イ 自分をかわいがり，世話をしてくれる人に関心を示す。その人に対して，笑ったり，泣いたり，しがみついたりする。

ウ 自立して行動するようになる。恐いときや不安なときなど以外は，世話をしてくれる人にまとわりつくことが少ない。

292

社会的養護

エ　人に対して関心を示す。人の顔を見たり，人の声を聞いたり，人に抱かれたりすることを好む。

① ウ－ア－イ－エ
② ウ－イ－ア－エ
③ エ－ア－イ－ウ
④ エ－イ－ア－ウ
⑤ エ－ア－ウ－イ

10 児童心理治療施設に関する記述として正しいものを，次の①〜⑤から1つ選びなさい。　　　　　　　　　　　　　　（難易度■■■■□）

① 児童心理治療施設は居住型のほか，自宅から通うタイプのものもあり，学校に行ける子どもは地域の学校に通いながら施設での治療を併用することもできる。

② 児童心理治療施設には心理療法を担当する職員として，児童養護の知識を有する看護師，保育士，児童指導員などを配置することができる。

③ 児童心理治療施設での心理療法はプレイセラピーや箱庭療法などが中心であり，カウンセリングの形式では行われない。

④ 児童心理治療施設では，さまざまな原因から社会不適応が起きている子どもの治療として，均等に役割が分担され，集団行動や社会性の訓練を重視する。

⑤ 児童心理治療施設のニーズは高いものの施設数は年々減少している。

11 次のア〜オのうち，児童福祉施設の職員構成として正しいものの組み合わせを，あとの①〜⑤から1つ選びなさい。　　　　（難易度■■■■□）

ア　乳児院－小児科の診療に相当の経験を有する医師または嘱託医，看護師，個別対応職員，家庭支援専門相談員，栄養士又は管理栄養士，調理員

イ　児童自立支援施設－児童生活支援員，児童の遊びを指導する者，嘱託医及び精神科の診療に相当の経験を有する医師または嘱託医，個別対応職員，家庭支援専門相談員，栄養士又は管理栄養士，調理員

ウ　児童養護施設－児童指導員，嘱託医，保育士，個別対応職員，家庭支援専門相談員，栄養士又は管理栄養士，調理員

エ　児童心理治療施設－医師，心理療法担当職員，児童指導員，保育士，個別対応職員，看護師，家庭支援専門相談員，栄養士又は管理栄養士，

調理師

オ　主として自閉症児を入所させる医療型障害児入所施設－医療法に規定する病院として必要な職員，保育士，児童発達支援管理責任者

① ア，イ，オ　　② ア，ウ，オ　　③ イ，ウ，エ
④ ア，ウ，エ　　⑤ イ，エ，オ

⓬ 次のア～オのうち，「児童福祉法」に示された都道府県の業務として正しいものの組み合わせを，あとの①～⑤から1つ選びなさい。

(難易度■■■□□)

ア　児童に関する家庭その他からの相談のうち，専門的な知識及び技術を必要とするものに応ずること。
イ　児童の保健について，正しい衛生知識の普及を図ること。
ウ　児童及びその家庭につき，必要な調査並びに医学的，心理学的，教育学的，社会学的及び精神保健上の判定を行うこと。
エ　児童の一時保護を行うこと。
オ　児童の健康相談に応じ，又は健康診査を行い，必要に応じ，保健指導を行うこと。

① ア，エ　　② ウ，エ　　③ ウ，オ　　④ ア，イ，エ
⑤ ア，ウ，エ

1 ⑤

解説

① 1891(明治24)年に石井亮一によって設立された「孤女学院」(孤児のための施設)を，1897(明治30)年日本で最初の知的障害児教育の専門施設の「滝乃川学園」として改修・改称したもので日本初の知的障害者の教育施設とされている。
② 家庭学校は，不良少年の感化施設として，留岡幸助によって1899(明治32)年に東京巣鴨に設立された。今日の児童自立支援施設の先駆けである。
③ 岡山孤児院は1887(明治20)年に石井十次によって設立された，今日の児童養護施設の先駆けである。

④ 柏倉松蔵は1921(大正10)年に日本初の肢体不自由児の療育のための施設である柏学園を東京小石川に開設した。整肢療護園は1942(昭和17)年に高木憲次により開設された肢体不自由児の療育施設である。
⑤ 正しい。1900(明治33)年に野口幽香と森島峰によって、保育施設の先駆とされる二葉幼稚園(後、保育園)が東京の麹町に開設された。

③
解説

社会的養護とは、家庭で適切な養育が受けられない子どもを国や社会が養育する仕組みであり、施設養護と家庭養護の2種の類型がある。施設養護では、基本的に子どもたちは施設に入所して集団生活を送っており、そこに職員が通勤・住み込み等をする形態をとる。一方、家庭養護は養育者の住居等(養育者の生活拠点)で子どもを養育する形態をとる。なお、施設養護の中で可能な限り家庭的な環境を提供しようとする施設の分園であるグループホーム(地域小規模児童養護施設)や施設における小規模グループケアの導入をする取り組みのことを家庭的養護という。
① 乳児院は、保護者の養育を受けられない乳幼児を養育する施設。乳幼児の基本的な養育機能に加え、被虐待児・病児・障害児などに対応できる専門的養育機能も持つ。
② 児童養護施設の分園として運営されるグループホーム(地域小規模児童養護施設)はファミリーホーム(小規模住居型児童養育事業)と形態が似ており混同しやすいが、子どもたちが施設に居住しそこに職員が通勤・住み込みをする形態を取るので施設養護の位置づけとなる。
③ ファミリーホーム(小規模住居型児童養育事業)は、里親や児童福祉事業に携わったことのある養育者が5～6人の子どもたちを自身の生活拠点(住居等)で養育する家庭養護で、里親を拡大・事業化したようなものと考えると理解しやすい。
④ 児童自立支援施設は不良行為を行った子どもや行う恐れのある子ども、家庭の環境上の理由により生活指導などを要する子どもを対象とする施設である。
⑤ 児童心理治療施設は「家庭環境、学校における交友関係その他の環境上の理由により社会生活が困難となった児童を、短期間入所させ、又は保護者の元から通わせて、社会生活に適応するために必要な心理に関する治療および生活指導を主として行う」施設である。

3 ④
解説

① 養育里親は，さまざまな事情により保護者と暮らせない子どもを一定期間，家族に迎え入れ養育する里親のことである。専門里親は，養育里親のうち一定期間の里親経験のある者や，児童福祉の分野に従事した経験のある者が，専門里親研修を受けて登録できる里親のことである。親族里親は養護を必要とする子どもを三親等以内の親族が養育するものである。現在，短期里親の区分は省令上，廃止されて養育里親に含まれる形となっている。養子縁組里親は，将来的に養子縁組をすることを前提として，最低6か月以上の期間，子どもを養育する里親である。

② 現在，親族里親については研修の義務化はなされていない(任意で受けることは可能)。養子縁組里親については平成28年の児童福祉法改正により，研修が義務付けられることになった。

③ この内容は特別養子縁組に関するもの。特別養子縁組は原則として15歳未満までの子どもに対して行われる。

⑤ 家庭的養護とは，施設における小規模化の取り組み(グループホームや小規模グループケアの導入など)のことである。里親やファミリーホームは「家庭養護」に位置付けられる。

4 ⑤
解説

① グループホームは2000年から制度化された児童養護施設の本体から分離した地域小規模児童養護施設の通称であり，施設養護に位置づけられる。

② 児童養護施設には虐待を理由に保育環境を得られない子どもが多く入所しており，近年は増加傾向にある。

③ 乳児院では主に1歳未満の乳児の養育を行うが，2004年の児童福祉法改正により年齢要件が変更され，必要に応じて小学校入学前の幼児も養育できることとなった。

④ 家庭裁判所などの決定により児童自立支援施設への措置を行っているのは児童相談所である。

⑤ 正しい

①
解説
① 適切。地域の人々や同年代の子どもたちと積極的に関わりを持ち，社会性を育てるよう援助していくべきである。
② 家庭環境が不安定であることから学業が不振になる子どもが多いので，学校の教員と連絡を取りながら，個別の学習指導を検討する必要がある。学生ボランティアなどによる学習指導も検討する。
③ 服装や髪型などは子どもの好みや表現を尊重することが原則である。年長児は買い物を含めて自分に選択させる。
④ 施設養護での食事は全員に同じ食事を調理員が調理し，提供する。
⑤ 物を大切にする心を養うためにも，私物は各自で管理する。

 ②
解説
① 保護者とともに，国及び地方公共団体にその責務があることを明記している。
② 正しい。2008(平成20)年の児童福祉法等の一部改正により，新たに乳児家庭全戸訪問事業についての規定が加わった。子育ての孤立化を防ぐ目的で，すべての乳児がいる家庭に市町村から専門の知識を有する者が訪問し，必要な支援に結び付けるサービスである。
③ 児童福祉施設の設備や職員配置などの最低基準が示されているのは「児童福祉施設の設備及び運営に関する基準」である。
④ 障害児も児童福祉法の対象となっている。
⑤ 法改正により，保育を必要とするか否かを決めるのは市町村ではなく保護者となった。

7 ④
解説
① ほとんどの子どもは虐待さえなければ本来の養育者と一緒に生活したいと望む。援助者は子どもと養育者が関係を修復できるよう支援していくべきである。
② 子どもの意に反したり，子どもの権利が守られない場合は，親の同意を得て保護した場合でも面会や通信の拒否を行うことができる。
③ 子どもの前でのDV(ドメスティック・バイオレンス)行為や放置，好ま

専門試験　保育士分野

しくないしつけも児童虐待である。

④　正しい。同居人からの虐待や，それを知りながら放置することも児童虐待に含まれる。

⑤　保護者が子どもの監護を著しく怠る行為は虐待とされる。それらの徴候に気付いた者は，虐待が事実か確認できなくても，児童相談所や市区町村の関係機関などに通報する義務がある。

8 ①

解説

①　正しい。

②　スーパービジョンとは，対人援助職において指導的立場にある者(スーパーバイザー)から援助者(スーパーバイジー)がスキル向上等のために指導してもらうこと。

③　ホスピタリズムは施設で育った子どもが母親との接触や愛情関係を得られなかったために発育の遅れや情緒不安定などの症状を示し，成熟した後も人格の発達が不完全である状態のこと。施設症とも呼ばれる。

④　ノーマライゼーションとは，障害を持っている人も健常者と均等に，当たり前に生活するという福祉の理念である。

⑤　アタッチメントとは，乳幼児期に特定の養育者との間に形成される愛着関係のこと。

9 ④

解説

アタッチメントの形成過程順に並べると，**エ**は生後2〜3か月頃，**イ**は生後6か月頃，**ア**は生後7〜8か月頃，**ウ**は生後1歳過ぎ頃である。もちろん成長に個人差はあるが，このような過程を経て愛着関係が形成される。愛着関係が形成されない場合はかえって親から離れられない場合がある。

10 ①

解説

①　正しい。児童心理治療施設の利用には入所と通所があり，児童相談所が決定し措置する。

②　心理療法を担当する職員は，「児童福祉施設の設備及び運営に関する基準」に学校教育法の規定による大学(短期大学を除く。以下この項において同じ。)若しくは大学院において，心理学を専修する学科，研究科若し

くはこれに相当する課程を修めて卒業した者又は同法の規定による大学において，心理学に関する科目の単位を優秀な成績で修得したことにより，同法第102条第2項の規定により大学院への入学を認められた者であつて，個人及び集団心理療法の技術を有し，かつ，心理療法に関する一年以上の経験を有するものでなければならない。」と定められている。
③　ある程度年長の子どもにはカウンセリングも行われる。
④　児童心理治療施設では軽度の情緒障害児の社会的適応を図ることを目的とし，集団生活をしながら，一人一人の状況に合った個別の治療が行われる。
⑤　厚生労働省は児童心理治療施設を各都道府県に1施設以上設置することを求めており，施設数は年々増加している。全国に53施設(2024年)となっている。

　④

解説

イの児童自立支援施設には児童の遊びを指導する者ではなく児童自立支援専門員を，オの主として自閉症児を入所させる医療型障害児入所施設には児童指導員も配置しなければならない。したがって解答はア，ウ，エの④である。

　⑤

解説

ア，ウ，エは，児童福祉法第11条第二号に規定されている。イ，オは児童福祉法第12条の6に保健所の業務として示されている。

保育内容

POINT

1. 保育所保育における保育

　平成29年に告示された保育所保育指針では，第1章「総則」の中で，「1　保育所保育に関する基本原則」，「2　養護に関する基本的事項」，「3　保育の計画及び評価」「4　幼児教育を行う施設として共有すべき事項」について記述されている。

　第2章以降の内容はすべて第1章を基礎として記述されているため，第1章は保育所保育指針の核となる箇所である。特に下線部分は，保育所保育指針内で何度も説明される内容であるので，要点を押さえておきたい。

保育所保育指針(抜粋)

1　保育所保育に関する基本原則

(1)保育所の役割

ア　保育所は，児童福祉法(昭和22年法律第164号)第39条の規定に基づき，①保育を必要とする子どもの保育を行い，その健全な心身の発達を図ることを目的とする児童福祉施設であり，入所する子どもの最善の利益を考慮し，その福祉を積極的に増進することに最もふさわしい生活の場でなければならない。

イ　保育所は，その目的を達成するために，保育に関する専門性を有する職員が，②家庭との緊密な連携の下に，子どもの状況や発達過程を踏まえ，保育所における環境を通して，③養護及び教育を一体的に行うことを特性としている。

ウ　保育所は，入所する子どもを保育するとともに，家庭や地域の様々な社会資源との連携を図りながら，入所する子どもの保護者に対する支援及び④地域の子育て家庭に対する支援等を行う役割を担うものである。

エ　保育所における保育士は，児童福祉法第18条の4の規定を踏まえ，保育所の役割及び機能が適切に発揮されるように，⑤倫理観に裏付けられた専門的知識，技術及び判断をもって，子どもを保育するとともに，子どもの②保護者に対する保育に関する指導を行うものであり，その職責を遂行するための専門性の向上に絶えず努めなければならない。

保育内容

近年の保育の背景では，下線①から⑤の部分に特に注目が集まっている。

〈保育を必要とする子どもの保育（①）〉

「保育を必要とする子どもの保育」を行うことが保育所の目的と記述されているが，改定前は「保育に欠ける子どもの保育」という表現であった。これは共働きなどの家庭の子どもを指すが，共働きでなくても「保育が必要」である子どもであれば誰でも保育を受ける権利があるという視点に変化した。質の高い乳幼児保育・教育が，子どもの将来に良い影響を及ぼすという国内外の様々な研究結果の成果でもある。

〈家庭との緊密な連携（②）〉

乳幼児への虐待などの不適切な養育をする保護者や子育ての技術が未熟である家庭に対し，保育所が家庭と共に子育てをし，保護者自身が子育ての喜びを感じられるように支援することが重要視されている。

〈養護及び教育を一体的に行う（③）〉

養護については今まで通りであるが，教育については保育所も幼稚園と同様に「幼児教育を行う施設」として位置付けられ，さらに養護と教育が一体となって保育が展開されていることを理解しておきたい。

〈地域の子育て家庭に対する支援等（④）〉

在園児の保護者だけでなく，在園外の地域の子育て支援をすることが保育所の役割となっている。保育所は地域の子育て支援の拠点となることが重要であり，地域の子育て家庭を園に招いて一緒に行事を楽しんだり，近隣の公園で出前保育を行い，地域の子育て家庭と一緒に遊びを楽しんだり，相談にのったりする活動等がなされている。

〈倫理観に裏付けられた専門的知識，技術及び判断（⑤）〉

社会福祉法人全国社会福祉協議会・全国保育協議会・全国保育士会の「全国保育士会倫理綱領　プライバシーの保護」で「私たちは，一人ひとりのプライバシーを保護するため，保育を通して知り得た個人の情報や秘密を守ります」と示されている。特に，個人情報の扱い方には細かい配慮が必要であるため，専門職としての知識や判断も重要である。

301

2. 保育の内容

　保育所保育指針では，乳児保育，1歳以上3歳未満児，3歳以上児の保育の3つに分けて子どもの発達に裏付けられた保育内容を記述している。また，それぞれの「ねらい及び内容」については，乳児保育では3つの視点としてまとめられ，1歳以上3歳未満児，3歳以上児の保育では5領域としてまとめられている。それぞれの関連性，発展性は以下の図の通りである。視点，領域が個々に独立しているわけではなく，それぞれが関連し合い，発展しながら学びとなり，子どもの生活や遊びを支えているのである。養護については，「生命の保持」と「情緒の安定」を図るために保育士等が行う援助や関わりのことであり，教育は5領域に関連する側面を扱っているが，実際の保育では養護と教育が一体となって展開されている。

「保育所保育指針の改定について」(平成29年7月　厚生労働省　子ども家庭局　保育課)

3. 保育の内容における5領域

　1歳以上3歳未満児，3歳以上児の保育では5領域として保育の内容が保育所保育指針にまとめられている。

> 2　1歳以上3歳未満児の保育に関わるねらい及び内容
> (1)基本的事項
> イ　本項においては，この時期の発達の特徴を踏まえ，保育の「ねらい」及び「内容」について，心身の健康に関する領域「健康」，人との関わりに関する領域「人間関係」，身近な環境との関わりに関する領域「環境」，言葉の獲得に関する領域「言葉」及び感性と表現に関する領域「表現」としてまとめ，示している。

保育内容

また，5領域内のねらいや内容の関係については，以下の通りである。

第2章　保育の内容

　この章に示す「ねらい」は，第1章の1の(2)に示された保育の目標をより具体化したものであり，子どもが保育所において，安定した生活を送り，充実した活動ができるように，保育を通じて育みたい資質・能力を，子どもの生活する姿から捉えたものである。また，「内容」は，「ねらい」を達成するために，子どもの生活やその状況に応じて保育士等が適切に行う事項と，保育士等が援助して子どもが環境に関わって経験する事項を示したものである。

　内容はねらいを達成するために保育士等が行う事項等のことである。さらにそれぞれについて「内容の取扱い」という項目があり，細かい留意点が記述されている。

Q 演習問題

1 「保育所保育指針」（平成29年3月）の「第1章　総則」の「1　保育所保育に関する基本原則」に関する記述として，適切でないものを，次の①～⑤から1つ選びなさい。　　　　　　　　　　　　（難易度■□□□□）

① 　一人一人の子どもの状況や家庭及び地域社会での生活の実態を把握するとともに，子どもが安心感と信頼感をもって活動できるよう，子どもの主体としての思いや願いを受け止めること。

② 　子どもの発達について理解し，一人一人の発達過程に応じて保育すること。その際，子どもの生命の保持に十分配慮すること。

③ 　子どもが自発的・意欲的に関われるような環境を構成し，子どもの主体的な活動や子ども相互の関わりを大切にすること。特に，乳幼児期にふさわしい体験が得られるように，生活や遊びを通して総合的に保育すること。

④ 　子ども相互の関係づくりや互いに尊重する心を大切にし，集団における活動を効果あるものにするよう援助すること。

⑤ 　一人一人の保護者の状況やその意向を理解，受容し，それぞれの親子関係や家庭生活等に配慮しながら，様々な機会をとらえ，適切に援助すること。

303

▶ 専門試験　保育士分野

❷ 次のA〜Dの文のうち，「保育所保育指針」(平成29年3月)の「第1章　総則」の「1　保育所保育に関する基本原則」に関する記述として，適切な記述を○，不適切な記述を×とした場合の正しい組み合わせを，あとの①〜⑤から1つ選びなさい。　　　　　　　　　　(難易度■■■■■)

A　十分に養護の行き届いた環境の下に，くつろいだ雰囲気の中で子どもの様々な欲求を満たし，基本的信頼感を形成すること。

B　様々な体験を通して，豊かな感性や表現力を育み，創造性の芽生えを培うこと。

C　生命，自然及び社会の事象についての興味や関心を育て，それらに対する好奇心や探究心の芽生えを培うこと。

D　人との関わりの中で，人に対する愛情と信頼感，そして人権を大切にする心を育てるとともに，自主，自立及び協調の態度を養い，道徳性の芽生えを培うこと。

```
       A   B   C   D
①      ○   ×   ×   ×
②      ○   ×   ○   ○
③      ×   ○   ○   ○
④      ×   ×   ○   ○
⑤      ×   ○   ×   ○
```

❸ 次のア〜オの文のうち，「保育所保育指針」(平成29年3月)の「第1章　総則」の「3　保育の計画及び評価」の「(1)全体的な計画の作成」に関する記述として，正しいものの組み合わせを，あとの①〜⑤から1つ選びなさい。　　　　　　　　　　(難易度■■■□□)

ア　保育所は，保育の目標を達成するために，各保育所の保育の方針や目標に基づき，子どもの発達過程を踏まえて，保育の内容が組織的・計画的に構成され，保育所の生活の全体を通して，総合的に展開されるよう，全体的な計画を作成しなければならない。

イ　保育所は，保育の目標を達成するために，保育の基本となる「保育課程」を編成するとともに，これを具体化した「指導計画」を作成しなければならない。

ウ　全体的な計画は，子どもや家庭の状況，地域の実態，保育時間などを考慮し，子どもの育ちに関する長期的見通しをもって適切に作成されな

304

保育内容

ければならない。

エ　保育課程に基づき，子どもの生活や発達を見通した長期的な指導計画と，それに関連しながら，より具体的な子どもの日々の生活に即した短期的な指導計画を作成しなければならない。

オ　全体的な計画は，保育所保育の全体像を包括的に示すものとし，これに基づく指導計画，保健計画，食育計画等を通じて，各保育所が創意工夫して保育できるよう，作成されなければならない。

① ア，イ，ウ，オ　　② ア，ウ，オ　　③ イ，ウ，オ

④ イ，エ　　　　　　⑤ ウ，エ，オ

4 「保育所保育指針」（平成29年3月）の「第1章　総則」の「4　幼児教育を行う施設として共有すべき事項」では，10項目の幼児期の終わりまでに育ってほしい姿をあげている。次のア～コのうち，その内容として誤っているものの組み合わせを，あとの①～⑤から1つ選びなさい。

（難易度■■■■□）

ア　健康な心と体　　　　　　イ　自立心

ウ　協調性　　　　　　　　　エ　学び・意識向上の芽生え

オ　社会生活との関わり　　　カ　思考力の芽生え

キ　自然との関わり・生命尊重

ク　数量や図形，標識や文字などへの関心・感覚

ケ　表現力による伝え合い　　コ　豊かな感性と表現

① ア，イ，ウ　　② ウ，エ，カ　　③ カ，キ，ク

④ ウ，エ，ケ　　⑤ キ，ケ，コ

5 次の(a)～(d)の下線部のうち，「保育所保育指針」（平成29年3月）の「第1章　総則」の「1　保育所保育に関する基本原則」の「(4)保育の環境」に関する記述として，正しいものを○，誤ったものを×とした場合の正しい組み合わせを，あとの①～⑤から1つ選びなさい。

（難易度■■□□□）

　保育の環境には，保育士等や子どもなどの人的環境，施設や遊具などの物的環境，更には(a)自然や社会の事象などがある。保育所は，こうした人，物，場などの環境が相互に関連し合い，子どもの(b)生活が豊かなものとなるよう，次の事項に留意しつつ，(c)総合的に環境を構成し，(d)安全に

305

専門試験　保育士分野

保育しなければならない。

　　　(a)　(b)　(c)　(d)

① ○　○　×　×

② ○　×　○　○

③ ×　○　○　×

④ ○　×　○　×

⑤ ×　○　×　○

6 次の文のうち，「保育所保育指針」(平成29年3月)の「第1章　総則」の「3　保育の計画及び評価」の「(3)指導計画の展開」に関する記述として，適切な記述を○，不適切な記述を×とした場合の正しい組み合わせを，あとの①～⑤から1つ選びなさい。　　　　　　　　　(難易度■■■■□)

A　施設長，保育士など，全職員による適切な役割分担と協力体制を整えること。

B　子どもが行う具体的な活動は，生活の中で様々に変化することに留意して，子どもが望ましい方向に向かって自ら活動を展開できるよう積極的な支援を行うこと。

C　子どもの能動的な遊びを促すためには，保育士等が多様な関わりをもつことが重要であることを踏まえ，子どもの情緒の安定や発達に必要な豊かな体験が得られるよう援助すること。

D　保育士等は，子どもの実態や子どもを取り巻く状況の変化などに即して保育の過程を記録するとともに，これらを踏まえ，指導計画に基づく保育の内容の見直しを行い，改善を図ること。

　　　A　B　C　D

① ○　×　×　○

② ○　×　○　×

③ ×　○　○　×

④ ×　×　○　○

⑤ ×　○　×　○

7 「保育所保育指針」(平成29年3月)の「第1章　総則」の「2　養護に関する基本的事項」に関する記述として，適切でないものを，次の①～⑤から1つ選びなさい。　　　　　　　　　(難易度■■□□□)

306

保育内容

① 一人一人の子どもの平常の健康状態や発育及び発達状態を的確に把握し，異常を感じる場合は，速やかに適切に対応する。

② 子どもは疾病への抵抗力が弱く，心身の機能の未熟さに伴う疾病の発生が多いことから，一人一人の発育及び発達状態や健康状態についての適切な判断に基づく保健的な対応を行う。

③ 清潔で安全な環境を整え，適切な援助や応答的な関わりを通して子どもの生理的欲求を満たしていく。また，家庭と協力しながら，子どもの発達過程等に応じた適切な生活のリズムがつくられていくようにする。

④ 子どもの発達過程等に応じて，適度な運動と休息を取ることができるようにする。また，食事，排泄，衣類の着脱，身の回りを清潔にすることなどについて，子どもが意欲的に生活できるよう適切に援助する。

⑤ 家庭との連携を密にし，嘱託医等との連携を図りながら，子どもの疾病や事故防止に関する認識を深め，保健的で安全な保育環境の維持及び向上に努める。

8 「保育所保育指針」(平成29年3月)の「第2章　保育の内容」の「3　3歳以上児の保育に関するねらい及び内容」の「(2)ねらい及び内容　イ　人間関係」の内容に関する記述として適切でないものを，次の①〜⑤から1つ選びなさい。　　　　　　　　　　　　　　　　　(難易度■■■■■)

① 自分で考え，自分で行動する。

② 自分でできることは自分でする。

③ よいことや悪いことがあることに気付き，考えながら行動する。

④ 保育士等や友達と触れ合い，安定感をもって行動する。

⑤ 共同の遊具や用具を大切にし，皆で使う。

9 次のA〜Dの文のうち，「保育所保育指針」(平成29年3月)の「第2章　保育の内容」の「3　3歳以上児の保育に関するねらい及び内容」の「(2)ねらい及び内容　エ　言葉」に関する記述として，適切な記述を○，不適切な記述を×とした場合の正しい組み合わせを，あとの①〜⑤から1つ選びなさい。　　　　　　　　　　　　　　　　　(難易度■■■■□)

A　子どもが自分の思いを言葉で伝えるとともに，他の子どもの話などを聞くことを通して，次第に話を理解し，言葉による伝え合いができるようになるよう，気持ちや経験等の言語化を行うことを援助するなど，子

307

▶ 専門試験　保育士分野

ども同士の関わりの仲立ちを行うようにすること。

B　身近な人に親しみをもって接し，自分の感情などを伝え，それに相手が応答し，その言葉を聞くことを通して，次第に言葉が獲得されていくものであることを考慮して，楽しい雰囲気の中で保育士等との言葉のやり取りができるようにすること。

C　絵本や物語などで，その内容と自分の経験とを結び付けたり，想像を巡らせたりするなど，楽しみを十分に味わうことによって，次第に豊かなイメージをもち，言葉に対する感覚が養われるようにすること。

D　子どもが日常生活の中で，文字などを使いながら思ったことや考えたことを伝える喜びや楽しさを味わい，文字に対する興味や関心をもつようにすること。

	A	B	C	D
①	○	○	×	○
②	○	×	○	○
③	×	○	○	×
④	×	×	○	○
⑤	×	×	○	×

🔟 次の(a)～(d)の下線部のうち，「保育所保育指針」（平成29年3月）の「第2章　保育の内容」の「3　3歳以上児の保育に関するねらい及び内容」の「(2)ねらい及び内容　ウ　環境」として，正しいものを○，誤ったものを×とした場合の正しい組み合わせを，あとの①～⑤から1つ選びなさい。

(難易度■■■□□)

ア　身近な環境に親しみ，(a)動植物と触れ合う中で様々な事象に興味や関心をもつ。

イ　身近な環境に自分から関わり，発見を楽しんだり，考えたりし，それを(b)遊びに取り入れようとする。

ウ　身近な事象を見たり，考えたり，扱ったりする中で，(c)物の性質や数量，文字などに対する(d)知識を豊かにする。

308

	(a)	(b)	(c)	(d)
①	×	○	×	×
②	×	○	○	○
③	×	×	○	×
④	○	×	○	○
⑤	○	×	×	○

11 次のA～Dの文のうち，「保育所保育指針」(平成29年3月)の「第2章 保育の内容」の「3 3歳以上児の保育に関するねらい及び内容」の「(2)ねらい及び内容 オ 表現」に関する記述として，適切な記述を○，不適切な記述を×とした場合の正しい組み合わせを，あとの①～⑤から1つ選びなさい。　　　　　　　　　　　　　　　　(難易度■■■■■)

A　生活の中で様々な音，形，色，手触り，動きなどに気付いたり，感じたりするなどして楽しむ。

B　友達同士で表現する過程を楽しんだりし，表現する喜びを味わい，意欲をもつようになる。

C　音楽に親しみ，歌を歌ったり，簡単なリズム楽器を使ったりなどする楽しさを味わう。

D　自分のイメージを動きや言葉などで表現したり，演じて遊んだりするなどの楽しさを味わう。

	A	B	C	D
①	○	○	×	○
②	○	×	○	○
③	○	○	○	×
④	×	○	×	×
⑤	×	×	○	×

12 「保育所保育指針」(平成29年3月)の「第2章 保育の内容」の「2 1歳以上3歳未満児の保育に関わるねらい及び内容」の「(2)ねらい及び内容 ア 健康」の内容に関する記述として，適切でないものを，次の①～⑤から1つ選びなさい。　　　　　　　　　　　　　　　　(難易度■■□□□)

①　食事や午睡，遊びと休息など，保育所における生活のリズムが形成される。

▶ 専門試験　保育士分野

② 走る，跳ぶ，登る，押す，引っ張るなど全身を使う遊びを楽しむ。
③ 個人差に応じて授乳を行い，離乳を進めていく中で，様々な食品に少しずつ慣れ，食べることを楽しむ。
④ 保育士等の助けを借りながら，衣類の着脱を自分でしようとする。
⑤ 便器での排泄(せつ)に慣れ，自分で排泄(せつ)ができるようになる。

解答・解説

 ②

解説

① 適切。安心感と信頼感とは基本的信頼感のことである。これが基盤となり，子どもの主体的な活動へつながっていく。
② 不適切。子どもの生命の保持ではなく，「子どもの個人差」である。生命の保持とは，養護の概念の中に含まれる内容である。
③ 適切。それぞれの発達段階を踏まえた保育が必要である。生活に必要な習慣や態度を身に付けながら，安定感をもって遊ぶことが重要である。
④ 適切。人間関係領域では，1歳以上3歳未満児は保育士等の仲立ちにより他の子どもと関わりながら遊ぶこと，3歳以上児では，集団的で協同的な活動の中で遊ぶことが記述されている。
⑤ 適切。保護者がそれぞれ抱えている背景に配慮し，適切に援助することが重要である。

 ⑤

解説

A 不適切。基本的信頼感を形成することではなく，「生命の保持及び情緒の安定を図ること」である。
B 適切。5領域のうちの表現領域に関する記述である。
C 不適切。好奇心や探究心ではなく，「豊かな心情や思考力」である。好奇心や探究心は，「幼児期の終わりまでに育ってほしい姿」の「キ　自然との関わり・生命尊重」に記述されている。
D 適切。「保育の目標」の前文に，生涯にわたる人間形成にとって極めて重要な時期であることが記述されている。乳幼児期に人との関わり方の基礎を培い，のぞましい未来をつくり出す力へつなげていく。

3 ②
解説

イ，エはともに従前の「保育所保育指針」(平成20年3月)に含まれているものである。

4 ④
解説

ウは「協調性」ではなく「協同性」，エは「学び・意識向上」ではなく「道徳性・規範意識の芽生え」，ケは「表現力による伝え合い」ではなく「言葉による伝え合い」である。

5 ①
解説

(a)　正しい。保育環境は3つに分類されている。人的環境，物的環境，自然や社会の事象である。

(b)　正しい。イの記述に「子どもの活動が豊かに展開されるよう，保育所の設備や環境を整え，保育所の保健的環境や安全の確保などに努めること」とあるように，すべての環境が子どもの生活に影響していると考えられている。

(c)　誤り。正しくは「計画的に」である。「3　保育の計画及び評価」では「保育の内容が組織的・計画的に構成され，保育所の生活の全体を通して，総合的に展開されるよう，全体的な計画を作成しなければならない」と記述されている。計画的に環境を構成し，総合的な保育へつなげていくということである。

(d)　誤り。正しくは「工夫して」である。(b)の引用にあるように，保健や安全の確保にも記述があるが，そのことだけにはとどまらない。

6 ①
解説

A　適切。保育所では多様職種の職員が協力して保育を実施している。第5章「職員の資質向上」では，「保育士・看護師・調理員・栄養士等，それぞれの職務内容に応じた専門性を高めるため」とその職員構成を具体的に記述している。

B　不適切。積極的な支援ではなく「必要な援助」である。「援助」は子どもへ，「支援」は保護者や家庭へ使用する。

▶ 専門試験　保育士分野

C　不適切。能動的な遊びではなく「主体的な活動」である。保育所保育指針では子どもの主体性や主体的な活動を重視している。

D　適切。「(4)保育内容等の評価」では，保育記録を通して評価を行い，保育実践の改善に努めることが記載されている。

7 ②
解説

①　適切。養護の理念には「子どもの生命の保持及び情緒の安定を図るために保育士等が行う援助や関わり」であることが記述されている。これは，生命の保持に関連する文である。

②　不適切。この文は「乳児保育における保育の実施に関わる配慮事項」の記述である。

③　適切。養護のねらいにあるように，健康や安全についての記述である。

④　適切。養護のねらいにあるように，積極的な健康増進についての記述である。

⑤　適切。特に生命の保持に関わる子どもの体調の変化には迅速な対応と正確な判断が求められる。

8 ④
解説

①，②　適切。人間領域では人々と支え合って生活するために，自立心を育てることをねらいとしている。

③，⑤　適切。社会生活における望ましい習慣や態度を身に付けることがねらいとされている。

④　不適切。健康領域の内容である。しなやかな心と体の発達を促すことが，健康領域の内容の取扱いで記述されている。

9 ④
解説

A，B　不適切。この文は「1歳以上3歳未満児の保育に関わるねらい及び内容」の記述である。

C，D　適切。絵本や物語，文字などへの記述は3歳以上児の保育で初めて示されている。

312

10 ③
解説
(a) 不適切。正しくは「自然」である。環境領域では、自然と動植物への親しみや感動などが大切にされている。
(b) 不適切。正しくは「生活」である。「生活や遊び」と並列で記述されることが多いが、ここでの「生活」は、遊びを含んだ子どもの日常生活全般を指す。
(c) 適切。幼児期の終わりまでに育ってほしい姿にも数量などに対する記述がある。
(d) 不適切。正しくは「感覚」である。「育みたい資質・能力」のひとつに「知識及び技能の基礎」と記述されているが、それらを身につけさせることは体験を通した感覚である。

11 ②
解説
A 適切。表現領域の「内容」①における記述である。このために遊具や用具などを整えることが大切である。
B 不適切。「幼児期の終わりまでに育ってほしい姿」の「コ 豊かな感性と表現」における記述の一部である。
C 適切。Aと同様の⑥における記述である。乳児保育以外では表現領域に「音楽」に関連する記述が見られ、乳児保育では「歌やリズム」と限定的な表現になっている。
D 適切。Aと同様の⑧における記述である。「演じる」ことについての記述はこの部分だけであるが、3歳児以下の保育でも演じる経験、何かを模倣する経験は大切にされている。

12 ③
解説
① 適切。健康領域の「内容」②における記述である。乳児保育では「生活のリズムの感覚が芽生える」とされ、1歳以上児の保育ではこのような記述となっている。
② 適切。「内容」③における記述である。この時期の運動発達での特徴は歩行の完成である。また手指の細かい動きも可能となってくる。
③ 不適切。この記述は、乳児保育での「健やかに伸び伸びと育つ」視点

専門試験　保育士分野

での記述である。離乳は生後5か月前後からスタートする。

④　適切。領域の「内容」⑥における記述である。手指の動きが発達して
くる時期なので，ボタンはめなどもできるようになる。

⑤　適切。領域の「内容」⑦における記述である。おむつがはずれる時期
は個人差があるが，この時期には排尿感覚がわかるようになり，また
「おしっこ出た」など言語での伝達も可能となる。

保育の現状

POINT

1. 少子化問題・対策
▶ 少子化問題・対策
　日本の合計特殊出生率は，第1次ベビーブーム期には4.3を超えていたが，1950年以降急激に低下し，2005年には過去最低である1.26まで落ち込んだ。その後，2015年には1.45まで上昇したものの，2023年は1.20と8年連続で前の年を下回り，過去最低となった。

　少子化の背景には，核家族化の進展など家族を取り巻く環境の多様化や，個々人の結婚や出産，子育ての希望の実現を阻む様々な要因が絡み合っている。

▶ 新たな「少子化社会対策大綱」
　新たな「少子化社会対策大綱」が2020年5月29日に閣議決定された。基本的な目標として「**希望出生率1.8**」の実現を掲げ，目標実現のための具体的な道筋を示すことがねらいである。

【新たな「少子化社会対策大綱」のポイント】
(1) 結婚支援
　地方公共団体が行う総合的な結婚支援の取組を一層支援し，結婚に伴う新生活のスタートアップに係る経済的負担を軽減
(2) 妊娠・出産への支援
〈不妊治療〉不妊治療の費用助成を行うとともに，適応症と効果が明らかな治療には広く医療保険の適用を検討し，支援を拡充
〈切れ目のない支援〉産後ケア事業の充実等
(3) 仕事と子育ての両立
〈男性の家事・育児参画促進〉男性の育休取得率30％を目標に向けた総合的な取組の推進
〈育児休業給付〉上記取組の推進状況を踏まえ，中長期的な観点からその充実を含め，効果的な制度の在り方を総合的に検討
〈待機児童解消〉保育の受け皿確保

(4) 地域・社会による子育て支援

　保護者の就業の有無等にかかわらず多様なニーズに応じて，全ての子育て家庭がそれぞれが必要とする支援にアクセスでき，安全かつ安心して子供を育てられる環境を整備

(5) 経済的支援

　〈児童手当〉財源確保の具体的な方策と併せて，子供の数や所得水準に応じた効果的な給付の在り方を検討

　〈高等教育の修学支援〉多子世帯に更に配慮した制度の充実を検討

　〈幼児教育・保育の無償化〉2019年からの無償化を着実に実施

2. 認可保育所と認可外保育所

　認可保育所とは，児童福祉法に基づき都道府県または政令指定都市または中核市が設置を認可した施設をいう。児童福祉法上の保育所に該当するが認可を受けていない保育施設は，「認可外保育施設」または「認可外保育所」と呼ばれ，設置は届出制である。

　令和5年度の認可保育所数は30,520か所であり，利用児童は2,543,370人である(令和5年社会福祉施設等調査の概況)。また，認可外保育所数は19,955か所であり，利用児童数は226,985人である(令和4年度 認可外保育施設の現況取りまとめ)。

　「**新子育て安心プラン**」では，さらに保育の受け皿の整備を行うとし，幼稚園の空きスペースやベビーシッター(認可外の居宅訪問型保育事業)を含めた地域のあらゆる子育て資源を活用するとしている。

3. 多様な保育サービスと支援

　子どもを取り巻く環境は多様になってきている。子どもの貧困，虐待，外国籍，ひとり親など子どもの成長・発達にネガティブな影響を与えると考えられている要因が数多く存在し，それぞれの家庭の背景に応じて，多様なサービスを用意し，必要な支援をしていく必要がある。

　保育所保育指針「第4章 子育て支援」では，「保育所における保護者に対する子育て支援は，全ての子どもの健やかな育ちを実現することができるよう，第1章及び第2章等の関連する事項を踏まえ，子どもの育ちを家庭と連携して支援していくとともに，保護者及び地域が有する子育てを自ら実践する力の向上に資するよう，次の事項に留意するものとする」と記載されている。

保育の現状

その中でも「2　保育所を利用している保護者に対する子育て支援」で病児保育，障害や発達上の課題，外国籍家庭，育児不安，不適切な養育，虐待など配慮が必要な家庭への支援について次のように記載されている。

(2)　保護者の状況に配慮した個別の支援

ア　保護者の就労と子育ての両立等を支援するため，保護者の多様化した保育の需要に応じ，病児保育事業など多様な事業を実施する場合には，保護者の状況に配慮するとともに，子どもの福祉が尊重されるよう努め，子どもの生活の連続性を考慮すること。

イ　子どもに障害や発達上の課題が見られる場合には，市町村や関係機関と連携及び協力を図りつつ，保護者に対する個別の支援を行うよう努めること。

ウ　外国籍家庭など，特別な配慮を必要とする家庭の場合には，状況等に応じて個別の支援を行うよう努めること。

(3) 不適切な養育等が疑われる家庭への支援

ア　保護者に育児不安等が見られる場合には，保護者の希望に応じて個別の支援を行うよう努めること。

イ　保護者に不適切な養育等が疑われる場合には，市町村や関係機関と連携し，要保護児童対策地域協議会で検討するなど適切な対応を図ること。また，虐待が疑われる場合には，速やかに市町村又は児童相談所に通告し，適切な対応を図ること。

4. 保育の課題と対策

▶ 少子化対策

少子化対策の一環として，結婚支援，妊娠・出産への支援，男女共に仕事と子育てを両立できる環境の整備，地域・社会による子育て支援，経済的な支援等，ライフステージに応じた総合的な少子化対策を推進している。2023(令和5)年12月22日に閣議決定された「こども未来戦略」で2026年度までの3年間を集中取組期間と位置付け，その期間に実施する具体的な政策を「こども・子育て加速化プラン」として示している。「こども・子育て加速化プラン」には4つの柱があり，①経済的支援の強化，②全てのこども・子育て世帯への支援，③共働き・共育ての推進，④こども・子育てにやさしい社会づくりのための意識改革となっている。

専門試験　保育士分野

こども未来戦略「加速化プラン」施策のポイント　参考資料1

▶ 子ども虐待

子ども虐待による死亡事例等の検証結果等について(第20次報告，厚生労働省)では，虐待死亡事例の半数近くが0歳児であることからも，子どもが低年齢・未就園である場合や離婚・未婚等によりひとり親である場合に，特に注意して対応する必要がある。

Q 演習問題

① 日本の戦後の出生数及び合計特殊出生率について述べた文として適切でないものを，次の①～⑤から1つ選びなさい。　（難易度■■■□□）

① 合計特殊出生率とは，一人の女性が一生の間に産むとした子供の数の平均を示す。
② 第1次ベビーブーム期の1949年は，戦後最高の出生数であった。
③ 1966年のひのえうまの年は，前年より合計特殊出生率が下がった。
④ 2023年は，過去最低の合計特殊出生率であった。
⑤ 2015年からは，毎年合計特殊出生率が上がり続けている。

保育の現状

2 次のA〜Dの文のうち，少子高齢化に関する2023年の国民生活基礎調査の結果の概要の記述として，適切な記述を○，不適切な記述を×とした場合の正しい組み合わせを，あとの①〜⑤から1つ選びなさい。

(難易度■■□□□)

A　65歳以上の高齢者が単独で生活している世帯は855万世帯(31.7%)となっている。

B　児童のいる世帯は全世帯の18.1%となっており，児童が1人いる世帯は児童のいる世帯の48.6%となっている。

C　1986年の調査では，1〜3人以上の児童がいる世帯は46.2%であったが，年々減少し，2023年では18.1%となっている。

D　少子高齢化になり，高齢者と児童が共に生活する三世代世帯は増加傾向にある。

	A	B	C	D
①	○	○	○	×
②	○	×	×	×
③	○	×	×	○
④	×	×	○	○
⑤	×	○	○	○

3 次の(a)〜(d)の下線部のうち，令和3年度出生に関する統計の概況における国際比較の内容として，正しいものを○，誤ったものを×とした場合の正しい組み合わせを，あとの①〜⑤から1つ選びなさい。

(難易度■■■■□)

　韓国，シンガポール，フランス，ドイツ，イタリア，スウェーデン，イギリス及びアメリカについて合計特殊出生率の年次推移をみると，ヨーロッパの5か国は，1960年代後半から1970年代前半にかけて(a)上昇傾向がみられた後，フランス，スウェーデン及びイギリスは上下変動しながらも2000年から2010年頃まで(b)上昇したものの，その後(c)低下している。一方，(d)アメリカ及びシンガポールは，時期に差があるものの，合計特殊出生率3〜4という高い水準からの急激な低下がみられた後，1に近い水準で推移している。

319

▶ 専門試験　保育士分野

	(a)	(b)	(c)	(d)
①	○	○	×	×
②	○	×	○	○
③	×	○	○	×
④	○	×	○	×
⑤	×	○	×	○

4 令和5年12月22日閣議決定された「こども大綱」に示されているこども施策に関する基本的な方針として該当しないものを，次の①〜⑤から1つ選びなさい。　　　　　　　　　　　　　　　　　　　　　(難易度■■■□□)

① こども・若者を権利の主体として認識し，こども・若者の今とこれからの最善の利益を図る。

② こどもや若者，子育て当事者の視点を尊重し，その意見を聴き，対話しながら，ともに進めていく。

③ こどもや若者，子育て当事者のライフステージに応じて切れ目なく対応し，十分に支援する。

④ 良好な成育環境を確保し，貧困と格差の解消を図り，全てのこども・若者が幸せな状態で成長できるようにする。

⑤ 科学技術の成果など新たなリソースを積極的に活用していく。

5 認定こども園に関する記述として不適切なものを，次の①〜⑤から1つ選びなさい。　　　　　　　　　　　　　　　　　　　　　(難易度■■□□□)

① 認定こども園は，教育・保育を一体的に行う施設で，幼稚園と保育所の両方の良さを併せ持っている施設である。

② 認定こども園には，幼保連携型，幼稚園型，保育所型，地方裁量型の4つのタイプが認められている。

③ すべてのタイプの認定こども園における必要な職員資格は，幼稚園教諭免許である。

④ 2011年には認定こども園数は762であったが，2024年には10,483に増加した。

⑤ 幼稚園型の認定こども園は，認可幼稚園が，保育が必要な子どものための保育時間を確保するなど，保育所的な機能を備えて認定こども園としての機能を果たすタイプである。

320

保育の現状

6 待機児童に関する記述として適切なものを，次の①～⑤から1つ選びなさい。 (難易度■■■■□)

① 待機児童とは，保育を必要とする保育所入所申請をしているにもかかわらず，保育所の施設定員超過などの理由で入所できない状態，またはその状態にある児童のことをいう。

② 1994年の「エンゼルプラン」を契機に保育所の新設が例年実施されてきたが，待機児童の数は増える一方となっている。

③ 待機児童は都市部よりも，認可保育所の数が少ない地方，特に過疎地域に多く見られるという現象が起きている。

④ 待機児童を3歳児以上と3歳児未満で区分した場合，3歳児未満が減少しているのに対し，3歳児以上の待機児童は1999(平成11)年以降，右肩上がりに増えている。

⑤ 待機児童の解消を目指し，女性の就業率の上昇を踏まえた保育の受け皿整備，地域の子育て資源の活用を進めるため，「子育て安心プラン」が2020(令和2)年に策定された。

7 次の【Ⅰ群】の記述と【Ⅱ群】の語句を結びつけた場合の正しい組み合わせを，あとの①～⑤から1つ選びなさい。 (難易度■■■■□)

【Ⅰ群】

A すべての子どもは，豊かな愛情のなかで心身ともに健やかに育てられ，自ら伸びていく無限の可能性を持っています。

B 全て児童は，児童の権利に関する条約の精神にのつとり，適切に養育されること，その生活を保障されること，愛され，保護されること，その心身の健やかな成長及び発達並びにその自立が図られることその他の福祉を等しく保障される権利を有する。

C 保育所は，児童福祉法(昭和22年法律第164号)第39条の規定に基づき，保育を必要とする子どもの保育を行い，その健全な心身の発達を図ることを目的とする児童福祉施設であり，入所する子どもの最善の利益を考慮し，その福祉を積極的に増進することに最もふさわしい生活の場でなければならない。

【Ⅱ群】

ア 保育所保育指針

イ 児童福祉法

321

▶ 専門試験　保育士分野

　　ウ　児童憲章
　　エ　全国保育士会倫理綱領
　　　　　A　　B　　C
①　　ウ　　イ　　ア
②　　エ　　イ　　ア
③　　ウ　　ア　　イ
④　　エ　　ウ　　イ
⑤　　イ　　ウ　　ア

8 次のA〜Dの文のうち，ヤングケアラーに関する記述として適切な記述を○，不適切な記述を×とした場合の正しい組み合わせを，あとの①〜⑤から1つ選びなさい。　　　　　　　　　　　　　　　(難易度■■■□□)

A　令和4年の調査報告で「ヤングケアラー」と思われる子どもがいるかわからないと回答した学校に理由をきいたところ，「家族内のことで問題が表に出にくく，子どものヤングケアラーとしての状況の把握が難しい」という回答が85％以上あった。

B　令和4年の調査報告では，ヤングケアラーと思われる子どもの状況については，「きょうだいの世話」が最も高く，80％近くを占めている。

C　「ヤングケアラー」とは，本来大人が担うと想定されているような家事や家族の世話などを時々行っている18歳未満の子どものことを指す。

D　「ヤングケアラー」はその責任や負担の重さにより，学業や友人関係などに影響が出てしまうことがあるので，周囲の人々の気付きや支援が必要である。

　　　　　A　B　C　D
①　　○　○　×　○
②　　○　×　○　×
③　　×　○　×　○
④　　○　×　×　○
⑤　　×　○　○　×

9 保育所等に関する記述として適切なものを，次の①〜⑤から1つ選びなさい。　　　　　　　　　　　　　　　　　　　(難易度■■■■■)
①　保育所等数は平成27年度から令和6年度まで，平成28年に一度減少に転

322

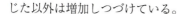

じた以外は増加しつづけている。
② 保育所の定員は，平成27年度から令和6年度まで，増加し続けている。
③ 保育所等利用児童数は，平成27年度から令和5年度まで増加し続けていたが，令和6年度では減少した。
④ 保育所等待機児童数は，令和2年度に1万人を切った。
⑤ 保育利用率は平成26年度以降，増加しつづけている。

10 認可保育所に関する記述として適切なものを，次の①～⑤から1つ選びなさい。　　　　　　　　　　　　　　　　　　　　(難易度■□□□□)
① 保育所，幼稚園ともに児童福祉施設である。
② 対象児童は保育所が0歳から就学前の保育を必要とする児童であるのに対し，幼稚園は満3歳から就学前の幼児である。
③ 入所は保育所，幼稚園とも市町村と保護者との契約によって決定する。
④ 幼稚園には春，夏，冬休みがあるが，保育所の休みとなるのは基本的に祝祭日に限られている。
⑤ 保育所や認定こども園を管轄するのは厚生労働省，幼稚園を管轄するのは文部科学省である。

11 次のA～Dの文のうち，多様な保育状況に関する記述として，適切な記述を○，不適切な記述を×とした場合の正しい組み合わせを，あとの①～⑤から1つ選びなさい。　　　　　　　　　　　　　(難易度■■□□□)
A　夜間保育は，夜間，保護者の就労等により保育に欠ける児童の保育を実施することであり，おおよそ午後10時までとされている。
B　延長保育事業は，就労形態の多様化等に伴い，やむを得ない理由により，保育時間を延長するものであり，年々実施か所は増加している。
C　病児保育事業は，子どもが病気で自宅での保育が困難な場合に，病院や保育所等で病気の児童を一時的に保育する事業である。
D　障害児保育は，平成22年には13,950か所で行われており，令和4年度には21,874か所で行われ，増加している。

▶ 専門試験　保育士分野

```
      A   B   C   D
①   ○   ○   ×   ○
②   ○   ×   ○   ×
③   ×   ○   ×   ○
④   ○   ×   ○   ○
⑤   ×   ○   ○   ×
```

⓬ 次の(a)～(d)の下線部のうち，外国籍の子どもの状況に関する記述として，正しいものを○，誤ったものを×とした場合の正しい組み合わせを，あとの①～⑤から1つ選びなさい。　　　　　　　(難易度■■■■□)

近年，日本に在留する外国人の増加に伴い，外国籍の乳幼児数が増加している。そのため，保育所等においても外国にルーツを持つ子どもの受入れが増加し，(a)英語が通じないことによるコミュニケーションの問題や(b)文化の違いに起因するトラブル，子どもの(c)行動発達の課題など様々な困難に直面する可能性があることが明らかになっている。

```
      (a)  (b)  (c)
①   ×   ×   ○
②   ○   ×   ○
③   ×   ○   ○
④   ○   ×   ×
⑤   ×   ○   ×
```

⓭ 「保育政策の新たな方向性」に関する記述として適切なものを，次の①～⑤から1つ選びなさい。　　　　　　　(難易度■■■■□)

① 待機児童の解消を目指し，保育の受け皿を整備する「保育政策の新たな方向性」が令和7年度にスタートした。

② 待機児童問題の早期解消を目指し，待機児童数50名以上の自治体数を令和7年度に0にする。

③ 令和6年度に「こども未来戦略」(加速化プラン)に基づき，4・5歳児の職員配置基準を20：1に改善を図った。今後，1歳児の職員配置の改善も進める。

④ 全ての子育て家庭に対して多様な働き方やライフスタイルにかかわらない形での支援を強化するため，こども誰でも通園制度を創設し，令和7年

度から制度化，令和8年度から本格実施する。
⑤ 保育現場では手書きやアナログの業務が存続しているが，手続きや管理上ICT化が難しいため，これまで同様にICTの導入は限定的に留める。

14 子どもや家族を支える施設や機関，法律等として適切でないものを，次の①〜⑤から1つ選びなさい。　　　　　　　　(難易度■■□□□)
① 各市町村などに設置されている子育て支援センターでは，子育て中の親が集う場を提供したり，様々な相談活動などを実施したりしている。
② 子育てを巡る様々な課題を解決するために，「子ども・子育て支援法」という法律が平成24年に公布された。
③ 幼稚園と保育所は，厚生労働省所管の児童福祉施設である。
④ 保護者が労働等により昼間家庭にいない児童(小学生)が，放課後に小学校の余裕教室，児童館等で過ごすことができるようにしている取組として，放課後児童クラブがある。
⑤ 認定こども園とは，保育所と幼稚園の機能を併せ持つ施設である。0歳から就学前までのすべての乳幼児が対象となる。

15 次の(a)〜(d)の下線部のうち，認可外保育施設における状況に関する記述として，正しいものを○，誤ったものを×とした場合の正しい組み合わせを，あとの①〜⑤から1つ選びなさい。　　(難易度■■■■□)

「認可外保育施設」とは，児童福祉法に基づく認可を受けていない(a)ベビーホテルなどの保育施設のことである。届出対象の認可外保育施設数は令和5年3月現在全国に19,955か所あり，前年の令和4年度よりも(b)減少している。就学前入所児童数は226,985人であり，その他に両親が夜間働いているなどの理由で認可外保育施設を利用している(c)幼児も8,842人いる。最も多く認可外保育施設が設置されている都道府県は(d)神奈川県である。

	(a)	(b)	(c)	(d)
①	○	×	○	×
②	○	○	×	×
③	×	×	○	×
④	○	○	×	○
⑤	×	○	×	○

専門試験　保育士分野

解答・解説

1 ⑤

解説

　2006年から合計特殊出生率の上昇傾向が続き、2015年は1.46で上昇傾向が続いていたが、2023年は1.20で8年連続で下がり続け過去最低となっている。晩産化や結婚をしない人が増えている影響が大きいとされている。

2 ①

解説

A　適切。夫婦のみの世帯は863万5千世帯(65歳以上の者のいる世帯の32.0%)で最も多い。

B　適切。児童のいる世帯18.1%のうち、一人っ子が最も多く8.8%、2人が7.2%、3人以上が2.1%である。

C　適切。2023年では8割以上が児童のいない世帯である。

D　不適切。児童が生活する三世代世帯は、1986年では468万8千世帯(27.0%)、2023年では110万5千世帯(同11.2%)となっており、減少している。

3 ③

解説

(a)　誤り。正しくは「低下傾向」である。

(b)、(c)　正しい。上昇した理由には、保育サービスの充実や子育て・就労に関する選択肢の増加などが原因として考えられるが、根本的な解決にはならなかった。

(d)　誤り。正しくは、「韓国」である。シンガポールは1970年には4を超えていたが、2020年は1.10である。また韓国は、1975年に3.3程度であったが、2020年には0.84であり、世界で最速で0人台になった。これはOECD加盟の38か国でも韓国だけである。

4 ①

解説

　2019年の出生数が90万人を割り込み、「86万ショック」とも呼ぶべき危機的な少子化の進展が浮き彫りになった。深刻さを増す少子化の問題は、社会経済に多大な影響を及ぼし、新型コロナウイルス感染症を乗り越えた

保育の現状

先にも存在し続ける国民共通の困難である。この困難に真正面から立ち向かい，子供や家族が大事にされる社会への転換が急務となっている。こうした少子化の問題に取り組むための基本方針として，2020年5月29日に新たな少子化社会対策大綱が閣議決定された。新たな大綱では，基本的な目標として「希望出生率1.8」の実現に向け，令和の時代にふさわしい環境を整備し，国民が結婚，妊娠，出産，子育てに希望を見出せるとともに，男女が互いの生き方を尊重し，主体的な選択により，希望する時期に結婚でき，かつ，希望するタイミングで希望する数の子どもを持てる社会をつくることを掲げている。基本的な考え方の残り1つは「結婚・子育て世代が将来にわたる展望を描ける環境をつくる」である。

5 ③
解説

① 適切。子ども・子育て支援新制度の中で，地域の実情に応じて設置される幼稚園・保育所の両方の機能を併せ持った施設である。

② 適切。もっとも多く設置されているタイプは幼保連携型であり，令和4年まででは全体のおよそ70％以上を占める。ついで，保育所型，幼稚園型，地方裁量型である。

③ 不適切。幼保連携型では保育士資格と幼稚園教諭免許の併有が求められているが，一定の経過措置がある。他のタイプでは満3歳児未満の保育には保育士資格が必要とされている。

④ 適切。認定こども園の数は，令和元年7,208，令和2年8,016，令和3年8,585，令和4年9,220，令和5年9,822，令和6年10,483と増加を続けている。

⑤ 適切。保育所型は，「保育が必要な子ども以外の子どもも受け入れるなど，幼稚園的な機能を備えることで認定こども園としての機能を果たすタイプ」である。

6 ①
解説

① 適切。ただし，入所可能な保育所があるにもかかわらず，第1志望の保育所に入所するため待機している児童などはあてはまらない。

② エンゼルプランの策定後も様々な対策が継続的に講じられ，待機児童数は増減している。2010(平成22)年に「子ども・子育てビジョン」が制定された後，待機児童は2011(平成23)年から2014(平成26)年にかけて減少

▶ 専門試験　保育士分野

した。2015(平成27)年以降待機児童数は増加していたが，2017年(平成29年)をピークに減少している。

③　待機児童は都市部に多く見られる状況にあり，全体の約6割を占めている。

④　待機児童は1・2歳児に多く全体の85.1％を占めており，1・2歳児の受け皿拡大を中心に対策を進めていく方針である。

⑤　2020(令和2)年に策定されたのは「新・子育て安心プラン」，「子育て安心プラン」は2017(平成29)年に策定。

7 ②
解説

A　全国保育士倫理綱領の一部である。

B　児童福祉法「第1章　総則」の第1条である。

C　保育所保育指針「第1章　総則」の「1　保育所保育に関する基本原則」の「(1)保育所の役割」である。

8 ①
解説

A，B　適切。子ども自身も家庭も「ヤングケアラー」だという自覚がない場合もあり，その把握は困難である。

C　不適切。正しくは，「日常的に」である。

D　適切。障害のある家族に代わり家事をしたり，幼いきょうだいや障害児者の身の回りの世話を日常的にしているため，学業や友人関係に使える時間が少なくなっている。

9 ⑤
解説

以下の数値は全て「保育所等関連状況取りまとめ」(こども家庭庁，令和6年8月30日)による。

①　平成27年度から順に，28,783カ所，30,859カ所，32,793カ所，34,763カ所，36,345カ所，37,652カ所，38,666カ所，39,244カ所，39,589カ所，39,805カ所と増加を続けており，1度も減少していない。

②　保育所に限れば定員は平成27年から令和5年にかけて平成31年から令和2年を除き減少している。

③　保育所等利用児童数は令和3年まで増加していたが，令和4年度から減

少に転じている。

④ 保育所等待機児童数は令和2年は12,439人，令和3年は5,634人，令和4年は2,944人，令和5年は2,680人，令和6年は2,567人となっている。

⑤ 適切。

❿ ②

解説

① 保育所は児童福祉施設だが，幼稚園は学校教育法に位置づけられており，学校という扱いになる。

② 適切。保育所が「保育を必要とする児童」すなわち，親の就労など入所に条件があるのに対し，幼稚園や認定こども園は誰でも利用できる。

③ 保育所は市町村と保護者との契約だが，幼稚園は幼稚園と保護者の契約による。②の解説でも述べたとおり，保育所への入所は条件があるが，幼稚園はだれでも入れるので，希望する幼稚園と保護者が直接契約すればよい。

④ 保育所は「保育を必要とする児童」を預かる施設なので，春，夏，冬休みがないだけでなく，休日，祝祭日にも対応する。

⑤ 2023年3月まで，認定こども園は内閣府，保育所は厚生労働省，幼稚園は文部科学省の管轄であった。2023年4月のこども家庭庁創設にともない，認定こども園と保育所はこども家庭庁の成育部門に移管された。

⓫ ④

解説

A 適切。令和5年度では，全国73か所の保育所で夜間保育が実施されている。

B 不適切。実施か所数は令和元年度29,463か所，令和2年度28,425か所，令和3年度29,277か所，令和4年度29,535か所で実施されている。

C 適切。

D 適切。多様な保育は，このほかにも医療的ケア児の保育や一時預かり事業がある。

⓬ ⑤

解説

(a) 不適切。正しくは「言語が通じないことによるコミュニケーション」である。英語だけにはとどまらない。

▶ 専門試験　保育士分野

(b)　適切。宗教や食文化，保育や教育に対する考え方などがあげられる。

(c)　不適切。正しくは「言語発達」である。家庭では外国にルーツをもつ言語，保育所では日本語を主として使用するため，子どもの言語発達への課題がある。

⑬ ④

解説

① 「保育政策の新たな方向性」は，待機児童対策を中心とした「保育の量の拡大」から，「地域のニーズに対応した質の高い保育の確保・充実」と，「全てのこどもの育ちと子育て家庭を支援する取組の推進」に政策の軸を転換した。

② 正しくは「令和8年度」に0自治体にすることを目指している。

③ 正しくは「25：1」。従前の基準が「30：1」だったものを「25：1」とした。

④ 適切。

⑤ 保育DXの推進による業務改善を掲げており，保育現場におけるICT(保育に関する計画・記録や保護者との連絡，こどもの登降園管理等の業務，実費徴収等のキャッシュレス決済)や，こどもの安全対策に資する設備(午睡センサー・AI見守りカメラ)等の導入を推進する。

⑭ ③

解説

③が誤りであり，幼稚園は文部科学省の管轄，保育園は厚生労働省の管轄である。②に関して，平成24年「子ども・子育て支援法」によって，「認定こども園」が開設された。更に平成27年4月，内閣府は「子ども・子育て支援新制度」を立ち上げ，認定こども園の改善や居宅訪問型保育，家庭的保育，小規模保育，事業所内保育の地域型保育事業を創設した。

⑮ ②

解説

(a)　適切。ベビーホテルの他に，院内保育施設を含む事業所内保育施設，ベビーシッターなどの認可外の居宅訪問型保育事業等である。

(b)　適切。令和4年度20,058か所であり，103か所減少している。

(c)　不適切。正しくは「小学校就学児」である。

(d)　不適切。正しくは「東京都」である。東京都の認可外保育施設数は

330

保育の現状

3,586か所，次いで千葉県が592か所，埼玉県が484か所である。しかし，指定都市別では神奈川県横浜市が最も多く751か所である。

●書籍内容の訂正等について

　弊社では教員採用試験対策シリーズ(参考書，過去問，全国まるごと過去問題集)，公務員採用試験対策シリーズ，公立幼稚園教諭・保育士採用試験対策シリーズ，会社別就職試験対策シリーズについて，正誤表をホームページ (https://www.kyodo-s.jp) に掲載いたします。内容に訂正等，疑問点がございましたら，まずホームページをご確認ください。もし，正誤表に掲載されていない訂正等，疑問点がございましたら，下記項目をご記入の上，以下の送付先までお送りいただくようお願いいたします。

> ① **書籍名，都道府県・市町村名，区分，年度**
> 　（例：公立幼稚園教諭・保育士採用試験対策シリーズ　秋田市の公立保育士　2026年度版）
> ② **ページ数**（書籍に記載されているページ数をご記入ください。）
> ③ **訂正等，疑問点**（内容は具体的にご記入ください。）
> 　（例：問題文では"ア～オの中から選べ"とあるが，選択肢はエまでしかない）

〔ご注意〕
○ 電話での質問や相談等につきましては，受付けておりません。ご注意ください。
○ 正誤表の更新は適宜行います。
○ いただいた疑問点につきましては，当社編集制作部で検討の上，正誤表への反映を決定させていただきます（個別回答は，原則行いませんのであしからずご了承ください）。

●情報提供のお願い

　協同教育研究会では，これから公立幼稚園教諭・保育士採用試験を受験される方々に，より正確な問題を，より多くご提供できるよう情報の収集を行っております。つきましては，公立幼稚園教諭・保育士採用試験に関する次の項目の情報を，以下の送付先までお送りいただけますと幸いでございます。お送りいただきました方には謝礼を差し上げます。
（情報量があまりに少ない場合は，謝礼をご用意できかねる場合があります。）
◆あなたの受験された専門試験，面接試験，論作文試験の実施方法や試験内容
◆公立幼稚園教諭・保育士採用試験の受験体験記

送付先
○電子メール：edit@kyodo-s.jp
○FAX：03－3233－1233（協同出版株式会社　編集制作部　行）
○郵送：〒101－0054　東京都千代田区神田錦町2－5
　　　　協同出版株式会社　編集制作部　行
○HP：https://kyodo-s.jp/provision（右記のQRコードからもアクセスできます）

※謝礼をお送りする関係から，いずれの方法でお送りいただく際にも，「お名前」「ご住所」は，必ず明記いただきますよう，よろしくお願い申し上げます。

【編集協力者】

阿部 真美子	聖徳大学	教育学部児童学科	教授
石田 成人	東京未来大学	モチベーション行動科学部	講師
小田桐 忍	聖徳大学	教育学部児童学科	教授
齋藤 有	聖徳大学	教育学部児童学科	准教授
作道 訓子	聖徳大学	実習支援課	専門課長
杉浦 誠	常葉大学	保育学部保育学科	准教授
田中 真紀子	聖徳大学	教育学部教育学科	准教授
西園 政史	聖徳大学	教育学部教育学科	准教授
初鹿 静江	聖徳大学	教育学部児童学科	准教授
深津 さよこ	聖徳大学	教育学部児童学科	准教授

公立幼稚園教諭・保育士採用試験対策シリーズ

静岡市・磐田市・御殿場市・
熱海市・裾野市・袋井市の
公立幼稚園教諭・保育士(認定こども園)

編　集	©協同教育研究会
発　行	令和7年5月25日
発行者	小貫　輝雄
発行所	協同出版株式会社
	〒101-0054　東京都千代田区神田錦町2 - 5
	TEL.03-3295-1341
	http://www.kyodo-s.jp
	振替　東京00190-4-94061
	印刷・製本　協同出版・POD工場

無断で複写・複製することを禁じます
落丁・乱丁はお取り替えいたします
Printed in Japan